高等院校经济学管理学系列教材

社会保险经济学

封 进 著

北京大学出版社
PEKING UNIVERSITY PRESS

图书在版编目(CIP)数据

社会保险经济学/封进著. —北京:北京大学出版社,2019.6
高等院校经济学管理学系列教材
ISBN 978-7-301-30479-2

Ⅰ.①社… Ⅱ.①封… Ⅲ.①社会保险—高等学校—教材 Ⅳ.①F840.61

中国版本图书馆 CIP 数据核字(2019)第 080918 号

书　　　名	社会保险经济学 SHEHUI BAOXIAN JINGJIXUE
著作责任者	封　进　著
责 任 编 辑	杨丽明
标 准 书 号	ISBN 978-7-301-30479-2
出 版 发 行	北京大学出版社
地　　　址	北京市海淀区成府路 205 号　100871
网　　　址	http://www.pup.cn
电 子 信 箱	sdyy_2005@126.com
新 浪 微 博	@北京大学出版社
电　　　话	邮购部 010-62752015　发行部 010-62750672　编辑部 021-62071998
印 刷 者	河北涿县鑫华书刊印刷厂
经 销 者	新华书店
	787 毫米×1092 毫米　16 开本　15 印张　329 千字 2019 年 6 月第 1 版　2019 年 6 月第 1 次印刷
定　　　价	49.00 元

未经许可,不得以任何方式复制或抄袭本书之部分或全部内容。
版权所有,侵权必究
举报电话:010-62752024　电子信箱:fd@pup.pku.edu.cn
图书如有印装质量问题,请与出版部联系,电话:010-62756370

序

社会保险作为关乎民生的社会和经济制度，是公共政策所关注的重要领域，很多学科，如公共管理学、社会学、人口学等在此领域都已形成各自的研究体系。相较于这些学科，经济学对社会保险问题的探讨更多与该学科各分支领域关注的问题相联系，例如，养老保险与宏观经济学中的最优储蓄率问题、养老保险与劳动经济学中的劳动供给行为、医疗保险与微观经济学中的信息不对称问题、失业保险与劳动经济学中的搜寻理论等。随着各国社会保险制度面临的挑战日益严峻，经济学对社会保险制度设计、改革及可持续性的关注也随之增加。

自20世纪90年代以来，我国经济学者对社会保险制度的研究兴趣与该领域的改革实践紧密联系。第一次研究热点是90年代中后期我国城镇职工养老保险制度改革，引发关于现收现付制与个人账户制以及多支柱模式的争论。我本人也在《经济研究》上发表过三篇文章讨论养老保险制度设计与宏观经济运行的关系。第二次研究热点是2003年在农村地区进行新型农村合作医疗试点，这一制度旨在减轻广大农民的医疗负担，但也面临逆选择以及公平性方面的问题，经济学家对这些问题的讨论至今仍未停止。第三次研究热点是2009年开始在农村试点的新型农村养老保险制度和2011年在城市推出的城镇居民养老保险制度，这些制度对其他发展中国家具有示范作用，有大量研究讨论了其全方位的影响，包括消费、居住模式、健康、家庭内部转移等。第四次研究热点目前已经出现，即在当前减税降费背景下，我国企业社保缴费率下调、社保征收体制改革等带来的影响。

封进教授多年来一直从事社会保障问题研究和教学工作，在长期积累的基础上用了近10年时间写成了《社会保险经济学》，这本教材有如下一些特点：

一是从经济学视角解读社会保险问题。本教材注重考虑到社会保险带来的福利改善与福利损失的权衡，分析社会保险项目对个体行为的影响，指出个体对社会保险项目内在的参与激励等。这些视角对解读我国社会保险制度存在的问题以及完善制度设计具有启示作用。

二是介绍经济学分析工具在社会保险领域的应用。一些经济学常用的工具，如社会福利函数、基于大样本数据的计量模型等在社会保险问题分析上具有很强的适用性。掌握这些工具无疑有助于对问题的深入分析。

三是剖析各项社会保险制度的问题及内在机制。本教材较为系统地剖析了五项社会保险各自的特征、面临的挑战及内在机制，适合对社会保险制度不是很熟悉的读者快速掌握各项社会保险制度的主要内容及其运行原理。

四是注重学科之间的融合。社会保险具有跨学科特征,涉及公共管理学、政治学、社会学、人口学、保险学、经济学、公共卫生学等诸多学科领域的知识与方法。本教材强调经济学的方法和视角,同时也兼顾了其他学科的研究方法,相信对于各相关专业的学生都具有一定的适用性。

本教材是对现有社会保障类教材的有益补充,也是复旦大学就业与社会保障研究中心的又一项工作成果。我们团队在2005年出版并于2016年再版了《养老保险经济学》一书,本教材与之相互补充,可配套使用。

社会保险实践发展迅速,需要我们在理论和方法上都能与时俱进,本教材未来还有很大空间可以继续完善,还需不断吸收来自改革实践、前沿理论和方法及其他学科发展的成果。

教育部"长江学者"特聘教授
复旦大学经济学院教授
复旦大学就业与社会保障研究中心主任

第1章 导　论

1.1 社会保险与社会保障制度 …………………………………………………… 2
1.2 社会保险基本特征 ……………………………………………………………… 3
1.3 本书的主要内容 ………………………………………………………………… 6
1.4 社会保险经济学的理论基础 …………………………………………………… 7
1.5 社会保险经济学的分析视角 …………………………………………………… 8
1.6 社会保险经济学的分析方法 …………………………………………………… 9
附录　社会保险相关统计数据主要来源 ………………………………………… 14
本章总结 ……………………………………………………………………………… 15
讨论题 ………………………………………………………………………………… 15

第2章　社会保险起源与发展的经济逻辑

2.1 现代社会保障制度的确立 …………………………………………………… 16
2.2 养老保险的起源 ……………………………………………………………… 17
2.3 医疗保险的起源 ……………………………………………………………… 20
2.4 失业保险的起源 ……………………………………………………………… 23
2.5 对社会保险起源的理论解释 ………………………………………………… 23
2.6 政府推出社会保险的理由 …………………………………………………… 27
2.7 社会保险融资模式 …………………………………………………………… 29
2.8 社会保险管理模式 …………………………………………………………… 31
本章总结 ……………………………………………………………………………… 33
讨论题 ………………………………………………………………………………… 34

第3章 养老保险制度的运行模式

3.1 为什么需要养老保险制度？	35
3.2 养老保险的运行模式	36
3.3 现收现付制	37
3.4 完全积累制	38
3.5 待遇确定和缴费确定	39
3.6 现收现付制的收益率	40
3.7 完全积累制的收益率	41
3.8 现收现付制与完全积累制的风险比较	41
3.9 进一步讨论：现收现付制和完全积累制收益率的比较	43
3.10 叠代模型	44
本章总结	47
讨论题	48

第4章 养老保险的收入再分配功能

4.1 现收现付制的收入再分配特征	49
4.2 养老保险的代际再分配度量	50
4.3 养老保险的代内再分配度量	52
4.4 养老保险再分配的经验证据	55
本章总结	60
讨论题	60

第5章 养老保险的经济影响

5.1 养老保险对储蓄影响的理论分析	61
5.2 现收现付制对储蓄的影响	63
5.3 完全积累制对储蓄的影响	64
5.4 其他因素对挤出储蓄效应的影响	67
5.5 养老保险对储蓄影响的实证分析	68
5.6 老年劳动参与的下降趋势	72
5.7 养老保险的退休激励度量	73
5.8 养老保险制度对退休决策影响的实证研究	76
5.9 养老保险制度对青年劳动者劳动供给的影响	77
5.10 养老保险制度对经济增长和福利的影响	82

附录 退休年龄选择的期权价值模型	85
本章总结	86
讨论题	87

第 6 章 养老保险制度改革

6.1 养老保险规模增长的政治经济学模型	88
6.2 基于政治经济学模型的实证研究	89
6.3 养老保险改革建议	90
6.4 对养老保险改革的反思	94
6.5 转轨成本及分担	96
6.6 中国养老保险制度改革	98
附录 养老保险缴费率决定的政治经济学模型	114
本章总结	116
讨论题	117

第 7 章 医疗保险需求

7.1 大数定律与风险分担	118
7.2 医疗保险中的基本术语	119
7.3 风险规避与医疗保险的效用	119
7.4 影响医疗保险需求的因素	122
7.5 医疗筹资模式	124
附录 模型推导：影响医疗保险需求的主要因素	127
本章总结	129
讨论题	130

第 8 章 医疗保险中的道德风险

8.1 事前道德风险	131
8.2 事后道德风险	134
8.3 应对道德风险的医保制度设计	135
8.4 医疗需求价格弹性	137
8.5 价格弹性的估计方法	138
8.6 医疗保险对社会福利的影响	141
8.7 医疗供给方对医疗费用的影响	143
8.8 医保支付方式改革	144

8.9 标尺竞争理论 ··· 147
附录 医疗服务价格弹性估计的主要结果 ··························· 149
本章总结 ··· 151
讨论题 ··· 151

第 9 章 医疗保险中的逆向选择

9.1 保险市场的逆向选择 ··· 153
9.2 逆向选择、风险规避与市场均衡 ································· 155
9.3 强制性社会医疗保险的福利效果 ································· 157
9.4 多维私人信息 ··· 158
9.5 不对称信息的识别方法 ··· 159
9.6 医疗保险市场逆向选择的识别及其经验证据 ····················· 160
附录 保险市场上的筛选行为 ······································· 162
本章总结 ··· 165
讨论题 ··· 166

第 10 章 医疗保障体系的公平性

10.1 医疗公平性的含义 ··· 167
10.2 医疗服务供给的公平性 ··· 168
10.3 医疗筹资的公平性 ··· 169
10.4 不平等的度量 ··· 170
10.5 医疗筹资的累进程度 ··· 171
10.6 中国医疗保障制度及其改革 ····································· 174
附录 1 集中度指数的计算 ··· 182
附录 2 不同国家医疗体系比较 ····································· 183
本章总结 ··· 186
讨论题 ··· 187

第 11 章 失 业 保 险

11.1 失业和失业率概述 ··· 188
11.2 失业保险制度的主要内容 ······································· 190
11.3 失业保险与失业持续期 ··· 191
11.4 最优失业保险 ··· 193
11.5 中国失业保险的发展 ··· 195

附录 1　各国失业保险制度 ………………………………………… 198
附录 2　最优失业保险模型 ………………………………………… 201
本章总结 …………………………………………………………………… 202
讨论题 ……………………………………………………………………… 203

第 12 章　工伤保险

12.1　工伤保险的功能和发展 …………………………………………… 204
12.2　工伤保险费率的确定 ……………………………………………… 205
12.3　工伤风险与补偿工资 ……………………………………………… 206
12.4　中国工伤保险的发展 ……………………………………………… 210
本章总结 …………………………………………………………………… 216
讨论题 ……………………………………………………………………… 216

第 13 章　生育保险

13.1　生育保险的功能 …………………………………………………… 217
13.2　生育保险的主要内容 ……………………………………………… 218
13.3　生育对女性职业发展的影响 ……………………………………… 219
13.4　生育保险与女性就业 ……………………………………………… 221
13.5　中国生育保险的发展 ……………………………………………… 224
本章总结 …………………………………………………………………… 226
讨论题 ……………………………………………………………………… 227

后　记 ……………………………………………………………………… 228

第 1 章

导　论

社会保险是社会保障制度的核心组成部分，也是各国公共政策的重要内容。本章首先介绍社会保险与其他社会保障项目的关系，以及本书涉及的主要内容；然后介绍社会保险经济学的视角和分析方法，旨在系统学习各项社会保险项目的运行原理、内在矛盾以及未来发展和改革趋势。

社会保险由养老保险、医疗保险、失业保险、工伤保险和生育保险五大项目组成，其中养老保险通常是缴费率最高的项目，养老保险基金的收入和支出在五项社会保险中最高。图 1-1 与图 1-2 是我国 2016 年五项基金收入和结余比较。如果把各项社会保险基金看作一个整体，那么养老保险基金收入占到 70%以上，其次是医疗保险基金收入，约为养老保险基金的 1/3，养老和医疗保险基金收入约占全部社会保险基金收入的 95%；其余三项保险中，失业保险基金收入大于工伤保险和生育保险，生育保险是规模最小的社会保险项目。

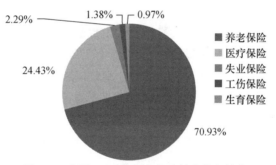

图 1-1　中国 2016 年社会保险基金收入结构

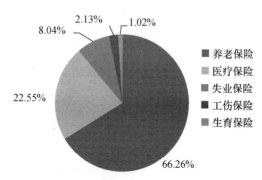

图 1-2　中国 2016 年社会保险基金结余结构

资料来源：中华人民共和国国家统计局编：《中国统计年鉴（2017）》，中国统计出版社 2017 年版。

1.1 社会保险与社会保障制度

社会保障制度是政府对经济困难群体提供帮助的各种政策的统称,包含诸多社会保障项目。下面介绍主要项目的概念及其与社会保障制度的关系。

1.1.1 社会保障

根据国际劳工组织(ILO)的理念,社会保障的宗旨是当社会成员遇到对其生活和健康产生意外影响的事故时,能够得到维持其基本生活所必需的保障。[①] 国际劳工公约中专门关于社会保障的公约,包括综合性公约和各类专项公约,确立了应当把社会保障作为一种普遍性制度加以实行的原则;同时提出,社会保障包括9个项目:医疗照顾、疾病津贴、失业津贴、老龄津贴、工伤津贴、家庭津贴、生育津贴、残废津贴、遗属津贴。

1.1.2 社会保险

社会保险是政府主办的项目,用于应对社会成员在养老、医疗、失业、工伤和生育等领域的收入风险。社会保险给付以缴费为前提,且需满足其他领取资格。社会保险通常具备强制参与性,但也可通过大量政府补贴引导人们自愿参加。国际劳工组织倡导以社会保险为核心的社会保障制度。

根据国际劳工组织各类专项公约和各国法律与社会保障实践内容,社会保险主要包含养老保险(养老、伤残及遗属保险)、医疗保险、失业保险、工伤保险和生育保险五项。在二战以后,尤其是进入20世纪60年代以来,各国的社会保障制度有了较大的发展,包括保障范围进一步扩大,福利待遇大幅度提高,保险开支也随之急剧上升。截至2016年,世界上已有168个国家实行了各种形式的养老保险,111个国家实行了各种医疗健康保险,125个国家实行了生育保险,116个国家实行了工伤保险,83个国家实行了失业保险。[②]

1.1.3 社会救助

社会救助又称为"社会救济",是指国家和社会对由于各种原因而陷入生存困境的公民,给予财物接济和生活扶助,以保障其最低生活需要的制度。例如,"最低生

[①] 国际劳工组织成立于1919年6月,当时是与国际联盟有关系的一个独立机构,1946年起成为联合国的专门机构之一。最初,国际劳工组织的倡议植根于欧洲国家的工业化经验。国际劳工组织很快成为全球促进劳动保护的主要参与者,在20世纪20—30年代,逐渐转变为国际机构。国际劳工组织成立后不久,另一个组织国际社会保障协会(ISSA)成立,旨在促进全球社会保障的发展。两个组织的使命和责任是一致的,总部都在日内瓦。

[②] 数据来源:国际社会保障协会(ISSA)官方网站。

活保障制度""医疗救助"等都属于社会救助项目。社会救助作为社会保障体系的一个组成部分,具有不同于社会保险的保障目标,社会保险是为了应对各类收入风险,与收入水平无关,而社会救助的目标则是缓解生活困难,面对低收入群体,不以缴费为前提。

1.1.4 社会保护

社会保护的概念由联合国提出,旨在预防、管理和克服对人们的福利有不利影响的情形。联合国2009年提出千年发展目标,将全球贫困水平在2015年之前降低一半。社会保护主要有劳动力市场政策、社会保险和社会救助等几项内容。国际劳工组织在2012年向成员国推荐这一概念,保障人们可以有效获得基本的医疗服务和收入。[①]

1.1.5 社会福利

社会福利为宽泛的概念,不仅为贫穷的社会成员提供基本保障,如食物、住房和基础教育,而且向社会中任何收入水平的成员提供福利,如公共培训、带薪休假。社会福利的资金来源于政府公共财政。与社会福利相关的另一个概念是福利国家,这是一种政治体系,指由国家负责医疗、教育、社会保障等福利的国家制度。

1.2 社会保险基本特征

与其他社会保障项目和商业保险相比,社会保险具有一些明显的特征:

1.2.1 权利与义务结合

这是社会保险区别于社会救助等其他社会福利项目的重要方面。社会救助是国家财政拨款对某些人群进行一定程度的帮扶,而社会保险要求参保人的权利与义务相结合。参保人想要获得社会保险福利,如养老金或者是医疗补贴,那么参保人则必须履行缴纳保险金的义务,并且缴纳保险需要达到一定时间。

1.2.2 给付与待遇挂钩

社会保险设计的原则是为了覆盖出现保险事件的人群,不是为了保障低收入人群,而由于权利和义务相结合的原则,社会保险的缴费一般与收入挂钩,因此其给付同样往往与收入挂钩。但这种特征一般只在养老保险中体现,医疗保险则往往以病人实际的疾病支出作为给付依据。

---

① See International Labor Organization (ILO), World Social Protection Report 2014/15, Building Economic Recovery, Inclusive Development and Social Justice, available at http://www.ilo.org/global/research/global-reports/world-social-security-report/2014/WCMS_245201/lang--en/index.htm, 2018-06-09.

1.2.3 给付基于事先约定的条件

这也是保险的一个特征,保险就是约定如果受益人达到某种状态时,给予他一定的补偿。给付需要基于投保之前约定的条件,而不能根据投保人意愿随意改变。[①]

1.2.4 给付无需生活状况测试

社会保险设计的目的并不完全是保障低收入人群。社会保险主要针对的参保人群遭遇某些意外情况时,比如遭遇失业、生育、疾病等突发事件时,其生活质量不至于被这些突发事件过分影响。因此,社会保险在给付时需要测试的是受益人是否真的遭遇失业或疾病,而不是进行生活状况测试。

1.2.5 强制性

这是社会保险区别于商业保险的一个方面。商业保险采用的是自愿原则,而社会保险采用的是强制手段,强制每一个工资劳动者以及用人单位、雇主需要定期缴纳一定金额的社会保险费。社会保险的缴费标准和待遇项目、保险金的给付标准等均由国家或地方政府的法律法规统一确定,劳动者个人作为被保险人一方对于是否参加社会保险及参加的项目和待遇标准均无权自由选择与更改。如果逾期缴纳或者不缴纳,会受到相关法律法规的惩罚。[②]

1.2.6 政府管理或监督

社会保险从第一次在德国出台一直到现在,都是由国家政府管理或者监督,社会保险的有效施行需要依靠国家法律的保障,在社会保险运行过程中往往需要国家财政的资助。

1.2.7 互济性

社会保险中的互济性体现在多个方面,如不同投保人之间,不同性别的人口群体之间,两代人之间,不同地区之间。由于投保人之间存在收入差距,因此会存在收入高的多缴、收入少的少缴情况。而养老保险、生育保险等则体现了不同群体之间的互济性。同时,如果社保基金是全国统一条件的话,那么也存在不同地区之间的互济性。

1.2.8 资金来源多样性

与商业保险和其他社会福利项目不同,社会保险的资金来源于多方面,首先需要单位和个人进行缴费投保。而由于社会保险存在的主要目的是促进社会进步和社会稳

[①] 参见杨俊:《社会保险经济学》,复旦大学出版社 2012 年版。
[②] 参见侯文若编著:《社会保险》(第二版),中国劳动社会保障出版社 2009 年版。

定，因此在基金运行过程中如果出现收不抵支的现象，政府也会利用财政资金进行一定的补贴。这是其他商业保险所不会出现的。

表 1-1 从实施目标、资金来源、保障水平、给付标准、经办主体、保障手段和方式等方面总结了社会保险和其他福利项目的区别。

表 1-1 社会保险与社会保障项目的区别

	社会保险	社会救助	社会福利
保障对象	有或有过劳动收入者	贫困线之下的家庭	全体公民
实施目标	补偿社会风险导致的收入下降	帮助贫困群体	提高全体成员的生活质量
资金来源	个人和企业缴费为主，政府补贴为辅	财政拨款与社会捐赠	财政、社会捐赠、企业利润分成
保障水平	基本生活水平	最低生活水平	提高生活质量
给付标准	与收入和缴费有关	根据收入调查确定	平均分配
经办主体	政府专设机构	政府部门、社会团体	政府、社会、企业
保障手段	投入返还	选择性	普遍性
保障方式	提供津贴为主	资金与实物	提高服务和提供公共品

资料来源：林义：《社会保险》，中国金融出版社 2003 年版。

表 1-2 依据社会保险的特点，总结了社会保险和商业保险的主要差异。

表 1-2 社会保险和商业保险的差异

社会保险	商业保险
1. 强制性 2. 最低收入保障 3. 强调社会福利 4. 给付由法律事前确定 5. 政府主办 6. 投资由政府负责 7. 受通货膨胀影响小 8. 参与个体具有较大的差异性	1. 自愿性 2. 更多的保障，根据个人意愿和支付能力确定 3. 强调个人权益 4. 由合同规定 5. 竞争性 6. 投资由私人负责 7. 容易受到通货膨胀的影响 8. 参与个体的差异较小

资料来源：〔美〕乔治·E. 雷吉达：《社会保险和经济保障》，陈秉正译，经济科学出版社 2005 年版。

专栏 ▶ 我国各类社会保障项目

当前，我国已经建立了较为完善的社会保障制度框架，包括社会保险、社会救助、住房保障等几个方面（见图 1-3），其中社会保险各项支出规模最大、覆盖人群最广、发挥的功能最为全面，是社会保障制度中最为重要的方面。社会保险基金支出占 GDP 的比重在 2017 年已经超过 5.5%，截止到 2017 年年底，社会保险中最大的两个项目，即养老保险和医疗保险已基本达到全覆盖，养老保险参保人数约为 9 亿人，医疗保险参保人数约为 13.5 亿人，形成世界上最大的社会保障网。按照亚洲开发银行的研究，2009年，我国社会保护指数为0.139，在亚洲国家中排名第12位。① 我国也是首批达到联合国千年发展目标的62个国家之一。

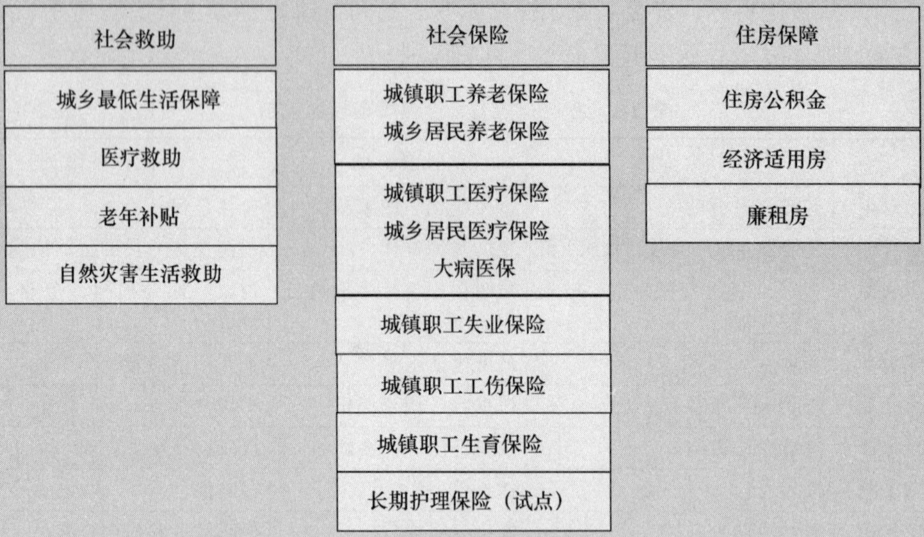

社会救助	社会保险	住房保障
城乡最低生活保障	城镇职工养老保险 城乡居民养老保险	住房公积金
医疗救助		经济适用房
老年补贴	城镇职工医疗保险 城乡居民医疗保险 大病医保	廉租房
自然灾害生活救助		
	城镇职工失业保险	
	城镇职工工伤保险	
	城镇职工生育保险	
	长期护理保险（试点）	

图 1-3　我国社会保障制度框架

2017年10月，中国共产党第十九次全国代表大会报告中关于加强社会保障体系建设的内容指出，要按照兜底线、织密网、建机制的要求，全面建成覆盖全民、城乡统筹、权责清晰、保障适度、可持续的多层次社会保障体系。

1.3　本书的主要内容

按照社会保险的基本项目，本书的内容分为13章：

第1章介绍社会保险经济学的视角和分析方法。

第2章介绍社会保险的起源和发展，以及解释各国社会保险起源和发展的几种理论。

第3章详细介绍养老保险制度的运行模式，讨论不同运行模式下影响参保人收益的因素。

第4章介绍现收现付制的制度设计与再分配功能的实现、养老保险收入再分配程度的度量指标、各国养老保险制度的再分配特征等。

第5章首先介绍养老保险制度对个人储蓄影响的理论分析框架和对相关国家的实证研究；其次讨论养老保险体系对劳动者劳动供给的影响，介绍相关的理论模型；最

---

① See Asian Development Bank, The Social Protection Index: Assessing Results for Asia and the Pacific, available at http://www.adb.org/publications/social-protection-index-assessing-results-asia-and-pacific, 2018-06-09.

后介绍养老保险对经济福利的影响。

第 6 章介绍现收现付制养老保险改革的实证分析框架，即政治经济学模型，讨论现收现付制养老保险向积累制养老保险改革时产生的转轨成本，同时介绍世界各国主要的政策实践，以及我国养老保险制度改革。

第 7 章首先介绍医疗保险风险分担原理和医疗保险带来的收益，接着分析影响医疗保险需求的主要因素，之后介绍政府在医疗费用融资中的作用。

第 8 章介绍医疗保险带来的事前和事后道德风险，重点介绍影响事后道德风险的因素，讨论引入医疗供给方行为后对医疗费用的影响，并介绍 20 世纪 80 年代以来在各国陆续展开的医保支付方式改革，以应对来自供给方的诱导需求。

第 9 章讲解医疗保险市场中的逆选择的表现，分析逆选择和风险规避倾向同时存在时的市场均衡结果；分析引入强制性社会医疗保险后，对不同风险程度个体的福利影响和整个社会福利的改善；解释对于不同风险人群进行区分的分离均衡理论；介绍逆选择的识别方法与经验证据。

第 10 章介绍医疗服务和融资公平性的分析方法；介绍世界上主要的医疗体系模式，分析各自的特征和优劣；回顾我国医疗保险体系的改革历程，及未来改革所需解决的主要问题。

第 11 章明确失业的定义和种类，之后讲解失业保险的主要功能和各国失业保险制度的主要内容，分析失业保险政策对劳动力市场的影响，接着讲解最优失业保险理论及相关研究，最后介绍我国失业保险制度的发展。

第 12 章介绍工伤保险制度的一些基本要素，同时指出，在工伤出现率较高的行业，其工资水平存在补偿工资效应，最后介绍我国工伤保险的发展。

第 13 章介绍生育保险的功能，特别给出生育保险对女性职业发展影响的分析框架，同时介绍我国的生育保险制度。

1.4 社会保险经济学的理论基础

社会保险的内容与经济学相关领域的理论关系密切，这些领域包括宏观经济学、微观经济学、公共经济学、劳动经济学、健康经济学等。

具体而言，养老保险涉及的经济学理论一部分与宏观经济学中的生命周期理论、最优储蓄理论、跨期消费决策、经济增长理论等相关。宏观经济学的基本模型是分析养老保险对个体储蓄行为和代际转移行为影响的重要工具，是讨论最优养老保险制度的基础。另一方面，养老保险制度对于储蓄、投资、利率、工资的影响也需要纳入宏观经济学的分析框架。[①]

劳动经济学中的劳动供给和需求理论是分析社会保险对劳动参与影响的框架。包括养老保险、失业保险和生育保险对劳动供给的影响，均需采用劳动经济学的分析

---

① 具体内容见本书第 5 章。

框架。

医疗保险涉及的经济学理论与微观经济学中的信息不对称理论密切相关,医疗保险市场中的逆向选择和道德风险问题是微观经济学领域的经典问题。①

公共经济学强调效率与公平的权衡,是政府干预市场的理论基础,因而是社会保险政策设计和分析的重要理论基础。政府参与社会保险的理由、社会保险的再分配功能、健康和医疗保险的公平性等内容均以公共经济学理论为基础。美国国家经济研究局(NBER)公共经济学领域文献综述表明,社会保险已经成为公共经济学研究的重要内容。②

1.5 社会保险经济学的分析视角

经济学对社会保险进行研究的目标有两方面,一是规范研究的目标,二是实证研究的目标。这就要求经济学既能描述人们决策的结果,又能对人们决策的福利效果进行评价。对人们的决策行为进行分析可以预测不同改革方案的影响,对福利进行评价可以看到某一项改革是增进了福利还是损害了福利。这主要体现在一般均衡的分析框架、效率与公平的权衡和关注个体异质性等几个方面。

1.5.1 社会保险项目对个体行为有影响,从而对经济社会和社会保险制度自身的运行也有影响

其他学科在分析社会保险制度时,更喜欢从价值判断出发,提出应该怎样完善的思路,不太注重分析社会保险对个体行为的影响。事实上,个体会对社会保险作出反应,从而影响项目的实施效果,甚至对宏观经济运行产生影响。社会保险对经济增长带来的影响可以有诸多渠道,包括国民储蓄、劳动供给、失业率、人力资本投资、医疗支出等。已经有大量的研究考察社会保险项目的上述各种经济影响。③

就社会保险项目本身而言,也需要看到政策对个体或企业行为的影响。例如,在人口老龄化背景下,社会保险项目和财政负担的可持续性面临很大挑战,提高缴费率是一种选择。但提高缴费率是否可以增加基金收入其实是不确定的。例如,我国社会保险的实际缴费率通常比政策缴费率低,主要是缴费基数不实。在征管不够严格的情况下,一些企业,以最低工资作为企业和个人的缴费基数,同时也会少报参保人数,从而使得缴费基数进一步降低,或者直接将本该属于工资的收入排除在工资之外。对企业而言,最合适的缴费率显然不是零,现有一些研究也表明,对员工提供社保可以吸引好的员工,提高企业创新能力和劳动生产率。但当政策缴费率较高时,企业会采

---

① 具体内容见本书第 8 章和第 9 章。
② See Chetty, R. and A. Finkelstein, Program Report: The Changing Focus of Public Economics Research, 1980-2010, 2012.
③ 参见后面相关章节的文献介绍。

取各种方式规避缴费。①

1.5.2 权衡社会保险带来的福利改善与福利损失

社会保险有助于改善人们的福利，但其提供也是有成本的。社会保险给个体带来的福利包括：保证年老、失业、遭受重大医疗支出时的基本生活，保护雇员免受过长时间工作对身体的损害，保护女性生育时期的工作和需要。社会保险带来的扭曲包括：降低储蓄、提前退休、失业持续期延长、过度医疗消费等。

对社会保险项目具体参数的设计要权衡两方面的影响。具体而言，提高养老保险水平，增加了对老年群体的保障，但会导致储蓄下降和提前退休，对经济增长不利；提高医疗保险水平，减轻了个体的医疗负担，但会导致过度消费，增加保费负担或财政负担；失业保险水平提高，可以帮助失业者平衡消费，提高失业者的福利水平，但会降低失业者寻找工作的积极性，延长其失业持续时间。

随着保障水平的提高，保障的边际收益递减，而带来的损失却递增。因此，社会保险定位于应对较大的风险，如老年贫困、长期失业带来的收入减少、大额医疗支出、永久性失能等。

1.5.3 考虑到个体的异质性，增加人们的参与激励

社会中存在异质性偏好的个体，人们的风险规避倾向、时间偏好、对不同商品和闲暇的偏好均有所不同。社会保险设计中应该考虑个体的异质性，让人们有所选择。值得注意的是，社会保险应当提高各种类型个体的福利水平，激励人们参与，而不是激励人们逃费（税）。一个例子是，在养老保险中根据精算平衡设计针对不同退休年龄的给付标准，个体可以在一定范围内选择退休年龄，选择对其福利最有利的退休年龄。例如，美国领取养老金的最低年龄是 62 岁，1960 年及之后出生的人的正常退休年龄是 67 岁。每月养老金随着退休年龄增加而增加。

对社会保险和其他社会保障项目在再分配方面的功能应有所区分。社会保险的主要功能是应对特定的风险，如老年、失业、疾病等，根据约定的条件给付待遇，而不是根据收入水平确定是否给予待遇补偿，其目标不在于改善社会总体收入分配状况。若希望缩小收入差距，降低基尼系数，则需要借助其他再分配项目，如最低生活保障、食物补贴、免费的公共教育等。从参与激励的角度，社会保险项目更需注重代际再分配的功能。

1.6 社会保险经济学的分析方法

和其他学科相比，经济学在分析方法上更注重定量分析、对因果关系的识别、对个体行为的探究。主要的分析方法有以下几种：

---

① 参见封进：《中国城镇职工社会保险制度参与激励》，载《经济研究》2013 年第 7 期。

1.6.1 福利分析方法

通过个体效用最大化得到社会保险政策对个体行为的影响,通过社会福利最大化讨论最优社会保险水平等是社会保险经济学中重要的分析方法。

例如,在考察养老保险对储蓄的影响时,根据生命周期理论可知,人们通过最大化一生的期望效用得到对储蓄的选择。储蓄的主要目的是积累资产,用于退休之后的消费。假设人们存活若干期,没有不确定性,通过最大化一生的期望效用,决定各个时期的消费水平,从而可得到各时期的储蓄水平。同时,个体面临预算约束,即各期的消费加储蓄要等于各期的收入。

可见,个体的养老储蓄水平取决于收入水平和时间偏好。在其他情况相同时,收入水平越高的个体,养老储蓄水平越高,但储蓄率(储蓄/收入)并不随收入的变化而变化。时间贴现率越大,储蓄水平越低。

这一分析的含义是,即使没有养老保险制度,通常,个人也会为未来的养老储蓄,但对于短视的人而言,其时间贴现率较大,即对未来不够重视,因而工作时期储蓄较少,很可能会陷入老年贫困。政府强制性推出养老保险的一个重要理由就是克服个人可能出现的短视行为,体现政府的父爱主义。①

政府提供的养老保险缴费率的高低取决于社会中居民的短视程度,以及政府的社会福利函数。② 有研究设定了一个等于工作人口和退休人口效用之和并按人数作为权重的社会福利函数,证明在所有居民都完全短视(即工作时不为退休做任何储蓄)、人口增长率为 0 的情况下,最优缴费率为 50%,这也是现收现付制缴费率的上限。③ 但一个社会中不可能所有人都完全短视,一种情况是社会中的人有一定程度的短视;另一种情况是,社会中一部分人按照生命周期理论预计的那样理性地储蓄,另一部分人则完全短视。在第一种情况下,人们越不短视,所要求的最优缴费率就越低,当人们的理性达到一定程度时,最优缴费率为 0;在第二种情况下,社会中有 1/4 的人完全短视时,最优缴费率为 11%;社会中有一半的人完全短视时,最优缴费率为 25%。

1.6.2 大样本微观计量方法

经济学领域越来越多地运用数据和经验研究方法,评价社会保险项目的效果,如基于大样本的计量经济模型就是其中的一种。越来越多的微观调查数据为这一方法的采用提供了可能。

大样本微观数据可以考察不同类型个体在社会保险项目中受到的不同影响,或者不同个体选择的差异对社会保险项目运行的影响。大样本数据,一是样本量大,且具

---

① 更为详细的分析可见本书第 4 章。
② See M. Feldstein, The Optimal Level of Social Security Benefits, *Quarterly Journal of Economics*, 1985, 100 (2), pp. 303-320.
③ Feldstein 求解了三种情况下的最优缴费率和替代率:一是所有人都完全短视;二是所有人都有一定程度的短视;三是一部分人完全理性,另一部分人完全短视。See M. Feldstein, The Optimal Level of Social Security Benefits, *Quarterly Journal of Economics*, 1985, 100 (2), pp. 303-320.

有代表性，二是样本所包含的信息丰富，充分体现个体差异。由此可以观察到个体间多个维度上的差异。

试举一例说明。对于医疗保险中的逆选择问题，需要区分个体多维度的私人信息，如健康状况、风险偏好等。在比较我国不同类型医疗保险（城镇职工医疗保险简称"城职保"，城乡居民医疗保险简称"居民医保"）参保人的健康状况时，基于2014年中国家庭追踪调查数据（CFPS），我们分别考察了雇主提供城职保（强制参加）、自愿参加城职保和自愿参加居民医保三类参保者人群的差异，包括自评健康（好）的比例、有慢性病的比例、总医疗支出对数以及医保报销支出对数。从图1-4可见，自愿参加城职保的群体较之强制参加的群体，虽然拥有的医保类型一样，但他们在四个健康维度上都表现出更高的风险，即健康状况较差的人更可能选择参加城职保，他们的医疗费用也更高。①

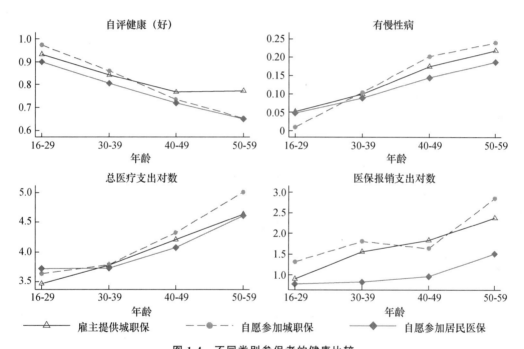

图1-4 不同类别参保者的健康比较
数据来源：根据2014年中国家庭追踪调查数据（CFPS）绘制。

1.6.3 对因果关系的识别

理论上，我们可以得出社会保险会对个体行为产生一系列影响的判断，而且我们也的确观测到社会保险和很多现象之间存在相关关系，比如社会保险与工资的关系，医疗保险与医疗支出的关系，社会保险和劳动参与的关系。但可能还有很多其他因素

---

① 参见封进、王贞、宋弘：《我国医疗保险体系中的自选择与医疗费用》，载《金融研究》2018年第8期。

也在影响个体行为,我们看到的这些变量之间的相关性,可能是其他因素的影响所致。更为严重的是,因为其他因素的存在,可能导致我们观测到的相关性和理论预计不一致。

例如,我们观测到有医疗保险的人,医疗支出更高。理论上有几种解释:一是医疗支出高的人更可能购买保险;二是因为有了医疗保险,降低了医疗消费价格,所以医疗支出更高;三是那些风险规避倾向高的人既会购买更多的保险,又会有更多的医疗消费。因而,仅仅看变量之间的关系,我们并不清楚二者之间的因果关系。只有因果关系才是我们评价政策效果的依据,比如,回答"如果我们提高报销比例,是否会导致医疗费用的大幅上涨"这样的问题。

再如,理论上我们可以得到养老保险的引入会导致老年劳动供给下降的结论,但影响劳动供给的因素很多,如果我们仅仅基于养老保险和劳动供给这两个因素进行比较,得到的结果很可能是有养老保险的人,劳动供给反而更高。这其中一个重要的原因是参加养老保险的人和没有参加养老保险的人并不是同一类人,而我们无法完全控制这两类人的异质性。比如,能力强的人更可能参加养老保险,同时也有更多劳动供给,而个体的能力又很难完全控制。

计量经济学为因果识别提供了一些工具和策略,是经济学研究越来越重视的方法,包括工具变量法、政策实验等。

1.6.4 政策实验方法

越来越多的研究采用双重差分(difference in difference)方法识别因果关系,从而考察某一政策的影响。例如,政府对老年时期的伤残补贴政策是否会导致劳动力供给下降是一个有争论的问题,加拿大政府的改革提供了一个政策实验。1987年,覆盖加拿大多数人的养老金体系(CPP)改革,提高了老年伤残补贴,而覆盖魁北克省的养老金体系(QPP)并未改革,表1-3是改革前后两种体系提供的福利(每年),以及两种体系下45—59岁人口中提前退休的比例。

表 1-3 CPP 与 QPP 政策实验结果

待遇水平 (美元)	改革前 (1)	改革后 (2)	差异 (2)-(1)	双重差分
CPP	5134	7776	2642	1666
QPP	6876	7852	976	
提前退休比例	改革前 (1)	改革后 (2)	差异 (2)-(1)	双重差分
CPP	20.0%	21.7%	1.7%	2.7%
QPP	25.6%	24.6%	-1.0%	

资料来源:J. Gruber, Disability Insurance Benefits and Labor Supply, *Journal of Political Economy*, 2000, 108, p.1175。

用双重差分的方法,以 CPP 为实验组、QPP 为对照组,以对照组在改革前后时点上的变化控制其他因素的影响，因而可以计算得出 CPP 待遇水平变化对提前退休有正向影响，使得提前退休比例上升了 2.7%。还需要进一步检验的是，在改革前实验组和对照组的提前退休比例在时间趋势上是一致的。这说明较高的养老待遇会导致劳动供给下降。

政策实验方法越来越受到重视的原因，一是该方法的设计思想便于识别因果关系；二是当今世界各国不断推出相关的改革实验为这一方法的实施提供了条件；三是大样本数据的可得性提高，为区分实验组和对照组及二者差异的统计检验提供了可能。

1.6.5 行为经济学的方法

传统上，行为分析和福利分析所采用的经济学模型是一致的，人是理性地从最大化自身福利出发作出决策。在进行福利分析时，我们同样假设人们会在不同的政策环境下各自作出最优的选择，经济学基于人们的显示性偏好对政策的福利效果作出分析。

但现实中有越来越多的现象无法用传统的决策模型解释，行为经济学由此发展起来。行为经济学融入心理学和神经系统学的视角，对人们的储蓄行为、风险性行为、社会保险参与行为作出新的解释。这一视角面临的挑战是，如果人们不是最大化自身效用，那么如何进行福利分析？此时，显示性偏好并非最优的选择。最新的研究进展考虑到人们作出决策时可能会犯错，或者决策过程存在不一致性，从而修改对福利的定义。

行为经济学为政府干预提供了新的理由，现实中人们不一定按照理性人假设行事。当人们未能作出最优化选择时，即使是在完善的市场中，政府也有必要进行干预，例如，要求短视的人为退休进行储蓄，或者要求对风险估计不足的人购买医疗保险。

社会保险具有跨学科特征，涉及公共管理学、政治学、社会学、人口学、保险学、经济学、公共卫生学等诸多学科领域的知识与方法。① 本书强调经济学的方法和视角，但并不排斥其他学科的研究方法。经济学模型力求简洁而有解释力，包含诸多假设条件，但复杂的现实世界有时并不符合这些假设，也难以完全用模型刻画。经济学和其他学科之间具有很强的互补性，其他学科的研究结论可以对经济学分析加以补充，也可对经济学方法提出挑战，促进其不断发展。

---

① 社会保障是与实践联系最为紧密的学科之一，也是最具人文关怀的学科之一（参见郑功成：《中国社会保障学科建设：回顾与展望》，载《人民日报》2018 年 8 月 13 日），这一特征决定了社会保险的内容必须具有跨学科性质。

附录　社会保险相关统计数据主要来源

1. 国际组织数据

（1）经济合作与发展组织（OECD）关于各国社会养老保险支出的数据（https：//data.oecd.org/socialexp/pension-spending.htm）。

（2）经济合作与发展组织（OECD）对G20国家养老保险体系的比较，参见每两年发布一次的Global Pension at a Glance（https：//www.oecd-ilibrary.org/finance-and-investment/oecd-pensions-at-a-glance_19991363）。

（3）联合国经济与社会事务部人口司发布的《世界人口展望》提供了在不同生育率方案下对各国分年龄人口的预测（http：//esa.un.org/unpd/wpp/index.htm）。

（4）世界银行对200多个经济体的人口预测数据（https：//datacatalog.worldbank.org/dataset/population-estimates-and-projections）。

2. 中国的汇总数据

（1）《中国统计年鉴》；

（2）《中国人口和就业统计年鉴》；

（3）《中国人力资源与社会保障年鉴》；

（4）《中国财政年鉴》；

（5）《中国卫生和计划生育统计年鉴》；

（6）《中国养老金发展报告》；

（7）《中国社会保险发展年度报告》。

3. 中国的微观数据

（1）中国营养和健康调查（CHNS）数据（http：//www.cpc.unc.edu/projects/china）。该调查由美国北卡罗来纳大学人口研究中心（The Carolina Population Center at the University of North Carolina at Chapel Hill）、美国国家营养与食物安全研究所（The National Institute of Nutrition and Food Safety）和中国疾病与预防控制中心（The Chinese Center for Disease Control and Prevention）合作进行。该数据采用多阶段分层整群随机抽样方法，调查了广西、贵州、黑龙江、河南、湖北、湖南、江苏、辽宁和山东9省，覆盖了东、中、西地区，样本具有一定的代表性。调查内容涵盖了家庭及家庭成员的人口学特征和经济社会特征，包括家庭收入水平、家庭成员的就业和工资状况、健康状况、参加医疗保险情况及就医行为等。

（2）中国健康与养老追踪调查（CHARLS）数据。由北京大学社会调查中心进行的两年一次的全国家户调查，调查对象为我国45岁及以上居民，调查样本分布在全国28个省区的150个县级单位，450个村级单位，共计1万多户，2万人左右。

CHARLS数据是我国目前唯一的以中老年人为调查对象的具有全国代表性的大型家户调查数据,其家户问卷部分有丰富的个人信息、家庭信息,特别是有详细的各类社会保险参保情况等。

本章总结

- 社会保险是政府主办的项目,用于应对社会成员在养老、医疗、失业、工伤和生育等领域的收入风险,是社会保障制度的核心内容。
- 社会保险具有一些基本特征,包括权利与义务的结合、给付基于事先约定的条件、强制参与、政府管理与监督等。
- 社会保险经济学的视角主要体现在一般均衡的分析框架、效率与公平的权衡和关注个体异质性等几个方面。
- 和其他学科相比,经济学在分析方法上更注重定量分析、对因果关系的识别、对个体行为的探究,越来越多地利用政策实验的方法。

讨论题

1. 社会保险和社会救助、社会福利有何区别?国际劳工组织为何要倡导以社会保险为核心的社会保障制度?

2. 截至2016年,世界上已有168个国家实行了各种形式的养老保险,111个国家实行了各种医疗健康保险,125个国家实行了生育保险,116个国家实行了工伤保险,83个国家实行了失业保险。为何提供养老保险的国家比提供其他社会保险项目的国家更多?

3. 举例说明为什么我们要注重因果关系的识别?

4. 我国自2009年7月份开始,在全国选择了10%的县(市、区)启动"新型农村社会养老保险"(以下简称"新农保")试点。此后,"新农保"试点工作在全国迅速铺开,2010年和2011年分别新增国家试点县518个、1076个,覆盖面达到60%以上,到2012年8月底,全国所有的2853个县级行政区均启动了"新农保"试点。年满60岁的老人有资格领取养老金。请设计实验组和对照组,分析"新农保"的推出对有资格领取养老金的老人的消费和劳动供给可能产生的影响。

第 2 章

社会保险起源与发展的经济逻辑

现代社会保障制度的起源以工业化为前提，在城市化和老龄化的共同推动下产生与发展。各国社会保险制度推出的动机和时机有很多差异，但随着社会的进步和经济的发展，当今世界各国社会保险制度的内容和功能基本相同。本章首先回顾各国社会保险的起源，总结社会保险起源和发展的几种理论，之后讨论政府提供社会保险的主要理由，最后介绍世界主要国家的社会保险规模和主要运行模式。

2.1 现代社会保障制度的确立

英国 1601 年出台《济贫法》被视为人类社会保障史上的一件大事，这是第一次以立法形式由国家实施社会保障。《济贫法》在这一人口流动、社会动荡的背景下出台，其手段是惩戒性的，保障对象无人身自由和基本尊严可言，所得到的权利也极为有限。《济贫法》的出发点是维持社会稳定，一旦社会矛盾有所缓和，保障的待遇就大幅下降。从保障实施的目的、保障利益的易变性及受众人权的缺失来看，《济贫法》显然不能作为近代社会保障制度出现的标志。

19 世纪 80 年代，德国工人运动风起云涌，德国政府在"铁血宰相"俾斯麦的领导下，采取镇压与安抚两手政策，即在坚决镇压的同时，实行社会保险，向工人提供一些社会福利，缓和社会矛盾。随之，真正现代意义上的社会保障制度出现在 19 世纪末的德国，德意志帝国议会在 1883—1889 年先后通过了《疾病保险法》《工业伤害保险法》《退休金保险计划》等社会保险和养老保险制度和政策。这一系列社会保障制度是在工业文明的社会背景下确立的，已不同于中世纪农业社会背景下建立的国家保障制度，而且都属于社会保险形态，有别于社会救济。德国的社会保险制度影响深远，欧洲许多国家紧随其后纷纷出台了社会保障立法。如奥地利在 1888 年开办疾病与伤害保险。因此，一般把德国养老保险制度视为近代社会保障制度建立的标志。

专栏 《贝弗里奇报告》

第二次世界大战激烈进行中的1941年,英国政府委托曾任劳工介绍所所长和伦敦经济学院院长的贝弗里奇教授负责制订战后实行社会保障的计划。这个计划于1942年年底发表,题为《社会保险和相关服务》,即著名的《贝弗里奇报告》。报告以消灭贫困、疾病、无知、肮脏、懒惰五大祸害为目标,主张通过建立一个全社会性的国民保险制度,对每一个公民提供以下七项社会保障:儿童补助、养老保险、残疾津贴、失业救济、丧葬补助、灾难补助、妇女福利,并贯彻以下原则:(1)用统一的标准发放救济或补助;(2)参加社会保险者统一缴纳保险费用;(3)统一社会福利的行政管理;(4)发放的救济和津贴应以维持正常生活为准;(5)保险的范围应包括所有公民以及他们生活的必需方面。《贝弗里奇报告》至今在社会保障理论方面有着深远影响。据此报告,英国于1942年至1947年相继通过了《家庭津贴法》《国民保险法》《国民工伤保险法》《国民保险事业法》《国民救济法》。战后,英国政府按照贝弗里奇的设计,最早建立起完善的社会保障制度,于1948年宣告:英国已成为世界上第一个"福利国家"。继英国之后,北欧国家瑞典、丹麦、挪威以及西欧国家法国、联邦德国、奥地利、比利时、荷兰、瑞士、意大利等经济发达国家,纷纷按英国模式实施社会福利政策,建设自己的"福利国家"。

2.2 养老保险的起源

1889年,德国颁布了《养老金保险法》,之后其他欧洲国家相继颁布有关立法。这些国家在法规的推行过程中虽然也出现过一些阻力,但总体比较顺利,其中一个原因是当时保障面较小,开支也不大。如德国规定领取养老金的最低年龄限额为70岁,而当时德国工人很少有能活过70岁的,因此当时的养老保险制度主要用于应对长寿风险,能享受的人数量有限。

从各方面来看,英国都有理由比德国更早一步实现现代社会保障制,为何事实却正好相反。除了上述德国的特殊政治社会背景外,英国本身有一些制约因素:第一个因素是英国长期以来形成了自由主义的政治传统。中央政府对地方较少干预,立法上实行两院制衡政策,宪法强调私有财产神圣不可侵犯。现代养老保险制度的推行需要依靠强制性的力量,显然英国的政治体制不利于这种制度的实行。第二个因素是个人主义观念在英国的盛行。个人主义是自由主义在社会生活领域的集中体现。个人的成败荣辱都被视为个人的事,应由个人负责。即便是贫困这类社会问题也被认为应由个人解决,而不该由国家出面干预。第三个因素是英国的私人自助和互助形式比较完善。这也是基于个人主义所形成的社会现象。由于以上三个原因,再加上英国在19世纪末对《济贫法》作了一些改进,所以在一定程度上缓和了社会矛盾,没有欧洲大陆诸国推行养老保险制度的紧迫感。

这种情况一直持续到1907年，由于经济危机的加重、失业人口的增长和老年问题的日渐突出，以及波尔战争中反映出的英国士兵较差的身体素质，英国社会各界才开始呼吁学习德国的经验，建立起由国家提供财政基础的强制性社会保险制度。英国于1908年创立了养老保险，1911年创立了健康医疗保险，并于1911年发布《国民保险法》，内容除了养老、工伤、残疾保险之外还包括医疗和失业保险，这是世界上最早的失业保险。

英国虽然在建立包括养老保险在内的社会保障制度方面慢了一步，但追赶的速度还是很快的。到第二次世界大战结束时，英国社会保障的理论和实践都已领先于欧洲各国。尤其值得一提的是，1942年，英国牛津大学教授、经济学家贝弗里奇发表《社会保险和相关服务》，即《贝弗里奇报告》，对社会需求的类型和满足的方法作了全面的分析，提出了一系列的改革建议。

与欧洲国家相比，美国社会保障制度的建立较晚，原因与英国的较为相似：生产力发达，私人保障措施较为完善，且美国的个人主义精神更甚于英国。直到1929年发生大萧条，地方政府和传统慈善机构的救济已无法解决普遍贫困的问题。这次大危机进一步打击了强调个人自由竞争的经济理论，国家干预经济的思想与政策开始占主导地位。为了缓和社会矛盾，美国时任总统罗斯福把推行社会保险作为新政内容之一，1935年通过《社会保险法案》，把本来一直由慈善团体和地方政府办理的救济失业转变为由联邦政府和州政府直接办理的社会保险。

其他欧洲国家的养老保险制度推行情况如下：法国于1910年制定了《养老保险法》，规定费用由国家、雇主以及雇工三方分担，要求年收入3000法郎以下者必须参加。意大利于1898年开始实施强制性工伤保险以及老年和残废保险。瑞典于1891年开始推行国家补贴、私人主办的自愿性疾病保险；1901年正式颁布《养老和残疾保险法》，为18—66岁的工资劳动者提供保险。挪威也在1892年颁布了《养老保险法》。到第一次世界大战爆发前，强制性社会保险制度逐步在欧洲主要国家建立起来。

第二次世界大战结束以后，发达资本主义国家经历了20多年的经济迅速发展，社会保险和福利事业也得到迅速的发展，项目多、范围广，形成了所谓"从摇篮到坟墓"的一整套社会保障制度。

相对于西方国家而言，其他国家的社会保障制度起步较晚。日本在1941年才制定第一部养老保险法。苏联和东欧国家的养老制度基本于20世纪20年代开始实行。

到50年代，工业化国家的社会保障制度基本形成，许多发展中国家这时才逐步仿效建立这种制度。如马来西亚、印度和新加坡分别于1951年、1952年和1953年，以公积金的形式对工资收入者实行养老保险。

1951年2月26日，我国颁布《劳动保险条例》，并于1953年、1956年两次修订，全面确立了适用于我国城镇职工的劳动保险制度，规定了职工享有的养老待遇，工伤待遇，疾病、非因工负伤、残废待遇，工人与职员及其供养的直系亲属死亡时待遇，生育待遇等。

各国养老保险的推出如下表所示：

表 2-1 各国养老保险的推出

时间（年）	国家	推出原因	保障对象	后继改革
1889	德国	君主政权试图削弱社会主义力量	最初为蓝领工人提供，1911年扩大到白领，1957年和1972扩大到其余劳动力	仅改变保障对象，如左
1891	丹麦	减少农村贫困	全覆盖，有收入测试	最初仅为60岁以上人群提供，1956年调整至为67岁以上人群提供
1898	新西兰	应对1880—1895年的衰退	全覆盖，有收入测试	1938年，领取补贴年龄由65岁以上调整至60岁以上
1908	英国	富有的工业化国家	全覆盖，有收入测试	1948年取消了收入测试制度，1978年开始实施自愿的收入关联制
1908	澳大利亚	19世纪90年代经济的衰退	全覆盖，有收入测试	1973年实施固定比例补贴
1913	瑞典	德国的示范效应，但农业人口较多延缓了推出	全覆盖	1921年为收入测试型补贴，1948年改为固定比例补贴，1959年改为收入关联制
1919	意大利	第一次世界大战后的经济衰退和社会不安定	覆盖所有的雇员，1957—1961年扩大到自谋职业者	覆盖范围的变化，如左
1919	西班牙	第一次世界大战后的社会不安定	覆盖一定收入以下的私人部门的员工	1963年取消收入起点的限制
1924	比利时	工业化	覆盖一定收入以下的工人，1925年后扩大到白领	覆盖范围的变化，如左
1927	加拿大	由于种族多样化和宪法的制定导致推出较晚	全覆盖，有收入测试	1951年后实施固定比例补贴，1965年后改为收入关联制
1928	奥地利	20世纪20年代的经济衰退	覆盖所有工人	1938年由德国制定养老保险制度
1930	法国	德国的示范效应	覆盖蓝领，1946年扩大到农民和白领	覆盖范围的变化，如左
1935	葡萄牙	独裁政府追求合法性	覆盖工业和服务业雇员，20世纪60年代扩大到农民	1974年开始提供最低福利

(续表)

时间 (年)	国家	推出原因	保障对象	后继改革
1936	挪威	由于收入再分配政策争议导致推出较晚	全覆盖，有收入测试	1957年废除收入测试制度，1967年开始实施收入关联制
1937	芬兰	由于缺乏国家主权和民主导致推出较晚	全覆盖，有收入测试，小部分的收入关联制	1957年废除收入测试制度，1960年开始实施收入关联制
1937	美国	大萧条	有收入测试，老年保险（OAI）和老年救助（OAA）	1950—1960年覆盖范围和补贴水平持续增加，1971年开始实施收入测试制度
1942	日本	增加税收用于战争时期	雇员及其家庭成员	1965年之后开始给予补贴，1965年后对于自雇员工的补贴偏向采取固定费率制
1944	阿根廷	军人领袖	最初针对专门群体，后来扩大到城市工人，1954年扩大到农民和自我雇佣者	覆盖范围的变化，如左
1947	荷兰	战争时期的经济衰退，战后统一	全覆盖	1957年后开始采取固定费率制
1948	瑞士	由于私人基金的反对导致推出较晚	全覆盖	—

资料来源：Culter, D. M., and R. Johnson, The Birth and Growth of the Social Insurance State: Explaining Old Age and Medical Insurance Across Countries, *Public Choice*, 2004, 120, pp. 87-121。

2.3 医疗保险的起源

医疗保险最初建立在俾斯麦管理下的德国，始于1883年，低收入蓝领工人在强制覆盖范围内，覆盖率随着时间的推移也在不断提高。这一保险既提供了实物医疗补贴，也提供了疾病或生育现金补贴。到1889年，有610万德国工人是当时某个疾病基金会的会员，人数大概占总人口的12%。和养老保险一样，德国医疗保险是由雇主、雇员根据其工资以及其他来源收入缴费。缴费金额和待遇水平都与工人的收入相关。

奥地利、挪威和瑞士政府迅速推出了类似的医疗保险法案。瑞士由于私营部门的反对，未能成功施行。英国最初对德国的强制医疗保险制度持否定态度。然而，时任首相劳埃德·乔治在1908年访问德国归来时，认同了德国的成功，并开始设计一个类似的制度，即英国国家（医疗）保险，该制度于1911年通过，提供现金和实物福利，并仅对体力劳动者是强制性的。大约30%的英国人口被该保险覆盖。1948年，英国建立国民健康保险制度（NHS）。

1927年，日本政府也依照俾斯麦模式，为各类工业工人引入强制性医疗保险。在日本的强制医疗保险制度中有关于参保者的收入限制门槛以及与收入相挂钩的缴费规则。1938年，医疗保险制度在自愿的基础上延伸到农村地区。1939年，白领工人和渔夫也加入强制医疗保险范围内。因此在1943年，日本有着广泛的医疗保险覆盖范围，尽管这一系统在1945年后被重建。

法国于1930年在引入退休保险的同时，也为低收入工人启用了强制医疗保险。原因可能是当时在和德国争取两座城市的所有权，因此需要依靠社会保险来笼络民心。

从1892年开始，丹麦私人医疗保险协会由国家提供补贴并实施监管。为了应对大萧条，于1933年通过社会改革法案，加强了丹麦的社会保险制度，并且为参与健康保险的会员提供政府养老金的权利。之后，丹麦的医疗保险基本上是强制性的。类似地，1938年的新西兰社会保障法案引入全民医疗保险和类似于美国社会保障法案的经过经济情况调查的疾病保险。

在荷兰，医生们抵制医疗保险制度。作为让步，政府1930年引入的医疗保险制度仅强制要求低收入工人参与，且仅覆盖和疾病相关的支出。1941年，德国在荷兰强制执行医疗保险。第二次世界大战后，荷兰的医疗保险体制继续以德国当局建立的方式运转。

西班牙于1942年为低收入的工业工人推出了强制性医疗保险。最初，这个保险系统只覆盖了25%的人口，但在第二次世界大战后，其覆盖范围逐渐扩大。类似地，意大利在1943年也成为强制医疗保险国家的一员，并对这些基金实行国家集中控制，所有有收入的人都需要缴费。

比利时共同基金长期以来一直由国家补贴，第二次世界大战后，雇主和工人合作建立了一系列社会保障体系，其中包括强制医疗保险，最初设立时覆盖范围有限。

在瑞典，由于存在许多地方税收资助的免费公立医院，强制性医疗保险的推行似乎不那么紧迫。直到1947年《医疗保险法》推出，医疗保险才开始正式施行。

在美国，对联邦医疗服务筹资的研究至少可以追溯到20世纪30年代，尽管时任罗斯福总统考虑到《社会保障法》的完整性，未加入医疗保险计划。作为1945年公平交易提案的一部分，时任杜鲁门总统提出了全民强制医疗保险制度，但没有被国会通过。1965年的《医疗保险法》为超过65岁的老人提供医疗保险（medicare）、为收入低于规定水平的穷人提供医疗救助（medicaid）。

加拿大在1934年正式推行医疗保险，但失败了。部分原因是法院裁定联邦政府没有权力引进此类制度。第二次世界大战后，联邦政府补贴了各省提供的医院护理费用。1996年，在制定省级医疗保险计划后，通过了《医疗保险法》。

澳大利亚通过1976年的改革，允许公民在私人医疗保险和社会医疗保险中自行选择。因此，私人医疗保险继续与大量由国家补贴的社会医疗保险共存。

瑞士1899年起开始实行强制性医疗保险的尝试，但一再受到医生和私营部门保险基金的阻拦。1994年之前实行的是政府补贴的商业医疗保险，自愿参与。1994年实现强制参保。

表 2-2 各国医疗保险的引入及改革

时间(年)	国家	引入缘由	保障对象	后续改革
1883	德国	新政权的建立,提高工人福利	低收入工人	1911年提高收入标准上限,覆盖到公务员和农业劳动者
1889	奥地利	君主立宪制,紧随德国	低收入蓝领	1938年"德奥合并"后覆盖到家庭成员
1909	挪威	紧随德国	低收入蓝领	—
1911	英国	工会斗争,应征入伍者健康状况不佳	低收入蓝领	1948年实施国民健康保险制度(NHS)
1927	日本	军事化政府,对应征入伍者、劳动力身体素质的担忧	低收入蓝领	1938—1939年、第二次世界大战期间均扩大覆盖群体,1961年建立新的国民健康保险制度
1930	法国	战争因素	低收入蓝领	1945年扩大覆盖群体
1933	丹麦	经济大萧条	私人医疗	1973年实施国民健康保险制度
1935	葡萄牙	由新独裁者萨拉查引入	作为养老保险的附加	1979年实施国民健康保险制度
1938	新西兰	经济大萧条	全民医保	—
1941	荷兰	德国统治者的制度	低收入工人	1967年开始覆盖紧急医护
1942	西班牙	法西斯	所有雇员	1986年实施国民健康保险制度
1943	意大利	法西斯	所有雇员	国民健康保险制度
1944	比利时	战后重建需要	所有雇员	—
1947	瑞典	已存在免费的公立医疗体系	全民医保	—
1962	芬兰	广大农村地区不愿向城市提供医保待遇	全民医保	—
1964	阿根廷	参保人群扩大到所有的城市劳动者	雇员	1971年覆盖到农村劳动者
1965	美国	帮助老人和穷人,尽管有医生长期抵制	65岁以上老年人、低收入家庭	—
1966	加拿大	1947年实行强制住院医保	全民医保	—
1975	澳大利亚	有补贴自愿医保的历史	全民医保	1976年末,可选私人医疗保险
1994	瑞士	有补贴自愿医保的历史,私人医保机构对强制医保的抵制	全民医保	—

注：本表所梳理的是各国强制医疗保险制度的起源。

资料来源：Culter, D. M., and R. Johnson, The Birth and Growth of the Social Insurance State: Explaining Old Age and Medical Insurance Across Countries, *Public Choice*, 2004, (120), pp. 87-121。

2.4 失业保险的起源

比利时早在1901年即在根特市实行失业保险制度。其办法较为简单,由政府对工会原有的失业保险给予一定的补助金;对于工会以外的工人,则由政府给予失业救济金,其数额为工会会员失业保险救济金的六成。这一制度在根特市施行效果显著,以后就在比利时全国施行。随后,法国于1903年、挪威于1906年、丹麦于1907年开始仿效实行这种制度。以后由于经济危机越来越严重,失业大军人数猛增,比利时式的以工会力量为主的失业保险制度已不能适应需要,于是,遂有强制性立法的出现。

强制性失业保险立法首先于英国开始。英国于1911年12月16日颁布《失业保险法》,在全国范围的矿山、纺织、建筑、造船、铁路、木器等最易失业的行业内强制施行,所有16岁以上员工均须参加失业保险,均可享受失业救济。以后经过修改,适用范围扩大。1920年法律规定,除农民、家庭佣工和机关职员外,受雇人都包括在失业保险适用范围之内。英国的《失业保险法》是世界上第一个强制性失业保险法,对许多国家的立法产生了重要影响。失业保险制度的建立,能够保障对市场经济发展中劳动力的供需进行灵活调节,帮助失业者获得基本生活保障并通过转业培训提高就业条件后重新走上就业岗位,起了很大作用。

继英国之后,意大利于1921年实施失业保险法,德国于1927年通过强制失业保险法。比利时、法国等国家也改变了原来的失业保险办法,转而采取强制立法手段。欧洲施行强制性失业保险法的国家,在20世纪20年代即达到19个。[①]

2.5 对社会保险起源的理论解释

养老保险在19世纪末20世纪初产生,主要源于经济因素,如工业化、城市化、预期寿命的延长以及政治制度的发展,再如国家的形成以及民主化。但20世纪80年代有研究发现,上述因素并不能解释社会保障在一国的产生以及产生的先后顺序。最民主、最早实行资本主义的国家并不是最早发展现代社会保障的国家。

综合现有文献,关于社会保险起源的理论解释主要有以下几种:[②]

2.5.1 资本主义发展

资本主义在促进社会保险方面的作用体现为城市化和工业化。西方工业化国家,

[①] 参见任扶善:《世界劳动立法》,中国劳动出版社1991年版。
[②] See Culter, D. M. and R. Johnson, The Birth and Growth of the Social Insurance State: Explaining Old Age and Medical Insurance across Countries, *Public Choice*, 2004, 120, pp. 87-121; Caucutt, E., T. Cooley and N. Gunder, The Farm, the City, and the Emergence of Social Security, *NBER Working Paper*, 2007, (12854).

如英国、法国、德国和美国到19世纪后相继完成产业革命,机器化大生产带来工业化进程的加快,制造业与农业的劳动生产率差距不断拉大,大量农村劳动力流入制造业,农村人口流入城市,因而促进了城市工业化的进程。城市化社会面临的风险和艰苦程度都超过了农业社会,经济衰退的风险更大,收入不稳定性增加,除此之外,城市化社会中往往家庭规模更小,因此,对于社会保险的需求更大。

1935年美国罗斯福政府《社会保障法》(Social Security Act)的推出可以用这个理论解释。该法对失业保险、儿童救助、老年保险(OAI)和老年救助(OAA)作出了规定。OAI采用德国模式,逐步演变为今天的老年生存和失能保险(old age survivors and disability insurance,OASDI),也称为"社会保障"(social security)。

2.5.2 政治合法性

在一些国家,政府不是通过选举产生,社会保障制度的推出有利于获得人民的支持,并且能够给予社会团体一些利益以获取他们的支持。社会保险将蓝领工人的利益和国家的利益联系在一起。典型的例子是德国的俾斯麦政府。俾斯麦在刚上任时,当时的皇帝和大臣都非选举产生,为了维护德国的新秩序,便推出社会保险政策以抚慰民心。

19世纪的德国在工业化规模和社会保障的经验积累方面与英国都无法相比,之所以能率先实行比较完全的国家保障制度,有其特殊的社会和政治背景。从政治和社会因素方面来看,1871年德意志帝国成立,但加入帝国的各诸侯国,尤其是南方各邦对中央的向心力并不强,急需巩固政治上的统一。国际方面,德国虽然通过普法战争的胜利取得50亿法郎的赔款,但需时时防备法国的反击,而且新生政权虽有不稳定因素,德国尚有进一步向外扩张的意图。俾斯麦在当时的讲话中声称,要使得国内外政策胜利实现,必须保证国内的稳定和发展。德国的无产阶级有马克思主义思想作为指导,形成了比较成熟的理论体系和战斗组织,因此德国的社会主义运动比较发达,国内的社会矛盾比较紧张,对当局产生巨大的政治压力。俾斯麦一方面通过了《反社会党人法》,希望扑灭社会主义运动;另一方面推动社会保障计划,巩固城市工人阶级对帝国的忠诚。另外,从社会习俗和文化背景来看,德国人比较保守和机械化,习惯于官方控制,个人主义倾向不是很强烈,因此当俾斯麦的保障政策出台时并没有受到来自民间的抵抗。

2.5.3 瓦格纳法则

社会保障规模的扩大与经济增长同步进行。社会保障是奢侈品,当一国比较富裕时就会对社会保障有需求(见图2-1)。

瓦格纳法则是用收入增长解释政府规模的增长速度。但一个潜在的问题是社会保障可能加大政府财政负担,从而制约经济增长。瓦格纳法则可以解释为什么美国、日本和瑞典经济发展的过程中,人均GDP与社会保障支出占GDP比重呈明显的正相关关系。发展中国家较之发达国家,社会保障制度建立时间较晚,这可以从收入水平的

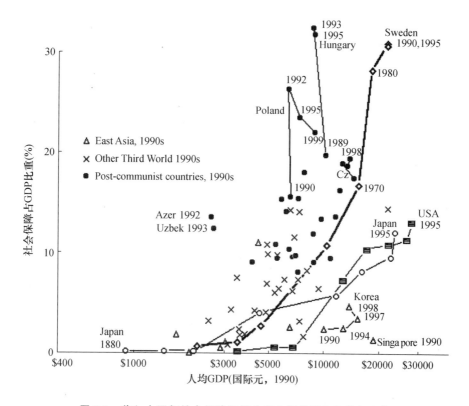

图 2-1 收入水平与社会保障规模支出水平的纵向和横向比较

注：国际元是采用购买力平价的方法将不同国家的货币转换为可比的一种记账货币。

资料来源：Lindert, P. H., *Growing Public*：*Social Spending and Economic Growth since the Eighteenth Century*, Cambridge University Press, 2004。

角度加以解释。英国和澳大利亚社会保险的推出，也是由于财富的增加引起了对再分配制度的需求（当时，这两个国家的人均 GDP 仅低于美国）。

2.5.4 人口多样性

在种族、语言或宗教多样性较大的国家，社会保障出现较晚。这一点可以用来解释国家间政府支出的差异，也能够解释美国、加拿大社会保险为什么出现较晚。

同时，老年人占比越高，养老保险对于老年人的利益越能够很快显现，在采用多数投票原则决定公共政策时，其养老保险规模越大（见图 2-2）。

在农业社会中，老龄化会促进城市化，主要通过以下两种方式：一是人均耕地面积减少，农业的人均收入下降；二是在世袭制下，土地流转速度下降，降低了土地对劳动力的吸引力。这与 20 世纪 80 年代以来发达国家养老保险规模普遍增加的现实相一致。

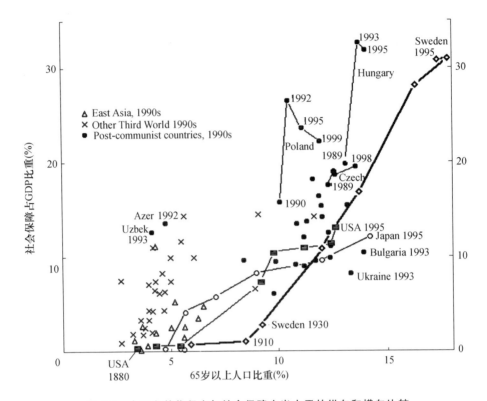

图 2-2　人口老龄化程度与社会保障支出水平的纵向和横向比较

资料来源：Lindert, P. H., *Growing Public：Social Spending and Economic Growth since the Eighteenth Century*, Cambridge University Press, 2004。

2.5.5　利维坦定理[①]

这一理论认为，推出社会保障制度是为了增加政府的税收，尤其在战后政府的税收能力下降时。社会保障对政府发展的主要制约作用是使政府对收入的募集能力有限。英国的社保制度演变历程印证了这一定理。英国社会保障制度的发展和战争在时间上有紧密的联系，波尔战争、第一次世界大战、第二次世界大战分别在1902年、1918年、1945年结束，随后都带来社会保障的发展，1908年推出养老保险，1925年将领取养老金年龄从70岁以上扩大到65岁以上，1948年将收入测试（means-tested）制度改为全面覆盖制度。

2.5.6　示范效应

示范效应指对邻近国家社保制度的仿效，或者是指在经历其他国家入侵后沿用当时的社保制度。因此，对于那些有着相近语言或者政治体系的国家，国家之间的影响

---

① 利维坦，英文为"leviathan"，原义为"裂缝"，在《圣经》中是象征邪恶的一种海怪，通常被描述为鲸鱼、海豚或鳄鱼的形状。

比国内条件的影响更大,如德国模式是很多国家采用的社保制度。

用较多年份的数据(1960—1998年)和新的方法研究发现,富裕国家更多采用最低保障等扶贫政策,而非民主国家更多采用全民保险制度。同时也发现,独裁的国家更可能引入社会保险体系。这并不能检验瓦格纳法则。较富裕的国家,如美国,反而社会保险推出得比较晚,原因可能是在富裕国家,私人资本市场比较发达,对政府提供保险的需求较少,而且也反对政府干预。研究还发现,种族越多样的国家社会保障出现得越晚,这是因为,种族间的差异使得人们对社会保障潜在的再分配作用表示怀疑。①

2.6 政府推出社会保险的理由

总体看,对于政府是否需要推出社会保险项目有两种观点:第一种观点认为由政府提供社会保险,有利于应对风险,保障基本生活。第二种观点认为个人对于消费具有不同偏好,如果国家提供统一的社会保险,则不利于个人的自由选择。②

从经济学角度考虑,社会保险需要由政府提供的理由主要是保证其强制性,从而弥补市场失灵。市场存在信息不对称问题,这会造成两个后果:一是由于存在逆向选择,市场提供养老、失业、医疗等保险,则会导致供给不足,私人保险市场运行缺乏效率;二是政府无法区分哪些人是由于年老或失业而贫困,哪些人是和制度"博弈",他们不储蓄,期待收入很低时可以得到政府的救助。

除了市场失灵这一常见的解释外,经济学家从效率和公平角度提出了政府推出养老保险的主要理由,同时亦指出在很多情况下,这些理由并不一定成立。③

2.6.1 再分配功能

养老保险的建立是为了解决老年人口的贫困问题。自由市场产生的收入分配结果可能会造成部分老年人口的贫困,养老保险体系是解决老年贫困问题的最优政策。推出养老保险体系是社会福利函数最大化的结果,正是养老保险体系的收入再分配功能确保了整个社会的福利最大化。④ 由于存在搭便车的问题,因此养老保险体系由政府强制实施。工业化促进了经济增长,同时也拉大了年轻一代和老年一代的收入差距,因此也就更加需要加强代际收入再分配的力度。

---

① See Culter, D. M. and R. Johnson, The Birth and Growth of the Social Insurance State: Explaining Old Age and Medical Insurance across Countries, *Public Choice*, 2004, 120, pp. 87-121.

② See M. Feldstein, Rethinking Social Insurance, *American Economic Review*, 2005, 95 (1), pp. 1-24.

③ See Mulligan, C. B. & X. Salaimartin, Social Security in Theory and Practice (ii): Efficiency Theories, Narrative Theories, and Implications for Reform, Economics Working Papers, 1999.

④ See Mirrless, J. A., An Exploration in the Theory of Optimum Income Taxation, Review of Economic Studies, 1971, 38 (114), pp. 175-208.

2.6.2 父爱主义

政府之所以通过养老保险体系照顾老年人,是因为一些老年人在年轻的时候储蓄过少,年老时他们的储蓄不足以支持他们的最低消费水平。个人年轻时的储蓄不足有两种情况:一是"短视"造成的储蓄不足,也就是由于个人年轻时不能正确作出一生的消费储蓄规划而造成的储蓄不足;另一个是"理性"的储蓄不足,即预见到政府不会对其年老时由于储蓄不足造成的生活窘迫而袖手旁观,从而在年轻时策略性地减少储蓄。①

但是,另一位著名经济学家弗里德曼则对养老保险制度提出质疑。② 他认为,一个好的反贫困制度应该是针对全部年龄段,而不是某一个年龄段。更好的做法是能够为所有人提供一个最低收入标准,减少由于养老保险缴费对储蓄和劳动力供给的影响,这种影响可能是损害经济效率的。弗里德曼反对针对老年人的特殊救助,认为这种救助只是对个人的老年时期提供保障。他的著名的"负所得税"理论就是对这种观点的体现。

2.6.3 有效需求理论

凯恩斯主义经济学最早对社会保障制度进行了实证分析和推理,从需求管理的角度提出了包括养老保险在内的社会保障政策的安排。在1936年出版的《就业、利息与货币通论》一书中,凯恩斯提出了有效需求不足理论以及相应的国家经济干预思想。在凯恩斯的国家干预思想中,包括养老保险在内的社会保障措施占有相当重要的地位。按照凯恩斯的边际消费倾向递减规律,富人的消费倾向低于穷人的消费倾向,要提高有效需求,促进经济增长,就应当均贫富,提高穷人收入水平,增加社会消费支出,以刺激经济增长。也就是说,具有再分配功能的社会保障体系是国家干预国民收入、降低国民储蓄、提高有效需求的一种重要的公共政策安排。

在20世纪30年代经济大危机时期,以美国1935年罗斯福新政期间制定的《社会保障法》为标志,使社会保障作为一项制度最终形成。整个罗斯福新政都是建立在凯恩斯的有效需求不足、必须实施宏观需求管理政策的思想之上的。

不过,养老保险体系的建立是为了在总需求不足(比如,大萧条时期)时减少储蓄,刺激消费,这种观点建立在现收现付制的养老保险体系将会减少国民储蓄的假说之上。而实际上,养老保险是否能够减少储蓄是一个实证问题。③

---

① See Diamond, P., A Framework for Social Security Analysis, *Journal of Public Economics*, 1977, 8 (3), pp. 275-298.

② See Friedman, M. R. Friedman, *Capitalism and Freedom*, Chicago: University of Chicago Press, 2002.

③ 详见本书第 5 章。

2.6.4 管理成本优势

政府管理养老保险比私人更节约管理费用,这是因为政府在管理养老保险时可以利用规模优势有效降低单位管理成本。一项保险的成本可以分为两个部分:一是提供保险产品的成本,二是市场销售成本。当养老保险的销售成本较高时,政府介入养老市场,通过简单的收入税规则与统一的受益标准来管理养老保险市场,就可以通过规模优势降低管理成本。由此可以解释公共养老保险与私人养老保险的共同点:养老金都随一生养老保险贡献的增加而增加等。有一些经济学家研究发现,社会养老保险中个人账户的管理成本只是私人账户管理成本的大约一半。①

2.7 社会保险融资模式

目前,绝大多数国家社会保险的主要融资模式是雇员、雇主、国家三方出资,这三方不同的出资组合会产生许多融资模式。其中,以雇员和雇主双方共同供款、政府承担最后责任的模式最为普遍。

2.7.1 由雇主和雇员共同缴费

这种情况下的社会保险往往采用完全积累模式,政府仅仅承担监督者和最终责任人的角色,社保基金与财政资金完全分离,其收支不列入财政预算。② 美国、法国、新加坡、中国等很多国家的主要社会保险项目都是采用这种筹资方式。对个人的缴费率安排一般采用比例费率(税率),在规定的缴费基数下,按比例征收,超过部分不征收,具有累退性。

这样安排有两种原因:第一,社会保险的主要目的不在于收入再分配,而在于分担风险。第二,由于社会保险缴费能够在税前扣除,累进的社会保险缴费会降低所得税的累进程度。

2.7.2 全部由雇主缴费

绝大多数工伤保险基本由雇主缴纳,除此之外,瑞典的医疗保险、美国和意大利的失业保险、中国的失业保险和生育保险也都是由雇主承担。

2.7.3 财政拨款或补贴

财政拨款或补贴指的是全部社保基金费用均由政府承担。这可分为两类即直接供款与特别捐税补助。直接供款指的是政府直接从财政收入中划拨一部分到社会保险基

---

① See P. Diamond, Administrative Costs and Equilibrium Charges with Individual Accounts, *NBER Working Paper*, 1999, (7050).

② 参见侯文若编著:《社会保险》(第二版),中国劳动社会保障出版社2009年版。

金。很多国家社会保险基金中都有政府的拨款,如瑞典的医疗保险,美国和意大利的失业保险,日本和韩国的工伤保险等。特别捐税补助指的是国家的某一类税收收入专门用于社会保险基金,如财产税、超额所得税、出口税等,采用特别捐税补助的国家有加拿大、瑞士、挪威、法国、比利时、希腊、智利、芬兰等。

2.7.4 由雇主、雇员和政府共同筹资

由雇主、雇员和政府共同筹资指的是政府、雇主和雇员三方共同承担的机制。社会保险基金主要来源于雇员和雇主的缴纳,政府的社会保险筹资责任相对而言比较轻。政府筹资可以采取税或者费的方式,如加拿大、瑞士、挪威、法国、比利时、希腊、智利、芬兰等。

专栏　社会保险的税与费之争

税与费的主要差别:

(1) 是否具有无偿性:税收具有无偿性,只要纳税人缴了税即可享受公共产品,与他缴纳多少税款无关,意味着缴费与待遇之间的联系较弱;而社会保险费不具有无偿性,缴费者从公共部门提供的公共服务中直接受益,缴费与待遇之间有较强的联系,如个人账户的设立,则是个人缴费个人使用。

(2) 强制性程度不同:税收有严格的法律程序;而缴费具有一定的灵活性,在经济发展初期,收入差距较大时,允许部分群体在征收体系之外,或者临时调整费率。

(3) 对公共财政的压力不同:如果社会保险采用税收形式,则政府负有全部的责任,可能需要进行转移支付;如果社会保险采用缴费形式,则属于专项财政预算,主要力求自身收支平衡,政府可以通过财政进行补贴。

社会保险税与费的改革历程:

第一阶段:19世纪80年代至1945年,现代社会保障制度以费的形式在德国诞生。德国社保缴款始终是费,而不是税。德国制度影响了整个欧洲,形成了俾斯麦式社会保险缴费制度。

第二阶段:1946年至20世纪80代初,社保制度经历费改税阶段。二战以后,随着英国在1946年宣布建成福利国家,欧洲国家纷纷效法英国模式即贝弗里奇式制度。在欧洲,英国是费改税最彻底的国家之一。战后美国的缴税制与英国的费改税加在一起,起到一定的示范作用,掀起了费改税的浪潮。这个阶段是西方福利制度历史上真正的或说唯一的费改税时期。这是因为彼时的财政状况非常好,人口年轻,"婴儿潮"导致社保制度供款人口增长十分稳定,制度收入大于支出,允许展开普享型的社保制度。截止到1998年,世界上开征社会保险税的国家有100多个。

第三阶段:20世纪80年代以来的世界性改革潮流是税改费。拉丁美洲国家率

先改革，引入个人账户，将先前的社保税一次到位改为社保费。在亚洲，新加坡中央公积金模式的示范效应引起其他发展中国家的广泛关注，90年代初中国统账结合制度的建立显然首先使用的是费；从90年代至今，若干转型国家如俄罗斯、拉脱维亚、吉尔吉斯斯坦等引入名义账户制，采取的都是缴费制而不是缴税制。欧洲发达国家尤其是老牌资本主义国家如意大利和瑞典实行的名义账户制、爱尔兰实行的半积累制、德国2000年实行的积分制改革等，均部分或全部实行税改费，或进入税改费的进程。

这个阶段出现税改费的主要原因有四个：一是1973年第一次石油危机导致发达国家发生了自战后以来最严重的一次经济危机，引发财政危机，从而导致社保制度融资模式的危机，即对现收现付制提出挑战。二是20世纪80年代初英国撒切尔夫人上台和里根总统上台掀起的大西洋两岸发达国家新自由主义的改革浪潮，席卷了绝大多数国家，其主张是形成社会保障的个人私有化，并减少社会福利支出。三是20世纪90年代出现的全球化浪潮，使传统的现收现付制已不适应劳动力的跨国流动。四是美国掀起的新自由主义经济学对拉美国家产生影响，促使拉美国家以智利为代表的社保私有化改革创造了一个崭新的个人账户积累制，引起全世界的注意，并逐渐成为各国政府决策者和学术研究者的一个新兴社保样板。

资料来源：郑秉文：《从国际发展趋势看我国不宜实行社会保障费改税》，载《宏观经济研究》2007年第3期。

2.8 社会保险管理模式

社会保险管理模式是指社会保险行政管理机构、经办管理机构、基金管理机构和监督机构在社会保险运行过程中的具体安排。主要分为以下三种：[①]

2.8.1 政府直接管理模式

在这种管理体制下，社会保险基金的收取、支付、储蓄和投放事宜，都由政府统一包揽。政府直接管理模式分为以下三种：

（1）统一管理：将不同的社会保险项目置于一个统一的管理体系中，如英国，由财政部下属的皇家海关和税务总署负责基金预算的编制和保险费的征收，由工作和养老金部负责社会保险制度的制定及待遇发放。

（2）分散管理：不同的项目由不同的政府部门管理。我国在1993年之前一直采取分散管理的模式，当时是由铁路、民航、电力等行业单独管理职工养老保险。1993年中共十四届三中全会通过《关于建立社会主义市场经济体制若干问题的决定》之后，社会保险则调整为由人力资源和社会保障部以及卫生部两大部门主管，同时不断向统

---

① 参见侯文若编著：《社会保险》（第二版），中国劳动社会保障出版社2009年版。

一管理的方向发展。

（3）统分结合：对共同性较强的实行统一管理，其他实行分散管理，如对养老保险和医疗保险实行集中统一管理，对失业保险和工伤保险实行分别管理，典型的例子是日本、美国。日本对厚生年金和国民年金进行统一管理，其余年金事业一概实行"以自主经营为主的管理"原则。

2.8.2 自治机构管理模式

社会保险的业务由非政府组织承担，政府负责社会保险立法，对社会保险政策的实施提供监督和指导，负责业务管理的非政府组织由政府代表、雇主代表、雇员代表三方组成独立的机构。例如，德国的社会保险金统一由雇主交给医疗保险公司，雇员可参加不同医疗保险公司的保险项目。各医疗保险公司按保险种类设立不同管理部门，每个部门下设专门的管理办公室或执行委员会负责具体的业务管理。

2.8.3 以私营机构为主体的管理模式

政府容许私营机构对社会保险基金的投资和运营进行管理，以实现基金的保值增值。在这种情况下，政府不直接参与社会保险基金的管理，而是对社会保险的具体实施过程进行监督，确保投保人的利益不受损害。这种模式的优点在于，由于是私营机构为主体，往往能够得到更多收益，增加积累资金，但同时这种模式对于私营机构的要求也会比较高。

首先，这些私营基金公司的准入有一定的门槛，其资信和内部治理结构需要经过政府的严格审查。其次，私营基金公司应当对社会保险资金施行委托保管制度，即委托第三方机构保管社会保险资金。智利施行的社保基金就属于此类，规定个人雇员将月工资的10%存入储蓄账户，由国家批准的、高度规范的社保基金管理公司运营。

> **专栏** ▶ **我国社会保险征收体制改革**
>
> 2000年年初，我国社会保险费征收体制开始改革，部分省份的社会保险费改由地方税务部门征收，由此形成社保部门征收和税务部门征收共存的二元格局。到2016年，我国大约2/3省份的企业社保由地方税务部门征收，1/3由社保经办机构征收。2018年7月20日印发的《国税地税征管体制改革方案》明确要在2019年1月1日实现全国统一社保征收体制，"为提高社会保险资金征管效率，将基本养老保险费、基本医疗保险费、失业保险费等各项社会保险费交由税务部门统一征收"。
>
> 以2000年的改革为自然实验，采用规模以上工业企业数据，我们发现社保征收机构从社保部门变更为地方税务部门会使企业社保实际缴费率上升约3%，参保

概率提高约 5%。机制分析表明，改革在税收征收能力越强的地区作用越明显，对国有企业缴费行为没有显著影响，但会使非国有企业缴费率和参保率分别上升 5% 和 7%。这说明税务部门通过较强的征收能力使得更多企业参保，从而提高了社会保险收入。

下图比较了征收机构变化的省、自治区、直辖市和未变化的省、自治区、直辖市在 2000 年前后企业参保率的变化。

实验组（变更征收机构的省、自治区、直辖市）：广东、甘肃、陕西、辽宁、黑龙江、海南、青海、福建、湖南、河北。

控制组（未变更征收机构的省、自治区、直辖市）：宁夏、河南、山西、山东、吉林、江西、四川、贵州、广西、北京、天津、上海、西藏、新疆。

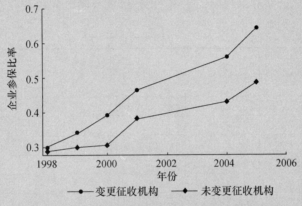

图 2-3 变更与未变更征收机构企业参保率的变化

资料来源：唐珏、封进：《社会保险征收体制改革与社会保险基金收入——基于企业缴费行为的研究》，载《经济学》（季刊）2019 年第 3 期。

本章总结

- 现代社会养老保险和社会医疗保险制度均起源于德国。1889 年，德国颁布了《养老金保险法》，之后其他欧洲国家相继颁布有关立法。医疗保险于 1883 年在俾斯麦管理下的德国建立。俾斯麦制度的特征是，社会保险是由雇主、雇员根据其工资以及其他来源收入缴费，缴费金额和待遇水平都与工人的收入相关。

- 养老保险在 19 世纪末、20 世纪初的产生主要源于经济因素，如工业化和城市化带来的收入水平的提高、风险增加以及预期寿命的延长。但上述因素并不能解释社会保障在一国的产生以及产生的先后顺序，其他一些影响因素还包括人口多样性、政府财政压力、来自其他国家的示范效应等。

- 政府提供社会保险的目的有多种，包括弥补市场失灵、在不同的人群中进行再分配、促进社会平等、刺激经济增长、利用账户管理的规模经济等。

- 目前，绝大多数国家社会保险的主要融资模式是雇员、雇主、国家三方出资，这三方不同的出资组合会产生许多融资模式。其中，以雇员和雇主双方共同供款、政府承担最后责任的模式最为普遍。

讨论题

1. 为什么现代社会保险起源于德国，而非当时世界上最为富裕的国家英国？
2. 根据各国推出社会保险的时间和原因，讨论社会保险对一国社会经济发展有哪些方面的作用？
3. 社会保险税和社会保险费各有何优劣之处？
4. 下表是各国公共养老保险支出占GDP比重及随时间的变化，分析我国养老保险支出水平较低的原因。

时间（年） 国家	1960	1970	1980	1990	2000	2010
加拿大	2.1	2.4	3.4	4.7	4.7	4.9
法国	4.7	6.7	9.0	11.1	12.3	13.3
德国	8.2	8.8	10.2	9.5	11.1	10.6
瑞典	3.5	4.9	8.8	9.6	9.1	9.6
英国	4.0	4.9	6.3	5.9	6.3	6.3
美国	3.9	4.9	6.5	6.3	6.3	6.8
日本	1.2	1.1	4.2	5.2	7.7	10.0
韩国	—	—	—	0.8	1.2	1.7
匈牙利	—	4.6	9.3	8.5	7.5	10.6
捷克	—	—	—	7.3	8.5	7.6
智利	—	2.7	3.4	8.5	8.1	7.2
中国	—	—	—	1.0	2.3	3.4

资料来源：国际货币基金组织（IMF）发布的《世界经济展望报告》（2011）。

第 3 章

养老保险制度的运行模式

养老保险制度通过适当的安排，分担家庭和个人的长寿风险和收入风险，为老年时期的生活提供保障。这一制度已经存在了 100 多年，在我国也已超过 50 年。养老保险是各项社会保险中基金规模最大的项目，通常也是缴费水平最高的项目。

那么，参加养老保险制度究竟能带来怎样的收益？这一制度如何带来收益？这是本章要回答的核心问题。本章首先从理论上探讨养老保险制度在应对市场失灵方面的作用，之后详细介绍养老保险制度的运行模式，以及不同运行模式下影响参保人收益的因素，最后介绍对养老保险制度的经济和福利效果进行分析的重要工具——叠代模型。

3.1 为什么需要养老保险制度？

理论上，根据生命周期理论，一个人会在一生中的工作时期获得收入，进行消费，同时为退休后的生活进行储蓄；而退休以后依靠工作时期的储蓄进行消费。这种基于跨期最优的决策使得个人通过在工作时期降低自己的消费水平、在退休后提高自己的消费水平，保证在整个生命周期内获得最大效用。

市场可为个体的养老储蓄计划提供多样化的产品，如私人年金和私人养老保险。在这样的情况下，为什么还需要政府的介入来提供公共养老保险？主要有如下几方面的理由：

3.1.1 应对信息不对称导致的逆向选择问题

在退休保险理论中，个人在年老时的健康状况和是否能够继续参加工作都属于外人难以鉴别的个人信息，这时候就会出现逆向选择问题，当市场提高退休保险价格时，老年时不具备继续工作能力的人往往会继续购买退休保险，而老年时身体健康、具有工作能力的人就不会购买退休保险，退休保险市场就会因信息不对称而出现市场失灵。在人寿保险和私人年金市场，个人预期寿命信息属于私人信息，同样因为逆向选择的原因，寿险市场和私人年金市场也会出现市场失灵。政府通过建立强制性的公共养老保险制度，可以有效解决市场上的逆向选择问题。

3.1.2 应对"短视"和"理性"导致的老年时期储蓄不足问题

有些人在年轻时储蓄不足，年老时不足以维持他们的最低消费水平。导致出现储蓄不足的原因主要有两点，一是老年人在年轻时由于"短视"而未能够合理作出一生的消费储蓄规划；二是老年人预期到政府和其他善意的社会成员会在其年老后因储蓄不足而生活窘迫时施以援手，从而"理性"地选择过少储蓄。因此，通过政府主导的强制性养老保险制度，强制个人在年轻时进行适当的储蓄以维持其在老年时的消费，从而可以有效避免这两种储蓄不足情况的发生。

3.1.3　应对老年贫困

自由市场产生的收入分配结果可能会造成部分老年人口的贫困，引入公共养老保险制度是解决老年人贫困问题的方案。养老保险制度的引入可以在一定程度上看作是个人一生收入的保险。人的一生中有可能会经历收入下降，甚至失业，个人的养老储蓄会由此受到影响。通常，养老保险制度设计中的养老金待遇不仅和个人收入有联系，而且还和社会平均工资有联系，从而缓解了个人收入风险对老年消费的影响。在一些国家（如美国）的设计中，养老金只与最高35年的月平均收入相关，减少了失业或者最低收入时期的影响。

3.1.4　应对个人长寿风险

长寿风险是指若一个人活的比其预计的时间长，可能就会过早用完他为退休积累起来的全部资产。养老保险制度的设立就可以有效应对这类风险：个人在工作时期缴款，退休后有资格领取养老金，直到受益人去世。

3.1.5　诱致退休

人力资本存在溢出效应，老年人对青年人的边际生产率存在负外部性，因此养老保险制度被设计成诱致退休的模式。青年人向老年人支付一定的养老金，以换取工作岗位，这样老年人的退休使得更有生产效率的青年人进入工作岗位，从而提升了整个经济的效率。

3.1.6　节约决策和管理成本

由政府管理养老保险体系可以利用规模优势有效地降低单位管理成本，从而比私人养老保险更节约决策和管理成本。

3.2　养老保险的运行模式

社会养老保险的运行模式可以从两个维度区分，一个维度是基金积累程度，分为积累制与非积累制；二是待遇与缴费的联系程度，分为缴费确定型与待遇确定型。

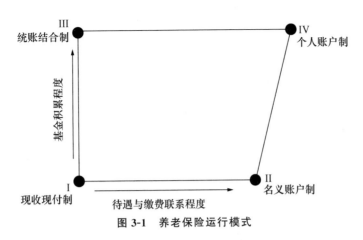

图 3-1 养老保险运行模式

实践中，各国社会养老保险制度安排都是将这两个维度进行不同程度的组合，主要有以下四种模式：

（1）现收现付制，这是非积累制与待遇确定型相结合的一种财务模式。先明确退休时养老金对退休前工资的替代率，再结合人口年龄结构和工资水平确定缴费率，用当期雇员和雇主的缴费形成统筹账户，用以支付当期退休人员的养老金，统筹账户养老基金结余较少。

（2）完全积累制或个人账户制，这是积累制和缴费确定型相结合的模式。工作时的缴费完全进入个人账户，退休时的养老待遇根据个人账户所积累的资金额而定。该模式对个人账户投资具有较高的要求。

（3）混合制或部分积累制，是现收现付制和个人账户制相结合的模式，又称"统账结合制"。养老保险缴费一部分进入现收现付制的养老保险基金统筹账户，一部分进入个人账户。退休时养老保险待遇一部分来自统筹账户，一部分来自个人账户。

（4）名义账户制，这是非积累制和缴费确定型相结合的一种财务模式。首先确定工作期间的缴费率，并设立名义账户及账户的名义收益率，由此决定退休时的养老待遇。当期的缴费用于支付当期退休人员的养老金，个人账户空账运行，无投资需求。

四种运行模式在现实中运用得最为广泛的是现收现付制，到 2011 年，共有 130 个国家（包括统账结合的国家）采用了现收现付制，17 个国家采用了完全积累制，8 个国家采用了名义账户制。与此对照，1990 年有 140 个国家采用现收现付制，17 个国家采用完全积累制，但是尚没有国家采用名义账户制。可见，现收现付制仍然是最主要的运行模式。

3.3 现收现付制

现收现付制是社会养老保险制度运行的主要模式，以当期雇主和雇员共同的缴费支付当期退休人员的养老待遇。

根据养老待遇给付规则，现收现付制养老保险制度又分为俾斯麦制（Bismarckian）和贝弗里奇制（Beveridgean）。如果养老保险费和养老金均占个人工资的一定比例，那么这一制度称为俾斯麦制，该制度并不具有代内再分配功能；如果养老保险费与工资相联系，而养老金水平却主要由社会平均工资决定，这样的安排称为贝弗里奇制，此时，养老金对个人工资的替代率将随着工资的增加而下降，这一制度具有代内再分配功能。

现收现付制的主要优点在于：

（1）养老保险制度一经推出，达到退休年龄的退休人员即可获得养老金，不需要其他来源的资金。这也导致最初一代人从该制度中获得巨大的收益率。

（2）养老待遇与工资水平挂钩，可以有效地抵御通货膨胀的影响。

（3）具有代际再分配和代内再分配的功能，有利于缩小老年收入差距。

（4）养老保险基金投资要求低，使得制度的管理成本较低。

现收现付制的主要缺陷在于：

（5）存在人口风险。在人口老龄化背景下，老年赡养率不断提高，现收现付制的财务平衡面临挑战。

（6）在一定程度上会降低一国储蓄率，对于储蓄率较低的国家而言，不利于资金积累和长期经济增长。

3.4 完全积累制

完全积累制又称个人账户制，是养老保险基金运行的模式之一。在这一模式下，每一期雇主和雇员共同缴费，建立个人账户，作为长期储存及保值增值积累的基金，所有权归个人。完全积累制通常是缴费确定型的制度，事先确定缴费率，退休时的养老待遇根据个人账户累积额和人均预期寿命决定。

完全积累制的优点在于：

（1）缴费和待遇之间有着紧密联系，具有透明度较高（因缴费全部进入个人账户）、激励作用较强的特点。

（2）本国人口老龄化带来的直接影响较小，可以通过有效的资金配置获得一定的投资收益率。

（3）在缴费确定的模式下，个人账户制要求参保人在工作时期的总供款额（包括缴费额、投资收益以及政府补贴等总收入）与退休后领取的养老保险金总额之间取得平衡，账户具有较强的自我平衡约束。

但完全积累制具有的内在风险也很明显：

（1）通货膨胀风险。个人养老保险基金账户积累时间跨度长、数额大，受通货膨胀影响大，基金遭受贬值的风险很大。

（2）投资风险。完全积累制对于个人账户资金运用有较高的要求，投资收益有较大的不确定性，投资管理费用较高。

(3) 缺乏收入再分配功能。个人账户所有权归个人，其产生的养老金不具有在不同收入、不同寿命人群之间再分配的功能，社会共济作用较小。

3.5 待遇确定和缴费确定

待遇确定简称"DB（defined benefit）模式"。在待遇确定型养老金计划下，退休时的养老金由一个确定的计算公式，而不是根据投资收益得到。政府主办的现收现付制的养老保险制度是待遇确定型的，一些企业年金计划也采用待遇确定型方式计算养老金水平。养老金待遇通常根据缴费年限（或工作年限）、退休年龄、员工的工资水平和缴费率计算而来。待遇可以按月领取，可以一次性领取，通常是按月领取。

DB模式具有如下一些特点：

(1) 养老金收入水平有稳定的保障，雇员无须承担市场风险和长寿风险。

(2) 养老金主办方的责任较大，要提供承诺水平的养老金，承担养老金计划所面临的人口风险、投资风险或企业经营风险。

(3) 对企业年金或职业年金而言，缴费有较大弹性，基金积累状况良好时可以降低缴费率，亏欠时可以提高缴费率。

(4) DB模式养老金计划需要较为复杂的精算模型，以保持基金的平稳运行。

(5) DB模式下，企业对员工积累的企业年金权益携带性有不同的规定，在不同企业间的流动会因此受到影响。

(6) DB模型下，企业可通过调整待遇安排，鼓励年老的员工提前退休，从而雇用更多年轻员工。

缴费确定简称"DC（defined contribution）模式"。在缴费确定型养老金计划下，缴费既可以来自雇员的工资，也可以由雇主提供，缴费进入个人账户，个人账户资金按照相关法律进行投资管理，退休时个人账户余额用于发放养老金。在企业年金和职业年金计划中，DC模式得到越来越广泛的运用，已成为主要的运作模式。

DC模式具有如下一些特点：

(1) 个人账户的投资风险和收益均由养老金计划的参与人承担或获得，企业或计划主办者不承担风险，也不分享收益。

(2) 个人账户具有较好的携带性，管理成本构成简单，计算方便，账户具有良好的透明性，有利于员工在不同企业间流动。

(3) DC计划下养老金待遇具有较强的不确定性，取决于投资期间的资产回报，投资风险较高。

(4) 养老金计划的参与人可以掌控投资决策。

(5) 养老金计划的主办者承担委托人的责任，选择年金管理受托人，并由受托人选择投资管理人等功能代理人。

3.6 现收现付制的收益率

为推导出现收现付制的收益率,我们先作以下假定:每一代人生活两个时期,他们在第一期工作,第二期退休,在这两个时期,有人口增长率和工资增长率。假设每个人工资相同。

如果技术进步(即工资增长率)为零,则有

人口增长:
$$L_{t+1} = (1+n)L_t \tag{3-1}$$

工作时缴费:
$$T_t = \tau w_t L_t \tag{3-2}$$

退休时所获得的养老金:
$$B_{t+1} = T_{t+1} = \tau w_{t+1} L_{t+1} \tag{3-3}$$

其中,t 表示时期,L 表示人口(劳动力数量),T 表示养老保险缴费总额,w 表示工资,τ 表示缴费率,每个人的缴费额为 τw_t,n 为人口增长率,B 为养老金总支出,b 为人均养老金支出。

现收现付制的引入允许人们即使在不存在任何金融产品的情况下也能平滑一生的消费。

若放松技术进步为零的假设,使两代人之间劳动生产率增长为 g,并且劳动生产率的增长完全体现在实际工资的增长上,那么工资将以 g 的速率增长,即

工资增长:
$$w_{t+1} = (1+g)w_t \tag{3-4}$$

综合以上各式,可得:每个参保人获得的养老金待遇与其缴纳的养老保险缴费比例为:

$$\frac{b_{t+1}}{\tau w_t} = \frac{\tau w_{t+1} L_{t+1}}{\tau w_t L_t} = (1+g)(1+n) \approx (1+n+g) \tag{3-5}$$

于是,上式中的养老保险缴费的收益率大约为 $(n+g)$,即现收现付制下的养老保险缴费的收益率由一个经济中的人口增长率和工资增长率之和来确定,这两个因素也是经济增长率的主要决定因素,因而现收现付制的收益率可近似为经济增长率。

现收现付制包含的主要参数如下:

(1) 老年赡养率(dependent ratio),即退休人口(老年人)和就业人口(青年人)的比率,公式如下:

$$DB = \frac{L_t}{L_{t+1}} = \frac{1}{1+n} \tag{3-6}$$

老年人口比重越高,就业人口的老年赡养率就越高;相反,就业人口增长越快,老年赡养率越低。

(2) 替代率(replacement ratio),即养老金待遇与工资的比率(假设工资增长率

为 0)，公式如下：

$$RR = \frac{b_{t+1}}{w_t} = \tau(1+n) \quad (3-7)$$

替代率由养老金的缴费率、人口增长率和工资增长率（即劳动生产增长率）等因素共同决定，反过来说，养老金的缴费率 τ 由下式决定：

$$\tau = \frac{RR}{1+n} \quad (3-8)$$

（3）二者的关系如下：

$$养老保险缴费率 = 养老金替代率 \times 老年赡养率$$

二者关系表明，人口老龄化对现收现付制的财务平衡有着不可忽视的影响，人口老龄化导致老年赡养率增加，为达到相同的养老金替代率，则需要提高缴费率。如果要维持养老金的替代率不变，当人口增长率或工资增长率下降时，养老金的缴费率必须提高，即工作一代的负担程度上升。

现收现付制除了提供每一代人正的收益率使个人可以在年轻与老年之间平滑一生的消费以外，还为第一代退休者提供了一笔额外的意外收益，他们可以得到养老金而不需在工作期间缴费。因此，在不存在资本积累的经济下，现收现付制的引入对一个经济来讲是帕累托改进的。但也积累了一笔隐性债务，即第一代人享受了"免费午餐"，对后代形成债务。在现收现付制的安排下，养老保险体系中隐含的债务可以代代相传，不需清算。

3.7 完全积累制的收益率

在完全积累制下，在 t 期就业人口中的每一个人根据工资的一定比例缴费，比如缴费率为 τ，缴费（w）全部进入个人账户，由专门的机构负责管理和投资，t 期的就业人口在 $t+1$ 期退休时，根据金融市场的资本收益率 r 获得养老金给付，因此 t 期的个人养老金由下式决定：

$$b_{t+1} = (1+r)\tau w_t$$
$$\frac{b_{t+1}}{w_t} = \tau(1+r) \quad (3-9)$$

完全积累制下的收益率即为 r。

3.8 现收现付制与完全积累制的风险比较

两种养老保险制度除了收益率不同外，其面临的风险也不同。表 3-1 对比了两种制度面临的风险差异。

表 3-1 现收现付制与完全积累制风险的比较

	现收现付制	完全积累制
人口风险		
负担系数提高	财务平衡将受到严重影响	对养老金融资和水平没有直接影响
金融风险		
投资收益率波动	对养老金水平没有影响	对养老金水平有显著影响
宏观经济风险		
产出下降，工资下降	收益下降，当期养老金水平下降	收益下降，对未来养老金水平有影响
失业率提高	养老保险基金财务平衡受到影响；对个人养老金水平影响不大	失业者的养老金水平会下降
政治风险	隐性的代际合同可能中断，财政预算对合同的执行有明显的影响	个人账户不受财政预算的影响

专栏 艾伦条件

艾伦条件（Aaron conditions），是艾伦在 1966 年发表的《社会保险悖论》一文中提出的。艾伦认为，在人口增长率与实际工资增长率之和大于市场利率的前提下，现收现付制能够在代际间进行帕累托有效的配置。

假设所有人在 A 年龄时进入劳动力市场，并且每年到达该年龄的人以 n 的速度增加，假设平均实际工资增长率为 g，利率为 r。令 $t=1+n$，$s=1+g$，$i=1+r$。每个人工作 m 年后退休。他将度过 ($T-m$) 年的退休时光，他会在 ($A+T$) 岁时去世。每个人在退休的每一年都会得到一个与平均工资相等的养老金。

在 k 年后 ($k<T$)，总的人口数 P 为：

$$P = P_0 t^k [(t^m + t^{m-1} + \cdots + t) + (1 + t^{-1} + t^{-2} + \cdots + t^{-n+m+1})] \quad (3\text{-}10)$$

其中 P_0 是第 0 期的人口，第一个括号中乘以 $P_0 t_k$ 表示总的工作人数，第二个括号中乘以 $P_0 t_k$ 表示总的退休人数。

工人在全部的工作时间中得到的总的工资为：

$$w = w_0 s^k (s^{-m} + s^{-m+1} + \cdots + s^{-1}) \quad (3\text{-}11)$$

工人在第 k 年退休，w_0 为第 0 期的工资。

在退休后同样的工人会收到养老金 p：

$$p = w_0 s^k (1 + s + s^2 + \cdots + s^{n-m-1}) \quad (3\text{-}12)$$

假设缴费刚好覆盖养老金待遇，没有储蓄积累，每个工人付 f 比例的工资，f 等于退休人口占总人口的比例，等于 (3-10) 方程中的第二个括号占第一个括号的比值。假设这些缴费被用于投资，那么它们的现值 PV_T 在工人退休时为：

$$PV_T = f w_0 s^k (s^{-m} r^m + s^{-m-1} r^{m-1} + \cdots + s^{-1} r) \quad (3\text{-}13)$$

假设在退休时工人对未来收益有贴现值 i，那么退休金现值 PV_B 为：

$$PV_B = w_0 s^k (1 + sr^{-1} + s^2 r^{-2} + \cdots + s^{n-m-1} r^{-n+m+1}) \qquad (3\text{-}14)$$

要使得 $PV_B > PV_T$，则

$$\frac{1 + sr^{-1} - s^2 r^{-2} + \cdots + s^{n-m-1} r^{-n+m+1}}{1 + t^{-1} + t^{-2} + \cdots + t^{-n+m+1}} > \frac{s^{-m} r^m + s^{-m+1} r^{m-1} + \cdots + s^{-1} r}{t^m + t^{m-1} + \cdots + t} \qquad (3\text{-}15)$$

当 $i = st$ 时，不等式左右两边相等，可以推出 $r \approx n + g$。

上述结果表明，如果人口增长率与实际工资增长率之和大于市场利率且市场利率等于贴现率，即 $n + g > r$，则现收现付制能够在代际间进行帕累托有效的改进，增加每个人的福利。

如果 $r > n + g$，那么无论是现收现付制还是完全积累制的社会保险的引入都会减少福利，除非三种情况：市场不完善使得预先存在的情况不理想；社会福利需要收入再分配的功能；社会保险中存在规模经济，但是关于上述三种情况，艾伦在该文章中并未进行讨论。

("在人口增长率和实际工资增长率大于市场利率的前提下，现收现付制能够在代际间进行帕累托有效的配置"被广泛地运用于对养老保险制度选择的评价。)

资料来源：Aaron Henry, The Social Insurance Paradox, *The Canadian Journal of Economics and Political Science*，1996，32，pp. 371-374。

3.9 进一步讨论：现收现付制和完全积累制收益率的比较

在完全积累制的养老保险制度下，一个经济长期的资本收益率是由什么决定的？经济学原理告诉我们，资本收益率也难以避免人口老龄化的影响。随着老年赡养率的提高，如果年轻一代的产出保持不变甚至下降，那么产品市场将难以避免通货膨胀，资本市场收益率也将下降，养老金的实际价值必然遭到贬值。

有经济学家早已一针见血地指出，产出及其增长是解决养老问题的关键，有关现收现付制和完全积累制的争论是次要的问题。[①] 养老保险体系无论是采用现收现付制，还是采用完全积累制，养老金增长的物质基础都是完全一样的，即养老金获得增长的物质源泉只能是下一代就业人口的增长和他们的劳动生产率的提高。

两种体系只不过是退休一代采用不同的方式索取当前的产出。无论现收现付制还是完全积累制，退休一代已在其工作期为自己储蓄了对今后产出的索取权。在完全积累制下，这种索取权表现为显性的个人账户所提供的货币权利；而在现收现付制下，这种索取权表现为政府对退休一代的隐性债务，通过向当前工作的人征税，政府将一部分产出转移给退休一代。

---

① See N. Barr, Reforming Pensions: Myths, Truths, and Policy Choices, IMF Working Paper, 2000, WP/00/139.

3.10 叠代模型

3.10.1 个人消费和储蓄的决定

1958年,萨缪尔森(Samuelson)在其经典论文中探究了现收现付制对个人决策的影响。下面我们具体介绍萨缪尔森的叠代模型,该模型假定每一代人生活两个时期,他们在第一期工作,第二期退休,人口的增长率为 n。

如表3-2所示,每个时期都是由老年人和青年人构成,本期老年人是上一期出生的青年人,本期青年人则是本期新出生人口。为了便于理解,我们假设在经济运行第0期出生的人属于第0代人,也即0期的青年人;0期前出身的人属于-1代,为0期的老年人。以此类推,第 n 期出生的人属于第 n 代人,也是 n 期的青年人和 $n+1$ 期的老年人。

表 3-2 两期叠代模型

代次	时期					
	0	1	2	3	4	5
-1	老年					
0	青年	老年				
1		青年	老年			
2			青年	老年		
3				青年	老年	
4					青年	老年

暂且先不考虑养老保险制度,只考虑个人储蓄,那么个体如何选择最优储蓄水平使其一生效用最大化?①

假设效用函数为 $u(c_t^i)$,其中下标 t 表示第 t 期,上标 i 取值1和2,分别表示年轻时期和老年时期。该效用函数满足边际效用大于0($u'>0$)和边际效用递减($u''<0$)。个体最优化问题可以表述为:

$$\max u(c_t^1) + \left(\frac{1}{1+\rho}\right) u(c_{t+1}^2) \tag{3-16}$$

满足如下约束条件:

$$c_t^1 = w_t - s_t \tag{3-17}$$

$$c_{t+1}^2 = (1+r) s_t \tag{3-18}$$

假定工资和利率对个体而言是外生的,不受其控制,则约束条件的含义是,t 期出生的个体在年轻时通过劳动获得工资 w_t,第二期工资为0,因此个体通过选择一个

---

① 在叠代模型中,因为假设个体是同质的,此时个人最优就是社会最优。

储蓄水平 s_t 来决定两期的消费水平。当选定储蓄水平后，年轻时期的消费水平就已经给定，同时，老年时期的消费水平也由外生的利率水平 r 决定。ρ 为主观贴现率，衡量人们对当前消费和远期消费的偏好程度，也是外生给定。由于缺乏耐心或是未来存在不确定性等因素，人们总是倾向于"及时行乐"，对当期效用评价更高，对未来的效用会"打个折扣"，因此，ρ 通常大于 0，这个值越大，说明人们越不喜欢延迟消费。

个体通过选择两期的消费，最大化自身效用：

$$\max u(w_t - s_t) + \left(\frac{1}{1+\rho}\right) u[(1+r)s_t] \qquad (3\text{-}19)$$

对 s_t 求导数，当导数等于 0 时效用达到最大化，可得如下一阶条件：

$$\frac{u'(c_t^1)}{u''(c_{t+1}^2)} = \frac{1+r}{1+\rho} \qquad (3\text{-}20)$$

这个一阶条件有如下几点性质：

（1）增加 ρ 会提高年轻时期的消费，同时减少老年时期的消费。

（2）增加 r 会提高老年时期的消费，但对于年轻时期消费水平的影响方向取决于消费函数的具体形式。

（3）可以将 ρ 理解成主观贴现率，将 r 理解成市场贴现率。

若主观贴现率大于市场贴现率，他会在第一期借贷，用于第一期的消费，第二期偿还借贷，即第一期消费多于第二期（此时假设第二期的收入不为 0）。但如果存在信贷约束，则第一期的消费不能超过收入，这时他会将第一期的收入全部消费掉。

若主观贴现率小于市场贴现率，他将在第一期储蓄，用于第二期消费。

此外，工资提高会同时提高两期的消费水平。

专栏　边际效用

效用是指个体在消费产品或享受服务时所获得的满足感或愉悦感。在单次消费过程中，个人所获得的效用总量会随着消费数量的增加而提高，但每单位产品所带来的效用并不是常数，而是会随消费数量增加而下降。例如，在一个炎热的午后，摆在你面前有十块同质的冰镇西瓜，当你吃第一块的时候会感觉非常愉悦，吃第二块时仍然感觉愉悦，但吃第三块时可能仅仅觉得还行了。

利用公式进行更加一般化的表述。假设：

$$u(c_t) = \ln(c_t) \qquad (3\text{-}21)$$

式（3-21）表示个体在 t 时期消费 c 单位产品所获得的总效用。①

$$u'(c_t) = \frac{\partial u(c_t)}{\partial c_t} = \frac{1}{c_t} \qquad (3\text{-}22)$$

---

① 在经济学理论分析中，不同理论假设或是不同研究背景下，所假设的效用函数具体形式会存在差异。这里为了便于分析，我们假设效用函数的形式为 $\ln(c)$。

式（3-22）表示在已经消费 c 单位产品的基础上再增加 1 单位消费所能获得的效用，这便是边际效用。除了环境污染等厌恶品外，通常边际效用都是大于 0 的。

边际效用的变化率为：

$$u''(c_t) = \frac{\partial^2 u(c_t)}{(\partial c_t)^2} = -\frac{1}{(c_t)^2} \tag{3-23}$$

式（3-23）的结果是一个小于 0 的数，这表示随着消费数量的增加，边际效用在下降。边际效用变化率越大，消费者单次消费同一种商品的数量会越少，个体会更倾向于把商品相对匀称地分成多次消费，也就是说消费者更愿意平滑消费，此时跨期替代弹性小。

3.10.2 同时考虑养老保险和储蓄的叠代模型

在上一小节我们放松了假设，允许经济体存在金融市场和资本市场，个体可以通过储蓄平滑跨期消费。现在进一步放松假设，政府会向青年人征收养老保险费，同时向老年人支付养老金。

个体年轻时消费水平由工资、养老保险缴费和储蓄水平三个因素决定：

$$c_t^1 = w_t(1-\tau) - s_t$$

老年时期消费水平由储蓄、利率及政府发放的养老金决定：

$$c_{t+1}^2 = b_{t+1} + (1+r)s_t$$

$t+1$ 期的养老基金总收入为：

$$T_{t+1} = \tau w_{t+1} L_{t+1}$$

养老基金总支出为：

$$B_{t+1} = b_{t+1} L_t$$

收支平衡要求：

$$T_{t+1} = B_{t+1}$$
$$b_{t+1} = \tau w_t(1+g)(1+n)$$

将 b_{t+1} 计算公式和 $s_t = w_t(1-\tau) - c_t^1$ 代入 c_{t+1}^2 计算公式，可得：

$$c_{t+1}^2 = \tau w_t(1+g)(1+n) + (1+r)w_t(1-\tau) - c_t^1 \tag{3-24}$$

进一步化简可得：

$$c_t^1 + \frac{c_{t+1}^2}{1+r} = w_t\left[1 - \tau\frac{r-(n+g)}{1+r}\right] \tag{3-25}$$

式（3-25）左边为个体一生消费金额的贴现值，$n+g$ 为养老保险收益率，r 为市场利率。养老保险的引入对个体的福利有何影响取决于市场利率和养老保险收益率的相对大小。

（1）当 $r > n+g$ 时，由公式可知，个体一生消费数量小于其工资收入，意味着养老保险的引入导致其福利下降。

（2）当 $r = n+g$ 时，个体消费等于工资，福利和没有养老保险时相同。

(3) 当 $r<n+g$ 时，消费大于工资，个体的福利水平因养老保险的引入而提高。然而对于 0 时期的老年人而言，因为在其工作时没有缴纳养老保险，但在老年时却获得了一笔养老保险金，所以他们的福利的确定性会提高。

> **专栏** 参加养老保险各代人的收益
>
> 参加养老保险各代人的收益取决于投资回报率和经济增长率的相对大小，而第一代人总是受益的。
>
> 表 3-3 参加养老保险各代人的收益
>
> | | 投资回报率>
经济增长率 | 投资回报率=
经济增长率 | 投资回报率<
经济增长率 |
> | --- | --- | --- | --- |
> | 参加养老保险的第一代人 | ＋ | ＋ | ＋ |
> | 以后各代 | － | 0 | ＋ |
>
> 就各代人总收入而言，当投资回报率小于经济增长率时，养老保险使得各代总收入增加。
>
> 当投资回报率大于经济增长率时，对于任一代，有：
>
> $$l_t b_t = \tau l_{t+1} w_{t+1} \tag{3-26}$$
>
> 将 $l_s w_s = l_t w_t (1+\gamma)^{s-t}$ 代入式 (3-26)，可以得到平衡关系：
>
> $$l_t b_t = \sum_{s=t+1}^{\infty} \tau \frac{r-\gamma}{1+r} l_s w_s \frac{1}{(1+r)^{s-t-1}} \tag{3-27}$$
>
> 其含义是任何一代人的养老金都等于其后各代所缴纳的税收之和 $\left(税率为 \tau \frac{r-\gamma}{1+r}\right)$。
>
> 因此，$t=0$ 时第一代人的收益等于后面各代人的损失之和，社会各代人总收益为 0。
>
> 资料来源：Feldstein, M. and J. Liberman, Social Security, *Handbook of Public Economics*, 2002, 4。

本章总结

- 养老保险市场中的逆选择问题、短视问题和老年贫困问题是政府推出养老保险制度的主要理由。
- 社会养老保险的运行模式可以从两个维度区分：一个维度是基金积累程度，分为积累制与非积累制；二是待遇与缴费的联系程度，分为缴费确定型与待遇确定型。实践中，各国社会养老保险制度安排是对这两个维度进行不同程度的组合，主要有四种模式，即现收现付制、完全积累制（或称为"个人账户制"）、混合制（或称为"统账结合制")、名义账户制。

- 现收现付制下的养老保险缴费的收益率由一个经济中的人口增长率和工资增长率之和来确定。现收现付制下的基金平衡需满足：养老保险缴费率＝养老金替代率×老年赡养率。
- 完全积累制下的养老保险缴费收益率是市场中的资本收益率。在封闭经济中，一个经济长期的资本收益率也受人口老龄化的影响，完全积累制收益率和现收现付制收益率是一致的。个人账户制和现收现付制面临的风险各不相同。
- 经济学家艾伦提出了两种制度收益比较的"艾伦条件"：如果人口增长率与实际工资增长率大于市场利率且市场利率等于贴现率时，即 $n+g>r$，现收现付制能够在代际间进行帕累托有效的改进，增加每个人的福利。如果 $r>n+g$，那么无论是现收现付制还是完全积累制的社会保险的引入都会减少福利。
- 叠代模型是分析个人消费和储蓄决策的十分有用的理论模型，可以用于分析养老保险制度对储蓄的影响。

讨论题

1. 我们为什么需要社会养老保险制度，相比个人储蓄，养老保险制度有何优劣？
2. 比较现收现付制和完全积累制养老保险制度的收益和风险。
3. 完全积累制的养老保险制度是否可以避免人口老龄化的影响？
4. 假设年经济增长率为5%，年投资回报率为6%，如果要得到相同的养老金水平，比较两种制度下缴费率的差异（假设一代的时间为30年）。
5. 设退休年龄为65岁，20—64岁之间工作，设1990年65岁以上的人口占到20—64岁的人口的比例为26.7%。到2050年，该比例预计为45.8%。在现收现付制社会保障制度下，缴费率在1990—2050年间需要怎样变化，才能维持1990年的养老金的替代率？如果该税率保持不变，养老金替代率会发生怎样的变化？

第4章

养老保险的收入再分配功能

养老保险制度的基本目标在于减少老年贫困，促进社会公平。现收现付制的养老保险具有调节收入分配的作用，以其特有的制度设计兼具代际再分配和代内再分配功能。一方面，现收现付制可以在代际间实现再分配，以当期工作一代所缴纳的养老保险费支付当期退休一代的养老金，即从年轻一代向老年一代转移；另一方面，现收现付制还能够在代内不同的收入阶层之间实现再分配，即从高收入的人向低收入的人转移。

本章主要介绍现收现付制的制度设计与再分配功能的实现、养老保险收入再分配程度的度量指标、各国养老保险制度的再分配特征等。

4.1 现收现付制的收入再分配特征

4.1.1 代际再分配

现收现付制以工作一代的缴费支付退休一代的养老金。工作一代的养老保险缴费与工资水平相联系，因而退休一代的养老金水平取决于工作一代的人口数量和工资水平，存在工作一代向退休一代的转移。

由于老年时期劳动收入减少，老年贫困发生率较其他群体更大。养老保险制度是消除老年贫困最有效的制度。相比于其他再分配制度，如所得税与最低生活保障制度等，养老保险制度提供的再分配力度更大，这是由于养老保险缴费和待遇通常要持续几十年，可以在很长的时间内持续进行再分配。

养老保险特有的代际再分配功能，可以将某一代人不可预计的经济风险与后代人分担。例如，美国的大萧条时期，很多人失业，没有工资收入。1940年达到65岁的人，在大萧条时54岁左右，他们没有为巨大的收入负向冲击作准备。养老保险推出后，使得他们的养老金与年轻一代的工资保持联系，可以不受自身年轻时所受到的冲击的影响；而且这部分人缴费少，从中获得的收益率较高。1960年65岁的人，大萧条时34岁，本应处于收入的高峰时期，但却遭遇失业。养老保险制度的推出，减少了失业对他们今后养老金的影响。

4.1.2 代内再分配

现收现付制代内再分配功能的实现取决于制度的性质,如果养老保险缴费和养老金均为个人收入的一定比例,养老金水平和缴费水平联系紧密,这一制度称为俾斯麦制,这一设计并不具有代内再分配的功能。如果养老保险缴费与收入相联系,而养老金水平却比较平均,养老金对工资的替代率将随着收入的增加而下降,养老金水平和缴费水平联系并不紧密,这一制度称为贝弗里奇制,这一设计就有了代内的再分配功能。

与现收现付制不同,完全积累制养老保险制度的缴费为个人收入的一定比例,待遇来自于个人账户,因而既不具有代际的再分配功能,也不具有代内的再分配功能。

4.2 养老保险的代际再分配度量

现实中,各代的养老保险收益率相差很大,有时这个差异远大于各代之间的经济增长率带来的差异。大多数国家在开始推出养老金制度时,都采用现收现付制,即采用年轻一代的缴费支付当前退休一代的养老金,缴费率和养老金替代率与个人收入的关系则各有不同规则。

代际再分配的度量采用如下几个指标:①

4.2.1 养老保险的内部收益率 (r)

假如将初始缴费年龄设为 0,maxage 为最长寿命,则内部收益(internal rate of return)的计算公式如下:

$$0 = \sum_{age=0}^{age=maxage} \frac{S_{age}(B_{age} - T_{age})}{(1+r)^{age}} \quad (4-1)$$

其中,r 为养老保险内部收益率,S 为某一年龄的生存概率,B 为养老金收益,T 为缴费。

4.2.2 净转移

净转移是衡量个人终身福利与终身税之间差额的美元衡量标准。净转移等于养老金所得减去所交的养老保险费,并用实际贴现率贴现。具体而言,净转移是个人终身养老保险待遇的当前贴现值减去个人终身缴费的现值,以 r_d 的贴现率贴现。

---

① See Liebman, J., Redistribution in the Current U.S. Social Security System, M. Feldstein and J. B. Liebman, *The Distributional Aspects of Social Security and Social Security Reform*, Chicago: The University of Chicago Press, 2002.

$$\mathrm{NetTransfer} = \sum_{\mathrm{age}=0}^{\mathrm{age=maxage}} \frac{S_{\mathrm{age}}(B_{\mathrm{age}} - T_{\mathrm{age}})}{(1+r_d)^{\mathrm{age}}} \qquad (4\text{-}2)$$

4.2.3 净税率

净税率为净转移除以当前终身收入的贴现值，反映净转移的相对水平。

$$净税率 = \frac{净转移}{贴现后的终身收入} \qquad (4\text{-}3)$$

通过计算不同类型（出生组、性别、教育程度）代表性个体的养老保险内部收益率（或其他两个指标），并比较其差异，体现养老保险体系的代际或代内收入再分配功能。比较不同出生组的收益差异，体现的是代际再分配的结果。对于同一出生组的人，不同性别和教育程度的差异带来的收益差异，体现的是代内再分配的结果。

专栏 美国社会保障体系的代际再分配

现收现付制可以使得大量的资金从工作一代人转移到退休一代人的手中。美国1999年的社保体系收入就达到4610亿，其中的3930亿来自正在工作的人群的税收，缴费中的很大一部分被用来支付退休群体的退休金。这样大体量的在不同年龄群体中的资源再分配提供了65岁以上群体的38%的家庭总收入。现收现付制的养老保险制度为平衡代际收入提供了一个机制化的体系。

不同年龄组的社会保险回报也存在差异，下表介绍了首代人在现收现付制中获得的额外收益以及随后几代人获得的与工资增长相等的稳定的收益率。

表4-1 美国社会保障代际收益

出生时间不同的各代（单位：年）	养老保险收益率（单位：%）	代际净转移（以1989年美元币值为准）（单位：10亿美元）（贴现率2%）
1876	36.5	12.1
1900	11.9	112.0
1925	4.8	99.6
1950	2.2	14.0
1975	1.9	-8.0
2000	1.7	-15.2

资料来源：Leimer, D. R., Cohort Specific Measures of Lifetime Net Social Security Transfers, Social Security Administration Office of Research and Statistics Working Paper, 1994。假定实际收益率为2%。

制度建立不久就开始领取养老金的人享受了首代收益，因为他们缴费很少，这一部分收益高于养老金支付的很多倍。不同出生组的内部收益率和净转移存在差异。可以发现，在1900年出生的人可以得到接近12%的收益率，而2000年出生的人只能得到1.7%的收益率。1900年出生组的净转移为1120亿美元，而2000年出生组的人净转移为负，这与内部收益率一致，即内部收益率大于贴现率2%，则净转移为正，否则为负。

资料来源：Liebman, J., Redistribution in the Current U.S. Social Security System, M. Feldstein and J. B. Liebman, *The Distributional Aspects of Social Security and Social Security Reform*, Chicago: University of Chicago Press, 2002.

4.3 养老保险的代内再分配度量

现收现付制的养老保险再分配功能不仅包括代际再分配，还包括代内再分配。代内再分配功能是指养老保险制度在同代人的不同群体之间进行收入再分配。

代内再分配主要体现为不同工资收入人群、不同预期寿命人群（如男性和女性、穷人和富人）、不同家庭结构人群（如单身和已婚、单收入者夫妇和双收入者夫妇）等之间的养老金替代率差异。同时，非收入因素（寿命、家庭等因素）导致的代内再分配在一些国家可能比收入因素带来的再分配效果更显著。

4.3.1 不同工资收入者之间的再分配

假设在现收现付制下，养老保险的费用按照个人工资水平的一定比例收取，且不管个人收入水平如何，缴费率都一样。某一时期的养老金水平不仅和个人工资水平有关，还与社会平均工资水平有关。个体在 t 期工作并缴纳养老保险费，在 $t+1$ 期退休并领取养老金，从而可以得出下式：

$$b_{t+1}(w) = (1+n_{t+1})\tau_{t+1}[\alpha w + (1-\alpha)\bar{w}] \tag{4-4}$$

其中，b_{t+1} 为养老金，w 为个人工资，$\bar{w}$ 为社会平均工资，n 为人口在这两个时期的增长率，τ_{t+1} 为缴费率，α 为个人工资在养老金缴费所依赖的加权工资水平中所占的比重，$0 \leqslant \alpha \leqslant 1$。

可以看出，α 反映了养老保险制度代内收入再分配的程度：若 $\alpha=1$，则完全不具有代内再分配功能；若 $\alpha=0$，则不管退休前工资收入如何，退休后养老金都完全一样，具有很强的收入再分配功能。

养老保险制度在代内不同的收入群体之间再分配的程度取决于制度设计。由于不同国家养老保险制度的巨大差异，比较各种社会保险制度的收入分配效应就变得非常困难，而且一般来说也很难得到统一的结论。我们可以通过各国养老金替代率与收入的关系来对其代内再分配的程度进行简单的判断。

定义养老金替代率为退休当年养老金收入（即退休第一年养老金收入）与个人退休前工资的比率。如果养老金替代率和收入无关，即高工资收入者和低工资收入者的养老金替代率无明显差异，则这种制度不具有代内收入再分配功能。反之，如果低工资收入者的养老金替代率大于高工资收入者的养老金替代率，则制度具有代内再分配功能。而个人退休前工资可以分为总所得（含税）和净所得（税后），相应地，养老保险替代率对个人工资的替代分为总替代率和净替代率。

养老金总替代率=退休当年养老金收入/退休前一年工资总所得（含税）×100%

养老金净替代率=退休当年养老金收入/退休前一年工资净所得（税后）×100%

如表4-2所示，在一些国家，如加拿大、英国、美国、日本、韩国等，无论总替代率还是净替代率，工资较低的参保人，替代率较高，体现出养老保险具有一定程度的代内收入再分配功能。在另一些国家，如德国、瑞典、智利等，不同收入的参保人养老金替代率相差并不大，养老保险主要是代际转移，没有代内收入再分配的功能。

表 4-2 各国养老金总替代率与净替代率

国家	总替代率			净替代率		
	个人工资/社会平均工资			个人工资/社会平均工资		
	50%	100%	150%	50%	100%	150%
加拿大	74.9	43.3	28.9	87.7	56.6	39
法国	58.2	50.5	45.8	72.1	62.4	57.4
德国	43	43	43	59.1	61.3	60.9
瑞典	78.3	66.0	79.1	80.7	68.5	83.9
英国	52	31	21.8	64.8	41.3	29.7
美国	55.2	41.2	35.5	63.4	47.6	32.2
日本	47.2	34.1	29.7	51.6	38.9	34.2
韩国	66.6	44.6	36	71.4	49.4	41.4
匈牙利	76.9	76.9	76.9	93.9	104.4	99.2
捷克	76.3	47.8	35	91.8	61.7	47.4
智利	44.9	43.8	48.6	53.3	53.3	54.5
中国	87.6	67.6	61.0	95.2	73.5	68.6

资料来源：Monserrat Pallares-Miralles, Carolina Romero and Edward Whitehouse, International Patterns of Pension Provision: A Worldwide Overview of Facts and Figures, World Bank, *Social Protection & Labor Discussion Paper*, 2012, 1211.

4.3.2 非收入因素带来的代内再分配

养老金的数量不仅受到不同群体之间收入水平不同的影响，还受到其他一些非收入因素（如预期寿命、家庭结构）的影响。

4.3.2.1 不同预期寿命者之间的再分配

一个人一生领取的养老金数额不仅取决于每年的养老金数额，还取决于他领取养老金的年数（受预期寿命长短的影响）。一般来说，穷人的预期寿命会短于富人，因此在同样的条件下，穷人领取养老金的年限就会小于富人，那么穷人从养老保险中得到的净收益也会小于富人，这样养老保险体系就会出现收入由穷人向富人转移的再分配效应。

由于女性的预期寿命比男性长，但退休年龄和男性一样或者比男性早，因此女性领取养老金的时间会更长，这样养老保险体系会出现收入由男性向女性转移的再分配效应，体现为相同工资收入的女性的养老金财富高于男性的养老金财富。

4.3.2.2 不同家庭结构之间的再分配

欧美国家的养老保险待遇规则会考虑家庭结构状况，因此养老保险体系也会因婚姻和夫妇双方工作的不同而再分配收入。

以美国为例，养老保险的相关政策规定，已婚者可以领取的养老金是基于其自身收入计算的养老金和相当于其配偶养老金50%当中的数额较大者。具体来说，对于单收入者夫妇，未工作的家庭成员直接可以获得其配偶养老金的50%。对于双收入者夫妇，如果妻子的养老金低于丈夫养老金的50%，那么妻子自己的养老金不超过丈夫养老金的50%，这时妻子的养老金为丈夫养老金的50%；如果妻子的养老金超过丈夫养老金的50%，那么妻子的养老金数额就是其自己的养老金。

这样就存在单身者群体向配偶未投保的已婚者群体的收入转移和双收入者夫妇群体向单收入者夫妇群体的收入转移，体现为相同工资收入时，配偶未参保的已婚者的养老金替代率高于单身者的养老金替代率，单收入者夫妇中一方的养老金替代率高于双收入者夫妇中一方的养老金替代率。

以美国为例，养老保险净收益，即一生领取的养老金总和减去一生所缴的养老保险税总和，在20世纪90年代退休的非洲裔美国人（与白人相比预期寿命比较短），养老保险的净收益是负的，为－2514美元，而白人则是正的，为250美元。在20世纪90年代退休的人当中，平均来看，男性是净损失，损失额为－43000美元，而女性净收益为37000美元。一个工资为平均收入且在2015年退休的单身男性来自养老保险的净收益，预期比有相同收入且在同年退休的单收入者夫妇大约少138000美元；工资为平均收入且在2015年退休的双收入者夫妇来自养老保险的净收益，预期比有相同收入且在同年退休的单收入者夫妇大约少114000美元。①

4.3.3 对养老保险代内再分配功能的反思

政府设立养老保险制度的目的之一是通过养老保险制度的再分配效应来解决老年人贫困问题。但是，养老保险制度是否能够真正解决这一问题却是不确定的。

首先，在实践中，养老保险制度的设立并非一定基于经济情况调查。在未基于经济情况调查的养老保险制度下，养老保险领取资格的获得不取决于接受者的收入和财产状况，而取决于接受者是否达到规定的年龄，此时养老保险制度并不能产生有利于贫困老年人的再分配效应。实际上，收入与长寿的正相关性使得社会保障的净收益倾向于终生收入较高的家庭。与此相反，经过经济情况调查的养老保险制度会更加关注那些收入和个人资产过低，从而难以将退休后的消费水平维持在最低水平之上的老年人群体，这样的养老保险制度才具有有利于贫困老年人的再分配效应。

其次，养老保险制度的设计重点应该是为了减少老年人贫困，而不是为了解决整体的收入分配或者全社会的不平等问题。一般来讲，大部分经济学家都接受帕累托最优原则，即如果某人获利而没有人遭受损失，经济就会变得更好。但是在养老保险制度的设计中如果仅遵循这样的原则，可能也会产生不利于减少老年人贫困的结果。例

---

① 参见〔美〕罗森、盖亚：《财政学》，郭庆旺译，中国人民大学出版社2015年版。

如，一个达到退休年龄的高收入群体老年人，在其获得养老金的同时，没有其他人遭受损失，这时满足帕累托最优的原则，但是收入水平差距会加大。

4.4 养老保险再分配的经验证据

在理论分析的基础上，有一些针对不同国家养老保险制度再分配的实证研究。有学者在探究美国社会保障对财富分布影响的研究中，通过计算养老金财富和其他家庭财富，显示出养老金制度在穷人和富人之间的再分配。[①] 他发现考虑了养老金财富后的家庭总财富分布不平等程度要比其他家庭财富度量的财富不平等程度大为降低。这其中的原因有两点，第一，在于养老保险制度具有收入再分配功能，工资收入较低的家庭，其他家庭财富在社会总财富中占比很小，但他们的养老金财富在社会总的养老金财富中占比比前者要高；第二，由于较富家庭获得的养老金替代率低于较穷的家庭，为平滑一生的消费，较富家庭的储蓄率高于较穷的家庭，进一步促进了较富家庭的其他财富积累，导致其他家庭财富不平等加剧。

有研究使用我国数据分析了我国社会保险对城镇居民收入再分配的影响。[②] 在样本期1995—2002年，60岁及以上的城镇居民中约80%有养老保险，而养老金占他们总收入的80%~90%，远超过薪酬和私人转移支付，是退休人员的主要收入来源。养老保险显著提高了老年低收入群体的收入，降低了贫困发生率，显著降低了低收入家庭占比。然而，虽然养老保险具有再分配功能，但是并未完全抵消样本期间初始收入差距扩大造成的收入不平等。

我国养老保险的再分配效应主要是通过代际转移，而不是同代人之间高收入者向低收入者转移支付实现。无论是高收入者还是低收入者都从养老保险中获益。但目前的养老保险制度会使原本具有较高收入者获得更多的收益，例如，在2002年最高收入群体所领取的养老金数量是最低收入者的3.2倍，并且该差距还在进一步扩大。

研究者还使用终身收入评估了养老保险对当前仍在工作的劳动者间的再分配效应，发现完全积累制和现收现付制相结合的养老保险制度能在很大程度上改善收入不平等。如果将该制度拓展到所有职员，包括公务人员，会减少公共部门和其他部门间的收入差距，也能缩小最高收入群体和最低收入群体之间的收入差距。

有一些研究比较了不同类型养老金再分配作用的差异。有学者使用生命周期模型模拟了不同养老保险体制对不同组别就业和福利的影响。在该模型中劳动力供给是内生的，潜在收入和寿命具有不确定性，个体期望收益也不同。研究表明，美国养老保险由待遇确定型（DB模式）向缴费确定型（DC模式）转轨过程中对劳动力供给和收

[①] See Feldstein, M., Social Security and the Distribution of Wealth, *Journal of the American Statistical Association*, 1976, 71 (356), pp. 800-807.

[②] See Lixin, H. & H. Sato, Income Redistribution in Urban China by Social Security system—An Empirical Analysis based on Annual and Lifetime Income, *Contemporary Economic Policy*, 2013, 31 (2), pp. 314-331.

入分配效应有显著影响。尽管 DC 模式会提高付出和收益的匹配度,减少劳动供给扭曲,进而使劳动力供给提高 4%,但是也大幅弱化了养老保险的再分配功能,不利于低收入阶层得到养老保险转移支付,反而可能拉大收入分配差距。

原来 DB 模式的养老保险制度有利于低收入阶层,能通过转移支付改善大部分低收入者的福利,包括同代间、代际间及向低技能的低收入者进行转移支付。一方面,不同代际会面临不同的宏观经济环境、经济发展水平及系统性的经济风险,因此收入会存在较大差距,此时通过养老保险进行代际间转移能实现再分配,让工作时经济环境好的一代补贴那些工作时经济环境差的一代。另一方面,由于不同的行业会面临不同的市场冲击,导致行业间收入存在差距,因此同代人内部不同行业间也会存在再分配,从高收入、低风险行业向低收入、高风险行业进行转移支付。另外,部分群体由于技能水平低导致收入水平低,养老保险会提高他们退休后的相对收入水平,缓解收入不平等。而由 DB 模式转为 DC 模式后,由于建立个人退休账户,会消除原有体系中广泛存在的转移支付。

低收入者享受养老保险所带来的转移支付以参加养老保险为前提。有研究利用澳大利亚和加拿大等国家的家庭住户调查数据,发现强制型养老金计划的替代率相对较低,而自愿参与的养老金计划能够为未来退休后的收入提供很好的补充。但是,调查数据显示,对于低收入者而言,其参加自愿养老金计划的比例远低于高收入者,例如,英国最低收入组和最高收入组自愿养老金计划参保率分别为 20% 和 80%。很多低收入者未能参保,这在很大程度上限制了养老金在同代人间的再分配功能。①

 中国养老保险的再分配②

我们利用中国城镇住户调查中上海、广东、四川和辽宁四个省市 2012 年的数据计算不同工资收入者的养老金替代率和养老金财富。城镇住户调查数据的优点在于有较多数量的城镇正规就业劳动者和退休人员的样本,这些样本是在正规企业单位就业且具有城镇户口的劳动者,女性样本年龄在 21—55 岁,样本量为 21704 个;男性样本年龄在 21—60 岁,样本量为 24036 个。

1. 退休第一年养老金

在获得终身工资的基础上,根据我国现行养老保险制度计算退休第一年养老金。我们计算临近退休的劳动者的养老待遇,即 55—60 岁的男性和 45—55 岁的女性,其中大部分女性适用 50 岁的退休年龄,只有约 7% 的女性为干部,适用 55 岁的退休年龄。

---

① See M. J. Pries, Social Security Reform And Intertemporal Smoothing, *Journal of Economic Dynamics & Control*, 2007, 31, pp. 25-54; E. Whitehoouse, Filling the Pension Gap: Coverage and Value of Voluntary Retirement Savings, *Social Science Electronic Publishing*, 2009.

② 参见封进:《延迟退休对养老金财富及福利的影响:基于异质性个体的研究》,载《社会保障评论》2017 年第 4 期。

养老金的计算依据《国务院关于完善企业职工基本养老保险制度的决定》(国发 (2005) 38 号文件)。养老金主要由个人账户养老金、基础账户养老金和过渡性养老金组成。退休年龄为 r 岁,退休当年可以得到的养老金的计算方法如下:

(1) 个人账户

我国从 1997 年开始建立个人账户,它是由个人账户储蓄额除以计发月数得到的。其中,个人账户储蓄额是由劳动者每个月缴纳的养老保险(工资的 8%)并赋予一定的收益率累积形成的,参考现有文献,收益率为每年 4%;① 计发月数是由退休年龄和预期寿命决定的,在给定预期寿命的情况下,退休年龄越大,计发月数越小,个人账户养老金越多。

对于 1997 年之后加入养老保险的劳动者,其个人账户养老金计算公式如下:

$$\text{个人账户养老金} = \frac{\sum_{a=\text{开始工作年龄}}^{\text{退休年龄}r} [(\text{工资}_a \times 8\%) \times (1 + \text{收益率})^{\text{退休年龄}r-a}]}{\text{计发月数}} \quad (4\text{-}5)$$

对于 1997 年之后加入养老保险的劳动者,其个人账户养老金是从 1997 年开始累积,而对于之前没有个人账户的年份,国家将通过过渡账户对其予以补偿。

(2) 基础账户

基础账户养老金是由社会统筹支付的养老金,它与劳动者的工资和当地的平均工资以及劳动者的工作年限有关,基础账户养老金计算公式如下:

$$\text{基础账户养老金} = \frac{(1 + \text{个人平均缴费指数})}{2} \times \text{退休前一年当地社会平均工资} \times \text{缴费年限}\% \quad (4\text{-}6)$$

劳动者工资越高,个人平均缴费指数就越高,基础账户部分养老金就越高。但基础账户有一定的再分配机制,个人平均缴费指数的上限为 3,下限为 0.6。而个人指数化平均工资是劳动者工作时每年工资相对于平均工资比率的平均值,与退休前一年社会平均工资的乘积,计算公式如下:

$$\text{个人指数化平均工资} = \text{退休前一年社会平均工资} \times \frac{\sum_{a=\text{开始工资年龄}}^{\text{退休年龄}r-1} \frac{\text{工资}_s}{\text{当地平均工资}_a}}{\text{工作年限}} \quad (4\text{-}7)$$

(3) 过渡账户

过渡账户养老金是针对在 1997 之前参加工作的劳动者未建立个人账户的年份的补偿,在 1997 年之后参加养老保险的劳动者没有过渡性养老金。它的计算公式

---

① 参见 Jin, F., Lixin, H. & H. Sato, Public Pension and Household Saving: Evidence from Urban China, *Journal of Comparative Economics*, 2011, 39 (4); 王增文:《城镇职工基本养老保险个人账户超额支出:测度与评价》, 载《社会保障评论》2017 年第 2 期。

如下：

过渡账户养老金 = 个人指数化平均工资 × 计发系数 × 1997之前视同缴费年限

(4-8)

计发系数的取值各省有所不同，一般为 1% 到 1.4%，这里取 1%。

由此我们计算得到每个样本按现行退休年龄退休时第一年的养老金待遇。图4-1与图4-2描述了男性和女性退休当年的养老金与退休前工资的替代率和退休前工资的关系，二者呈现明显的负相关性，即退休前工资越高的劳动者，其养老金对退休前工资的替代率越低；反之，退休前工资越低的劳动者，其养老金对工资的替代率越高，甚至养老金超过工资，替代率大于1，反映出我国基本养老保险制度的设计具有一定的代内再分配功能。

图 4-1 男性养老金替代率和退休前工资的关系

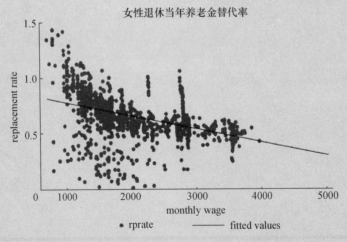

图 4-2 男性养老金替代率和退休前工资的关系

数据来源：根据城镇住户调查2012年数据计算，选取距离法定退休年龄5岁或小于5岁的样本。

2. 养老金财富

获得第一年养老金后，之后每年的养老金需要用一个增长率进行调整。在过去11年中，我国退休人员养老金每年名义增长率高达10%，今后随着中国经济增长进入新常态，工资增长速度也将放缓，退休人员的养老金增长速度也应随之调整。

为此，我们根据世界银行的预测，将养老金增长率定于和工资增长率相等的水平，即2015—2020年年均增长率为7.1%，2021—2025年年均增长率为6.2%，2026年之后为5.5%。同时，我们还将考虑每年的生成概率。按照式（4-9）计算养老金财富（SSW），其中r为退休时的年龄；T为最长寿命，这里取105岁；每个年龄时的生存概率为p_s，数据来自于中国保险协会2005年发布的中国经验生命表（2000—2003年）；每年的养老金收入为B_s；β为贴现率，取值0.95。另外，不同时期退休的人养老金按价格指数变为2010年可比价。

$$\mathrm{SSW} = \sum_{s=r}^{T} \beta^{s-r} \times p_s \times B_s \tag{4-9}$$

我们将劳动者按照收入水平分组，较低收入组工资为平均工资的60%及以下，中间收入组工资在平均工资的60%和1.5倍平均工资之间，较高收入组为1.5倍平均工资及以上。中间收入组人数占比约70%，较低收入组人数占比约17%，较高收入组人数占比约13%。由此，可以较好地区分较高收入者和较低收入者的差异。由图4-3可见，养老金财富随着工资收入增加而增加，男性较高收入组的养老金财富是较低收入组的2.28倍，女性为2.33倍。另一方面，男性较高收入组的工资水平是较低收入组的3.75倍，女性为4.44倍。不同收入组的养老金财富差距小于工资差距，反映出我国养老金待遇规则既体现为多缴多得，又存在一定程度代内收入再分配的特征。

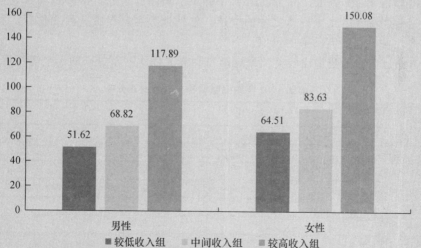

图4-3 分收入水平的男性和女性的养老金财富（万元，2010年价格）

数据来源：根据城镇住户调查2012年数据计算，选取距离法定退休年龄5岁或小于5岁的样本，退休年龄依据现行政策确定。较低收入组工资为平均工资的60%及以下，中间收入组工资在平均工资的60%和1.5倍平均工资之间，较高收入组为1.5倍平均工资及以上。

本章总结

- 现收现付制具有代际再分配功能，而是否具有代内再分配功能取决于制度的设计。俾斯麦制的设计不具有代内再分配的功能，贝弗里奇制的设计具有代内再分配功能。
- 完全积累养老保险不具有再分配功能，可能会拉大收入差距。
- 养老保险体系的再分配可以用内部收益率、净转移、净税率度量。通过计算不同类型（如出生组、性别、教育程度）代表性个体的养老保险内部收益率（或其他两个指标），并比较其差异，体现养老保险体系的代际或代内收入再分配功能。
- 代内再分配主要体现为不同工资收入人群、不同预期寿命人群（如男性和女性、穷人和富人）、不同家庭结构人群（如单身和已婚，单收入者夫妇和双收入者夫妇）等之间的养老金替代率差异。非收入因素（寿命、家庭等因素）导致的代内再分配在一些国家可能比收入因素带来的效果更大。

讨论题

1. 俾斯麦制和贝弗里奇制的养老保险设计各有什么特征？
2. 如何度量养老保险体系的代际再分配？
3. 如何度量养老保险体系的代内再分配？
4. 计算养老金财富需要哪些参数？
5. 著名经济学家马丁·费尔德斯坦（Martin Feldstein）在他的文章（Social Security and the Distribution of Wealth）中介绍了美国的家庭财富分布和养老金财富分布。财富是指除了养老金财富之外的资产，包括证券金融投资、商业投资、房产、汽车等资产之和减去所有债务的价值。

（1）通过下表的数字比较美国家庭财富和养老保险财富分配的不平等程度。

美国 1962 年家庭财富和养老金财富分布

家庭财富分组	家庭数量占比	家庭财富占比	养老金财富占比
小于 \$1000	17.5	−0.1	12.0
\$1000～9999	31.4	6.3	31.3
\$10000～24999	28.6	18.2	30.4
\$25000～49999	13.6	19.1	15.6
\$50000～74999	4.4	10.6	5.3
\$75000～99999	1.6	5.6	1.9
\$100000～199999	1.6	8.5	2.0
\$200000～249999	0.4	3.8	0.4
大于 \$250000	0.9	28.1	1.2

（2）计算不同收入组养老金财富比例与家庭财富比例的比值，可以得到什么规律？其含义是什么？

第 5 章

养老保险的经济影响

养老保险制度的引入将影响个人一生的预算约束,使得个人在储蓄和劳动供给方面的最优决策发生变化。个人决策变化汇总到宏观层面,将改变整个社会的储蓄率和劳动者供给,从而对宏观经济增长产生影响。另一方面,养老保险制度的可持续发展依赖于经济长期增长,因而,是否能够促进经济增长成为评价养老保险制度改革的一个重要方面。

本章第一部分介绍养老保险制度对个人储蓄影响的理论分析框架和对相关国家的实证研究;第二部分讨论养老保险体系对劳动者劳动供给的影响,介绍几个相关的理论模型,包括老年人劳动供给和退休决策,及其对年轻一代就业的影响,最后分析养老保险改革和宏观经济增长之间的关系;第三部分介绍养老保险对社会福利的影响,社会福利不仅受到经济增长的影响,还与消费水平和人口年龄结构有关,最大化社会福利对于选择何种养老保险制度具有重要的参考价值。

5.1 养老保险对储蓄影响的理论分析

养老是个人储蓄的动机之一。莫迪利安尼提出的生命周期理论[①]刻画了个人平滑一生消费路径的储蓄行为,是分析养老保险对家庭储蓄影响的理论框架。

按照生命周期理论,在没有不确定性的情况下,消费者会平滑一生的消费。人们会为退休后的消费而储蓄。假设一个两期的模型,每个人生活两期,第 1 期工作,第 2 期退休,没有收入;第 1 期有储蓄,第 2 期没有储蓄。仅考虑储蓄的养老动机,个体储蓄行为的决定如下,最大化两期消费的效用,即式(5-1),且满足两期消费的约束条件,即式(5-2),可以写为:

$$\max u(c_1) + \left(\frac{1}{1+\rho}\right)u(c_2) \quad u' > 0, \quad u'' < 0 \tag{5-1}$$

$$c_1 + \frac{c_2}{1+r_2} = w_1 \tag{5-2}$$

[①] See Modigliani, F., and R. Brumberg, Utility Analysis and The Consumption Function: An Interpretation of Cross-section Data, *Franco Modigliani*, 1954, (1), pp.388-436.

第 1 期（工作时期）消费为：
$$c_1 = w_1 - s_1 \tag{5-3}$$

第 2 期（退休时期）消费为：
$$c_2 = (1+r)s_1 \tag{5-4}$$

其中，c_1、c_2，w_1、w_2、s_1、s_2 分别为第 1 期与第 2 期的消费、收入与储蓄，代表个人主观贴现值，表示第 2 期的实际利率。

求解这个最优化问题的一阶条件为：
$$\frac{u'(c_1)}{u'(c_2)} = \frac{1+r}{1+\rho} \tag{5-5}$$

式（5-5）的一阶条件说明，收入在两期消费上的配置，取决于利率及个体对未来消费的重视程度。

常相对风险规避（CRRA）效用函数是较为一般的效用函数。其中，θ 为风险厌恶程度，θ 越大，表明个体越规避风险，越要平滑消费。当 $\theta=1$ 时，即为对数效用函数。

$$u(c) = \begin{cases} \ln(c), \theta = 1 \\ \dfrac{c^{1-\theta}}{1-\theta}, \theta > 0, \theta \neq 1 \end{cases} \tag{5-6}$$

$$\theta = -\frac{u''(c)c}{u'(c)} \tag{5-7}$$

其一阶条件为：
$$\frac{c_2}{c_1} = \left(\frac{1+r}{1+\rho}\right)^{\frac{1}{\theta}} \tag{5-8}$$

为简单地说明问题，我们采用对数效用函数求解，得到两期的消费和第 1 期的储蓄。

$$c_1^* = \left(\frac{1+\rho}{2+\rho}\right)w_t \tag{5-9}$$

$$c_2^* = \left(\frac{1+r}{2+\rho}\right)w_t \tag{5-10}$$

$$s_1^* = w_1 - c_1 = \frac{1}{2+\rho}w_1 \tag{5-11}$$

上述结果表明，影响跨期消费（储蓄）的因素如下：

（1）收入：当收入增加，储蓄增加，两期消费均增加。

（2）利率：利率对储蓄的影响存在收入效应和替代效应。利率增加，收入效应导致储蓄下降，第 2 期消费增加，第 1 期消费也增加；替代效应导致储蓄增加，第 1 期消费下降，第 2 期消费增加。总的来看，利率增加，储蓄可能增加，也可能减少。但在效用函数为对数形式时，替代效用和收入效用相等，利率变化对储蓄无影响。

5.2 现收现付制对储蓄的影响

在上述模型基础上,加入现收现付制的养老保险制度,约束条件改写为:

$$c_1 + \frac{c_2}{1+r} = w_1\left[1 - \frac{r-n-g}{1+r}\tau\right] \tag{5-12}$$

其中,第 1 期(工作时期)消费为:

$$c_1 = w_1(1-\tau) - s_1 \tag{5-13}$$

第 2 期(退休时期)消费为:

$$c_2 = b_2 + (1+r)s_1 \tag{5-14}$$

其中,b 为养老金,τ 为养老保险缴费率。

由代际转移预算平衡可以得到:

$$b_2 = \tau w_1(1+n)(1+g) \tag{5-15}$$

对数效用函数下解得:

$$\begin{aligned} s_1^* &= \left(\frac{1}{2+\rho}\right)w_1 - \left[1 - \left(\frac{1+\rho}{2+\rho}\right)\left(\frac{r-n-g}{1+r}\right)\right]w_1\tau \\ &= \left(\frac{1}{2+\rho}\right)w_1 - w_1\tau = \left(\frac{1}{2+\rho}\right)w_1 - \frac{1}{1+r}b_2 \end{aligned} \tag{5-16}$$

当 $r=n+g$ 时,由式(5-11)可知,$\left(\frac{1}{2+\rho}\right)w_1$ 为没有养老保险时的储蓄,养老保险制度对储蓄的挤出为养老保险待遇的贴现值,也即养老保险一对一挤出了储蓄。

上述模型及其结果如图 5-1 所示:

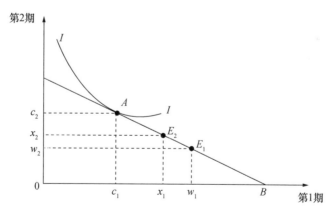

图 5-1 现收现付制养老保险对储蓄的影响

图 5-1 的横轴是第 1 期(工作时期)的消费或工资,纵轴是第 2 期(退休时期)的消费或工资。假设初始禀赋为 E_1,年轻时收入为 w_1,年老时收入为 w_2,跨期预算约束线为 BB,其斜率为 $-(1+r)$,其中,r 为无风险利率。如果个人的跨期无差异曲线是 II,则最佳消费点是 A,即跨期预算约束和跨期无差异曲线之间的相切点。

假设现在引入强制性的现收现付制国家养老金计划,个人的可支配收入将减少

(w_1-x_1)。禀赋点移至 E_2，但最佳消费点保持在 A。在这种情况下，通过引入养老金计划使得总储蓄从 (w_1-c_1) 变为 (x_1-c_1)，但是消费和效用没有变化。

5.3 完全积累制对储蓄的影响

完全积累制，通过建立个人账户支付养老金，这一制度对储蓄的影响相当于强制性个人储蓄；预算约束线公式仍为公式（5-2）。

5.3.1 强制养老保险缴费低于个人最优储蓄的情况

通常情况下，养老保险缴费低于个人储蓄，因而完全积累制养老保险对社会总储蓄没有影响。

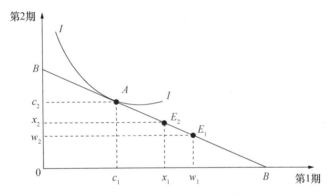

图 5-2 完全积累制养老保险对储蓄的影响

如图 5-2 所示，强制性的完全积累制养老金计划的引入减少了个体的可支配收入即 (w_1-x_1)，禀赋点移至 E_2，最佳消费点保持在 A。通过引入养老金计划，总储蓄 (w_1-c_1) 没有变化。所有这一切都发生在高额养老金储蓄中，完全取代了可自由支配的储蓄。消费和效用没有发生变化。

5.3.2 强制性养老金储蓄超过个人最优储蓄的情况

这种情况下，由于强制储蓄超过个人最优储蓄，因而个体效用会降低。图 5-3 描述了这一情况对储蓄、消费和效用的影响。

由于采取强制性养老金储蓄，个人的最优点从 A（内部解决方案）转变为 E_2（角落解决方案）（见图 5-3），总储蓄从 (w_1-c_1) 增加到 (w_1-x_1)，但总效用下降。这是强制过度储蓄的情况，即为 (c_1-x_1)。非养老金储蓄为零。强制性养老金储蓄水平的提高，将增加国民储蓄。

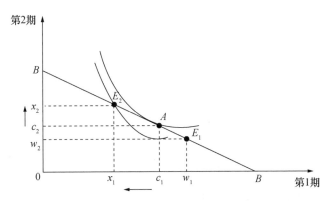

图 5-3 完全积累制养老保险对储蓄的影响（强制过度储蓄的情况）

5.3.3 私人养老金储蓄有税收减免的情况

现在引入另一种情况，即私人养老金储蓄有税收减免，由于有税收优惠，养老金储蓄收益率 $r(1+\tau)$ 高于普通储蓄收益率 r，两期的消费均增加，个人总的储蓄下降，福利增加。τ 为养老保险缴费率，预算约束线为：

$$c_2 = w_1(1+r) + w_1 r\tau - c_1(1+r) \tag{5-17}$$

可以使养老金储蓄获得比任意储蓄 $r(1-\tau)$ 更高的税后收益 r，其中，τ 是比例税率。在图 5-4 中，随着从 A_1 到 A_2 的最佳转变，存在纯粹的收入效应。因为净收入增加，从 (c_1, c_2) 到 (γ_1, γ_2) 这段时期的消费会上升，效用增加，总储蓄下降，但退休储蓄因税收减免 BD 的价值而上升（见纵轴）。

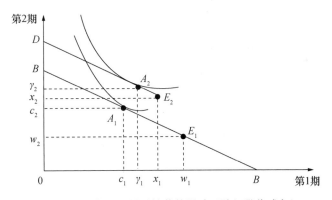

图 5-4 完全积累制对储蓄的影响（引入税收减免）

专栏 生命周期理论介绍

生命周期理论（lifecycle theory）是用来分析养老金决策的重要工具。生命周期理论是基于一个理性且信息灵通的代表人的假设，他根据自己对终生收入的预测来计划其整个生命周期中的消费。根据生命周期理论，储蓄的主要动机是积累资产以支持退休以后的消费。它建立在经验观察基础上,即人均总消费(典型或代表性个体的消费)比人均总收入更平稳。

在生命周期理论下,每个人都会平滑他的消费。将每个个体的发展分为两个时期:一个是年轻且工作的时期,另一个是年老且退休的时期。在不存在养老金的体系下,如果个人没有足够的储蓄来支撑退休的生活,那么他的生活水平将大幅度下降。同时,如果没有未来预期收入去支付贷款,则意味着个体借款以支持其未来消费也更难。因此,个体会为退休进行储蓄,使得在生命周期的视角下,消费比收入更加平滑。

最常见的生命周期模型假设每个个体生活很多时期,并在所有这些时期内最大化效用的贴现值。我们假设一个不确定的正的利率。

个人要最大化其效用:

$$\Lambda_t = U(C_t) + \left(\frac{1}{1+\rho}\right)U(C_{t+1}) + \left(\frac{1}{1+\rho}\right)^2 U(C_{t+2}) + \cdots + \left(\frac{1}{1+\rho}\right)^D U(C_{t+D})$$

$$= \sum_{s=t}^{D}\left(\frac{1}{1+\rho}\right)^{s-t} U(C_s) \tag{5-18}$$

与此同时,在进行决策时要满足消费的预算约束,即生命周期的消费与收入相等,从而得出:

$$\sum_{s=t}^{D} C_s \left(\frac{1}{1+r}\right)^{s-t} = A_t + \sum_{s=t}^{R} W_s \left(\frac{1}{1+r}\right)^{s-t} = A_t + \frac{W_t}{t} \tag{5-19}$$

其中,A_t 是折旧后的生命周期的效用,$U(C_t)$ 是在 t 期消费 C_t 带来的效用,W_t 是在 t 期的收入,ρ 是代表时间偏好的折旧率,A_t 是当前的资产财富水平,r 是金融市场的利率,D 是寿命,R 是工作时期的时间长度($R<D$)。

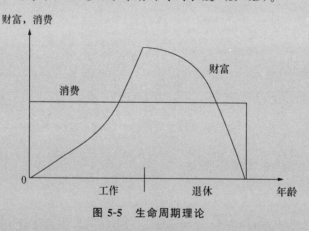

图 5-5 生命周期理论

5.4 其他因素对挤出储蓄效应的影响

随着20世纪七八十年代对消费的进一步深入研究，人们发现生命周期理论的前提假设不一定都成立，比如存在收入不确定性及信贷市场不完善、现实中储蓄动机还可能是预防性储蓄等。

进一步引入信贷市场的不完善这一假设，当个人处于低收入时不能通过提取金融资产或借款以保持正常的消费水平，我们就说行为人面临着流动性约束，流动性约束的存在使行为人不能在各期进行消费的跨期平滑。所以，在实证上，养老保险对储蓄的影响是不确定的。

上一节对于养老保险对储蓄的影响进行了理论模型上的分析，但是现实中的情况更加复杂。造成现实结果与理论结果产生偏差的主要因素有以下四点，即流动性约束、退休激励、其他储蓄动机以及养老金的不确定性。下面我们将针对这四个因素逐一解释。

5.4.1 流动性约束

在存在流动性约束时，低收入的人群无法通过借款保持正常的消费水平。在此情况下利用生命周期理论解释养老金对储蓄的影响时，就需要对其进行修正。在面对流动性约束的情况下，养老保险并不会一对一地减少储蓄。流动性约束也会导致个人福利水平下降。

5.4.2 退休激励

养老保险的引入会改变人们的劳动参与决策，存在提前退休的激励。为了在退休期间更好地享受，劳动者需要在工作期间进行更多的储蓄。

正是由于挤出效应和诱致退休效应的存在，理论上养老保险的引入对个人储蓄的影响是不明确的。

5.4.3 更多因素

其一，那些不信任政府的群体对于未来的养老金收入会存在疑虑，不会一对一地对养老保险作出反应。

其二，在收益为负即保险金小于缴费的情况下，储蓄的变化不会等于未来养老金收益的贴现值，可能大于1或小于1（负的收入效应，储蓄的变化小于所增加的缴费）。

由于

$$s_1^* = \left(\frac{1}{2+\rho}\right)w_1 - w_1\tau = \left(\frac{1}{2+\rho}\right)w_1 - \frac{1}{1+r}b_2(r=n+g) \tag{5-20}$$

若 $r=n+g$ 假设不成立，则式（5-20）就需要修改，极端的情况下，$b=0$，则有

$$s_1^* = \left(\frac{1}{2+\rho}\right)(w-\tau) = \frac{1}{2+\rho}w - \frac{1}{2+\rho}\tau \tag{5-21}$$

显然，储蓄比没有养老保险制度时要少。当（$b-\tau$）＜0 时，挤出的储蓄甚至可以超过 b。

其三，如果储蓄并不是以养老为目的，而是有其他原因，比如，出于预防或遗产动机，那么储蓄行为可能并不会随养老金的规模而改变。预防性储蓄的大小与个人未来面临的不确定性正相关：未来的不确定性程度越大，越能吸引个人进行储蓄，把更多的财富转移到未来去消费。预防性储蓄的存在使得个人储蓄不会一对一减少，因为养老保险也是人力资本投资的保险机制，也会减少预防性储蓄。另外，储蓄的原因也有遗产动机，老年人出于关心下一代的利他主义动机，会给年轻一代留下遗产。此时，现收现付制的养老保险体系对个人储蓄影响较小。

5.5 养老保险对储蓄影响的实证分析

关于养老保险对储蓄影响的实证研究有很多，主要包括运用宏观数据（时间序列数据）、微观数据（截面或面板数据）、跨国数据、养老保险政策带来的自然实验等几种方法。①

5.5.1 时间序列数据研究

宏观数据的研究是所有个体储蓄行为的汇总，因而即使在个人层面是一对一挤出，在汇总后也并非是一对一挤出。例如，社会中既有青年人又有老年人，青年人储蓄，老年人动用储蓄，假设没有养老保险，青年人储蓄的增加和老年人储蓄的减少正好抵消，社会总储蓄为 0。当引入养老保险制度后，青年人的储蓄会减少，但老年人的储蓄不会减少（因为储蓄很少，甚至没有），因此宏观层面看到的挤出效应可能比较小。

有学者研究美国个人储蓄与养老金财富（social security wealth，SSW）之间的时间序列数据，发现由于养老保险体系的引入显著减少了个人储蓄，减少的幅度在 30％—50％之间。② 但是，也有学者指出了上述经验研究所采用的计算程序中的一个错误，认为事实上并没有证据表明社会保障对个人储蓄具有正的或负的效应。③ 随后的研究在纠正这个错误之后，更新了 21 年的数据，发现由于养老保险的存在减少了

---

① 需要指出的是，实证上，数据中的个体处于不同年龄阶段，不是理论上的两期模型。当个体年龄越小，即参加养老保险制度的时间越短，距离退休年龄越远，则挤出效应越会被低估。要测算准确的挤出效应，需要对计算得到的养老金财富根据个体年龄与退休年龄的差距进行调整。

② See M. Feldstein, Social Security, Induced Retirement, and Aggregate Capital Accumulation, *Journal of Political Economy*, 1974, 82, pp. 905-926.

③ See Leimer, D. R., and S. D. Lesnoy., Social Security and Private Saving: New Time-series Evidence, *Journal of Political Economy*, 1982, 90 (3), pp. 606-629.

60％左右的个人储蓄。[1]

时间序列分析的结果不仅受养老保险财富估计方法的影响，还对所选取的时间区段十分敏感，以前一个时序分析为例，如果把数据集的时间区段改为 1946 年至 1976 年，而不是 1930 年至 1976 年，那么按照前面的分析方法，其结果都显示养老保险体系会轻微地增加个人储蓄。总的来说，基于时间序列数据的经验研究，其结果依赖于研究所选取数据的时间年限，设定的个人对养老保险财富预期的不同假设，以及回归中是否包括其他总量变量，如失业率等。

5.5.2 截面数据研究

有学者用截面数据研究了加拿大的情况，验证了养老金财富和家庭储蓄率之间的关系，发现公共养老金财富增加 1 美元将使得家庭金融资产下降 25 美分。[2]有学者使用美国的微观数据发现养老金财富和金融财富之间的替代率约为 20 个百分点。[3] 然而，更多的研究结果发现二者之间并没有显著的替代关系。[4]

截面数据研究的主要难点在于处理内生性问题。首先，个人养老保险的差别可以归于个人收入、年龄、婚姻状况等的不同，但是这些因素同样会影响个人的非养老金财富。举例来说，通常高收入者的预期养老金财富较高，而且不论是否存在养老保险，他的个人财富一般来说也会高于平均水平。这种相关性使截面数据研究很难把养老保险对个人财富的影响与其他因素对个人财富的影响区分开来。此外，微观数据的研究结论并不能直接推广到宏观层面。现收现付制的养老保险体系是一种由年轻一代向老年一代的代际收入转移，而且这种代际转移会被遗产等逆向的代际方式所抵消，如果这样的抵消是完全的，养老保险将对储蓄没有任何影响，因此即使截面数据研究发现了个人财富与养老金财富的逆向关系，但由于遗产等代际转移的存在，得到养老保险减少储蓄的宏观结论依然必须格外谨慎。

---

[1] See M. Feldstein, The Missing Piece in Policy Analysis: Social Security Reform, *National Bureau of Economic Research*, 1996, (w5413).

[2] See Dicks-Mireaux, L. and M. A. King, Portfolio Composition and Pension Wealth: An Econometric Study, 1982.

[3] See Diamond, P. A., and J. A. Hausman, Individual Retirement and Savings Behavior, *Journal of Public Economics*, 1984, 23 (1-2), pp.81-114; Carroll, C. D., and A. A. Samwick, The Nature of Precautionary Wealth, *Journal of monetary Economics*, 1997, 40 (1), pp.41-71.

[4] See Munnell, H. A., The Impact of Social Security on Personal Savings, *National Tax Journal*, 1974, pp.553-567; Kotlikoff, J. L., Testing the Theory of Social Security and Life Cycle Accumulation, *The American Economic Review*, 1979, 69 (3), pp.396-410; Gordon, R. H., and A. S. Blinder, Market Wages, Reservation Wages, and Retirement Decisions, *Journal of Public Economics*, 1980, 14 (2), pp.277-308; Venti, S. F., and D. A. Wise, The Wealth of Cohorts: Retirement Saving and the Changing Assets of Older Americans, *National Bureau of Economic Research*, 1996, (w5609).

有研究通过使用过去文献对养老金计算方法的描述来计算养老金收益，从而构建个人报告养老金财富的工具变量。他们利用美国健康与退休调查（health and retirement study，HRS）中51岁到61岁的老龄工作者的数据，采用工具变量方法来处理财富数据中的测量误差和个人异质性（如对储蓄的偏好），发现养老金财富对于其他财富有大约53%到67%的挤出效应；同时利用工具变量分位数回归发现，不同的财富阶层存在很大的异质性，在较低的阶层有挤入效应，在中间阶层没有挤出效应，而在富裕家庭存在显著的挤出效应，因此挤出效应绝大多数集中于上层的财富分配中。需要注意的是，他们计算的养老金财富包括所有的养老金计划，并不单纯是积累制下的养老金财富。①

5.5.3 跨国数据研究

另一种研究养老保险对储蓄影响的经验研究方法是利用跨国数据。有学者利用三个国家（美国、荷兰和意大利）的微观数据进行案例分析，发现在养老金给付水平更高的地方，个人通常拥有更少的储蓄。② 也有学者利用21个OECD国家的面板数据检验公共养老保险项目对家庭储蓄率的影响，结论显示，公共养老保险越是接近"精算公平"的项目，越是能够代替私人的退休储蓄，挤出效应的潜在可能性就越大，因为养老保险很明显是对私人储蓄的替代物。由于养老保险实行累进税制，精算公平的程度对于不同的收入组可能不同。③ 另一方面，公共养老保险项目越是接近税收—转移的项目，也就是说，个人收益和缴纳的关联越小，它对私人储蓄的影响越小。

有研究利用HRS（美国数据）、ELSA（英国数据）和SHARE（十个欧洲大陆国家数据）的跨国数据以及教育程度和婚姻状况的组间差异来识别养老金财富对金融财富的替代作用，他们研究的是65岁到75岁的退休男性。为了将这些样本混合到一起并处理遗漏变量和测量误差问题，所有变量都根据教育程度和婚姻状况被加总到一起，他们估计的挤出效应在23%到44%之间。④ 另有研究发现，1欧元的养老金财富会挤出47分到61分的其他财富。他们还发现替代性的强弱与教育程度有关，对于教育程度较低的人群，没有发现存在挤出效应的证据，而对于教育程度较高的人群，养老金财富完全挤出了私人财富，但在地中海地区和东欧国家替代程度很有限。他们使

---

① See Engelhardt, G. V., and A. Kumar, Pensions and Household Wealth Accumulation, *Journal of Human Resources*, 2011, 46 (1), pp. 203-236.

② See Kapteyn, A., and C. Panis (ed.), *Institutions and Saving for Retirement: Comparing the United States, Italy, and the Netherlands, Analyses in the Economics of Aging*, University of Chicago Press, 2005, pp. 281-316.

③ See Disney, R., Emmerson, C. and M. Wakefield, The Health and Retirement in Britain: A Panel Data-based Analysis, *Journal of Health Economics*, 2006, 25 (4), pp. 621-649.

④ See Sonnega, A., *et al.*, Cohort Profile: The Health and Retirement Study (HRS), *International Journal of Epidemiology*, 2014, 43 (2), pp. 576-585.

用的是总的养老金财富数据,得出的结论与各国实行的养老保险计划种类无关。①

跨国研究思路是,随国家间养老保险水平的不同,其储蓄(或消费)水平也随之发生系统性的变化,以此来考察养老保险对储蓄的影响。比较与衡量国家间养老保险体系的不同是非常困难的,而且各国在其他方面的差异也难以完全控制,这种方法上的缺陷会使结论产生偏差。一般来说,回归中选取的变量、样本所包括的国家以及所选取的时间段、回归方程的形式等因素都会导致得出不同的结论,例如,是否将日本包含在回归中,会对结果产生很大的影响。对跨国研究来说,一个理论上的难题是不同的国家因为文化的不同,会有不同的消费储蓄习惯,而这种习惯又会影响养老保险体系的设计,例如,当政策制定者发现许多个人在退休时由于储蓄较少而导致老年生活的贫困,此时政策的制定就会扩大养老保险的规模,这就意味着即使养老保险对储蓄没有影响,也会导致低储蓄率的国家有比较高的替代率。总体来说,跨国研究的结果倾向于现收现付制的养老保险体系会减少个人储蓄。

5.5.4 利用政策实验的研究

利用政策变化的自然实验可以较好地解决养老金财富的内生性问题。有研究分析了英国的养老保险改革,发现了挤出效应的证据,即英国的国家收入相关养老保险项目(state earnings-related pension scheme,SERPS)财富与金融财富之间存在替代性,且不同年龄组的替代性不同,例如,43—53岁的年龄组的替代弹性是-0.65,即养老金财富增加1%,其他金融财富减少0.65%;而54—64岁是-0.75。英国的国家基本养老金和私人财富之间的替代性极小,甚至不存在。对于最年轻的消费者或者穷人来说,他们更受流动性约束,也更依赖国家基本养老金,他们很少享受SERPS的好处。②

有学者利用微观面板数据对意大利的现收现付制养老保险体系进行研究,发现养老保险财富对于私人金融财富具有替代作用,随着1992年改革导致的养老金财富的减少,人们的储蓄率上升,特别是青年人。但替代的程度十分依赖于识别方法和样本选择,当他们引入一个对未来收入的明确估计时,发现对于某些年龄组,养老金财富对金融财富是完全替代;而当他们用年龄效应作为未来收入的代理变量时,估计出来的替代程度显著降低了,对于同样的年龄组,养老金财富对储蓄的挤出效应最多是-0.4。③

---

① See Alessie, R., Angelini, V., and Peter van Santen, Pension Wealth and Household Savings in Europe: Evidence from SHARELIFE, *European Economic Review*, 2013, 63, pp.308-328.

② See Attanasio, O. P., and S. Rohwedder, Pension Wealth and Household Saving: Evidence from Pension Reforms in the United Kingdom, *American Economic Review*, 2003, 93(5), pp.1499-1521.

③ See Attanasio, O. P., and A. Brugiavini, Social Security and Households' Saving, *The Quarterly Journal of Economics*, 2003, 118(3), pp.1075-1119.

对 1992 年、1995 年和 1997 年意大利养老保险改革的影响的研究发现，私人财富和预期养老金财富之间存在大约 50% 的挤出效应，其中对养老金财富有更明确预期的组别的挤出效应大约为 -0.4 到 -0.8，而预期不明确的组别为 -0.2 到 -0.4。① 因此，养老保险的抵消效果在很大程度上取决于个人对养老保险体系及其变化的了解。其他学者对意大利的研究则发现，如果社会保险财富减少大约相当于一年的收入，房地产财富会增加大约七个月的收入，而安全的金融资产会增加大约一个月的收入。这一反应在能够更准确地估计养老保险收益的家庭里更加强烈。②

有关中国的研究中，有学者将养老保险改革与家庭储蓄联系起来，用外生的政策导致的保险财富的变化，来估计养老保险财富对家庭储蓄的影响，从而解释中国城镇居民的高储蓄率。他们发现了养老保险对家庭储蓄的挤出效应的明确证据，养老保险改革使得在 1999 年为 25—29 岁居民的家庭储蓄率上升了 6—9 个百分点，而在 1999 年为 50—59 岁居民的家庭储蓄率则上升了 2—3 个百分点。③

5.5.5 现收现付制向完全积累制转轨产生的储蓄效应

在从现收现付制向个人退休账户转化的过程中，私人储蓄会有哪些变化？个人退休账户在宏观上会将政府债务转化为金融财富，从而增加私人部门的储蓄，但在微观上，对家庭储蓄的挤出效应可能会抵消一部分私人储蓄的上升，甚至会导致退休前的准备不足。这一转化在很多国家都正在发生，对挤出效应的实证检验大多数提供了关于挤出效应存在的证据，但也有小部分文献认为，挤出效应不但不存在，事实上，养老金财富和家庭储蓄之间还存在正向的关联。

有研究利用墨西哥的数据进行检验，发现转向个人退休账户的社会保险改革挤出了家庭储蓄，这一效应在低收入和中低收入阶层最显著，尤其是对接近退休年龄的人，而对于高收入和中高收入的个人则没有发现挤出效应的证据。④

5.6 老年劳动参与的下降趋势

绝大多数实行养老保险体系的国家，都出现了老年人口劳动参与率持续下降的现

---

① See Bottazzi, R., Jappelli, T., M. Padula, Retirement Expectations, Pension Reforms, and Their Impact on Private Wealth Accumulation, *Journal of Public Economics*, 2006, 90, pp. 2187-2212.

② See Bottazzi, R., Jappelli, T. and M. Padula., The Portfolio Effect of Pension Reforms: Evidence from Italy, *Journal of Pension Economics & Finance*, 2011, 10 (1), pp. 75-97.

③ See Jin, F. Lixin, H. and H. Sato, Public Pension and Household Saving: Evidence from Urban China, *Journal of Comparative Economics*, 2011, 39 (4), pp. 470-485.

④ See Aguila, E., et al., Living Longer in Mexico: Income Security and Health, RAND Corportion, Centro Fox, AARP, 2011.

象。美国 65 岁以上人口的劳动参与率从 1900 年的 65％降到 1990 年的 18％。与之相类似，英国 65 岁以上男性的劳动参与率从 1900 年的 61％降到 8％，德国则由 58％降至 5％。男性劳动参与率的显著降低主要发生在 20 世纪 50 年代末和 60 年代初，在 60 年代初，11 个 OECD 国家 60—65 岁老年人口的劳动参与率都在 70％以上，但到了 90 年代中期，比利时、意大利、法国的这一指标已经降到 20％以下，德国为 35％左右，西班牙为 40％；相对来说，美国和日本的下降比较温和，前者从 82％降至 53％，后者从 83％降至 75％。[①]

老年人越来越倾向于提早退出劳动力市场的现实情况，与老年人口健康状况的改善和预期寿命的提高一同出现，意味着个人越来越倾向于提早退休的决策。而伴随着老年人越来越倾向于提早退休的是养老保险体系的不断完善与覆盖面的不断扩大，这意味着两者之间存在着一定的联系。现实的变化促使众多经济学家关注养老保险与提早退休之间的关系。

5.7 养老保险的退休激励度量

养老保险的退休激励度量主要有以下几种方法：

5.7.1 养老金财富比较[②]

SSW 是指劳动者预期所领取养老金总额的贴现值。假设劳动者在年龄为 t 岁时考虑退休问题，预期会在 r 岁时退休（$r \geq t$），贴现率为常数 d，则该劳动者在 t 岁时考虑 r 岁退休的 SSW 计算公式如下：

$$\mathrm{SSW}_t(r) = \sum_{s=r}^{D} p_s d^{s-t} B_s(r) \tag{5-22}$$

其中，$B_s(r)$ 表示在 r 岁退休的情况下劳动者在 s 岁时所能领取的养老金数量，是 r 的递增函数；d^{s-t} 表示相应的贴现率，$d = \dfrac{1}{1+\rho}$，s 岁领取的养老金贴现到 t 岁；p_s 表示在 s 岁时仍然存活的概率，是 s 的递减函数。

退休决策不仅取决于退休当期的收入，也受未来养老金收入贴现值的影响。在 SSW 差值模型下，理性人如果在 t 岁时决定未来何时退休，则会通过比较 $r+1$ 期和 r 期退休所能获得 SSW 的相对大小决定退休年龄。当 $\mathrm{SSW}_t(r+1) - \mathrm{SSW}_t(r)$ 大于 0 时，意味着推迟退休能带来净收益的上升，则劳动者会选择推迟退休，否则会选择在 r 期退休。[③]

---

① See Gruber, J. and D. A. Wise, Social Security Programs and Retirement around the World: Micro Estimation, *NBER Working Paper*, 2012, (9407).
② SSW 等于从现在到最后每一期领取的期望（考虑到存活率）的养老金贴现的和。
③ See Oshio, T., Oishi, A. S., S. Shimizutani, Social Security Reforms and Labour Force Participation of the Elderly in Japan, *Japanese Economic Review*, 2011, 62 (2), pp. 248-271.

5.7.2 养老金财富的峰值年龄（peak value）

上述 SSW 差值法中，劳动者仅仅是通过比较在 $r+1$ 期和 r 期退休的 SSW 大小决定退休年龄。此外，劳动者还可以计算出各种可能的退休年龄下所对应的 SSW 值，从中选择能使 SSW 值最大的 r 作为退休年龄。

5.7.3 隐性税（implicit tax）

实际上，推迟退休除了会改变养老金财富值，还会相应带来工资收入，而以上两种衡量方法都没有考虑到延长退休所带来的工资收入。假设劳动者在 t 年推迟退休 1 年，其收入变动将由两部分构成，一部分是养老金现值变动即 $SSW(t+1)-SSW(t)$，另一部分是工资 $wage(t)$。当 $SSW(t+1)-SSW(t)$ 为负时，劳动者多工作一年的边际收入将小于 $wage(t)$。

这相当于政府对劳动者工资收入征收的税负，也称为隐性税（implicit tax）。隐性税税率计算公式如下：

$$Tax = -\frac{[SSW(t+1)-SSW(t)]}{wage(t)} \tag{5-23}$$

它度量的是劳动者由于推迟退休而导致养老金财富下降数量占其多领取工资的比重。该比值越大，劳动者增加工作时间的净收益就越小，劳动者选择推迟退休的概率越低。

在很多国家，法定退休年龄是一个区间，假设 A 国法定退休年龄为 60—69 岁，劳动者在 61 岁退休时会有一个隐性税率：

$$Tax_{61} = [SSW(61)-SSW(60)]/wage(60)$$

以此类推，在 69 岁退休的隐形税率为：

$$Tax_{69} = [SSW(69)-SSW(68)]/wage(68)$$

将 60—69 岁之间每年的隐性税率进行加总即 $Sum(Tax_{61}, Tax_{62}, \cdots, Tax_{69})$，称其为税收强度（tax force）。

图 5-6 给出了不同国家的隐性税收强度，可以看出各国隐性税收强度差异较大，意大利和比利时等国家税收强度高达 8 以上，而日本和美国不到 2。这种差异部分是由于各国劳动力市场结构及工会力量等方面存在不同造成。例如，当一国老年劳动者成本较高，且可以用青年劳动者替代时，该国就会倾向于通过养老金设计鼓励提前退休，此时隐性税率就会较大。

隐性税率越高是否意味着高龄劳动者退出劳动力市场的概率越大？图 5-7 给出了二者的相关关系。图 5-7 中，横轴为税收强度的对数，纵轴为 55—65 岁劳动者退出劳动力市场的人数占比。可以很明显地看出，隐性税率和退出率正相关，说明一国隐性税率越高，劳动者越倾向于提早退休，推迟退休的概率越低。

第 5 章　养老保险的经济影响

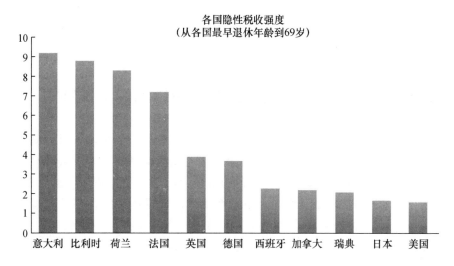

图 5-6　各国隐性税收强度

资料来源：Jonathan Gruber, and David A. Wise, Social Security Programs and Retirement around the World: Micro Estimation, NBER Working Paper, 2012, (9407)。

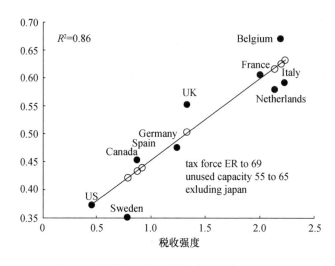

图 5-7　税收强度与高龄劳动者退出市场比例

资料来源：Gruber, J., and D. A. Wise. Social Security Programs and Retirement around the World: Micro Estimation, *NBER Working Paper*, 2012, (9407)。

5.7.4　工作的期权价值

前三种方法都忽略了劳动者退休后由于享受到更多的闲暇而带来的效用增加。期权价值模型综合了工资、养老金和闲暇因素，是度量养老金对退休的激励作用的较全

· 75 ·

面的指标。① 期权价值模型的基本思路是劳动者计算当前退休及未来各期退休所能获得的期望效用，从中选择能使期望效用最大的退休年龄。期权价值模型的推导见本章附录。

5.8 养老保险制度对退休决策影响的实证研究

已有相当一部分学者运用以上几种激励指标研究政府养老金政策对劳动者退休行为的影响。一系列研究基于比利时、加拿大、日本、美国等12个国家的数据，在构建上述四种指标度量养老金激励度量指标的基础上，进行参数估计，发现在这12个国家中有10个国家的结果显示养老金激励度量指标和退休时间存在显著的负相关关系。平均而言，如果将法定养老金领取年龄推迟3年，将会使56—65岁的劳动者退出劳动力市场的比例下降23%—26%。这说明养老金政策很大程度上解释了人们的退休行为，即使这些国家有着不同的历史、劳动力市场等。②

有学者对日本进行的研究也表明了老年人的劳动供给显著受到用养老金财富差值法、峰值法和期权价值模型三种方法度量的养老金制度激励作用的影响。本书为了克服内生性的影响作了如下技术处理：首先，构建一名"代表人"，出生于1935年，收入为同代人的平均水平，现年55岁；在此基础上，依据每年的养老保险政策计算其养老保险收入及相应的养老金激励度量指标。其次，计算每年各年龄组别的养老金激励度量指标的加权平均值。最后，使用激励度量指标对每个年龄组别的劳动参与率进行回归分析。回归结果显示，老年人的退休决策对于期权价值非常敏感。自1985年改革后，日本养老保险的待遇水平一直在下降，而老年人推迟退休的情况显著增加，其中，老年男性劳动者增加了1.3%—3.3%，女性增加了0.6%—2.3%。③

上述研究是基于日本宏观层面数据，分析养老保险政策对老年人就业决策的影响，也有学者使用日本微观调查数据进行相应分析，微观数据的优点在于可以控制更多变量，能够得到更加稳健的结论；利用期权价值作为激励指标，使用两期面板数据，发现老年人的退休概率和期权价值仍存在显著的负相关关系，若期权价值提高10000，退休的概率就下降2个百分点。在控制了个人年龄、健康状况和教育水平等因素后，期权价值对于劳动者退休决策的影响仍然显著。此外，学者还考察了失能险可及性对于老年人工作参与的影响，当无法获得失能险时，50—70岁老年人的平均工

---

① See Stock, J. H., D. A. Wise, *The Pension Inducement to Retire: An Option Value Analysis Issues in the Economics of Aging*, University of Chicago Press, 1990, pp. 205-230.

② See Gruber, J. and D. A. Wise, Social Security Programs and Retirement around the World: Micro Estimation, *NBER Working Paper*, 2012, (9407).

③ See Oshio, T., Oishi, A. S., S. Shimizutani, Social Security Reforms and Labour Force Participation of the Elderly in Japan, *Japanese Economic Review*, 2011, 62(2), pp. 248-271.

作年限会上升。①

上述研究都发现劳动供给受养老保险制度的影响。劳动者对激励政策的反应取决于其是否了解政策内容本身。②有学者则利用微观调查数据，发现个人会对其掌握的激励政策产生反应，掌握养老金政策对退休行为有较大的影响，掌握程度越高，退休时间越早。学者将劳动者是否知道养老保险的主要构成作为一个虚拟变量，发现养老保险激励政策对那些了解养老金主要构成的劳动者的影响，相对于那些不知道养老保险主要构成的劳动者而言，要大5倍。

有研究在构建结构模型（structure model）的基础上，使用健康和退休调查数据评估了养老金领取时间变动、法定退休时间变动和取消已达到退休年龄人员的工资税对劳动者退休行为的影响。学者发现，养老金领取年龄的变动对退休行为影响最大，当领取年龄上升到64岁时，会使62岁和63岁的劳动者全职工作时间分别增加11%和13%；当法定退休年龄从65岁提高至67岁时，会使64岁的劳动者全职工作时间延长1.5%—2.5%；而取消工资税会使65—67岁的劳动者全职工作时间延长1.0%—1.7%。③

也有学者使用调查问卷的方式，研究了养老金减少对50—70岁劳动者退休和消费行为的影响。问卷通过一系列问题，询问调查对象假如政府将养老金下调30%，他会有何反应。最后发现，如果养老金减少30%，平均而言，劳动者的消费水平会下降20%，退休时间会延迟1.08年。大约1/3的人明确表示会调整退休时间，1/3的人会减少消费，另外1/3的人会同时调整消费和退休时间，并且减少养老金的影响会因婚姻状态、工作状态、教育水平以及财富水平的不同而不同，其中对未婚、有正式工作、教育水平低以及财富水平低的群体影响更大。④

5.9 养老保险制度对青年劳动者劳动供给的影响

养老保险和退休政策会直接影响老年劳动者的退休决策，改变他们的劳动供给行为。从生命周期的角度看，法定退休年龄的变化会改变社会对于"合适"的退休

---

① See Shimizutani, S. Oshio, T., and M. Fujii., Option Value of Work, Health Status, and Retirement Decisions in Japan: Evidence from the Japanese Study on Aging and Retirement (JSTAR), Cis Discussion Paper, 2014.

② See Chan, S., A. H. Stevens, What You Don't Know Can't Help You: Pension Knowledge and Retirement Decision-Making, *Review of Economics & Statistics*, 2008, 90 (2), pp. 253-266.

③ See Gustman, A. L., T. L. Steinmeier, Effects of Social Security Policies on Benefit Claiming, Retirement and Saving, *Journal of Public Economics*, 2015, 129, pp. 51-62.

④ See Delavande, A., S. Rohwedder, Changes in Spending and Labor Supply in Response to a Social Security Benefit Cut: Evidence from Stated Choice Data, *Journal of the Economics of Ageing*, 2017, pp. 34-50.

年龄的主观认识，而延迟退休年龄可能通过影响领取退休金的时间、边际税率乃至生命周期内的财富等渠道，进而影响个体在生命周期内的教育决策和劳动供给决策。

养老保险和退休政策对老年劳动者的劳动供给产生影响，并进一步对青年劳动者的劳动供给或雇用数量产生影响。从理论上看，老年人就业对青年人就业的影响方向无法确定，如果二者是替代关系则是负向影响，若二者互补则是正向影响。

一方面，从静态的角度看，在一个给定的时期，整个社会的就业总量是一个常数，此时老年劳动者和青年劳动者之间存在替代关系，雇用一位老年人意味着少雇用一位青年人。另一方面，从动态的角度看，随着整体经济的发展，整个社会对劳动者的需求上升，会提高对老年人和青年人的雇用数量，此时二者是互补关系。

关于第一个方面，老年劳动者对青年劳动者的就业的影响，可以从老年劳动者对青年劳动者广度边际和强度边际两个方面的影响来分析。广度边际（extensive margin）渠道指延长老年劳动者的工作年限是否会挤出青年劳动者的就业。老年劳动者就业的增加不会必然地挤出青年劳动者的就业。正如女性劳动参与率的提高没有挤出男性的就业一样。历史上，女性劳动参与率的提高并没有挤出男性的就业。相反，男性就业率下降最少的反而是那些女性劳动参与率增加最多的，如荷兰。因此，不同类型的劳动者并非完全替代的，劳动者的挤占只是针对某个特定职位某一段时间内的现象，然而从长期来看，随着经济的发展，职位的数量不是固定的。

针对老年劳动者与青年劳动者的就业的绝大多数研究集中于理论上的分析和讨论，少数实证分析均没有得到老年人可能挤出青年人就业的结果，甚至得到相反的结论，即老年人就业反而可能提高青年人的就业，同时降低他们的失业率。①

有研究利用多个国家的数据间接验证了老年劳动者和青年劳动者的就业是正相关关系。他们先画出了老年劳动者和青年劳动者就业率的时间变化趋势，发现这两者有共同的趋势；接着画出了养老金给老年劳动者带来的隐性税与青年劳动者就业的关系。根据前文的定义，隐性税可以用 $\dfrac{\text{SSW}_t - \text{SSW}_{t+1}}{\text{wage}_t}$ 来度量，隐性税越大，说明老年劳动者延长工作年限的额外收益越小，老年劳动者推迟退休的激励越小。

---

① 参见 Gruber, J. and D. A. Wise, Social Security Programs and Retirement around the World, Research in Labor Economics, Emerald Group Publishing Limited, 2000, pp. 1-40; Gruber, J., and K. Milligan, Do Elderly Workers Substitute for Younger Workers in the United States?, Social Security Programs and Retirement around the World: The Relationship to Youth Employment, University of Chicago Press, 2010, pp. 345-360; Munnell, A. H., A. Y. Wu, Do Older Workers Squeeze out Younger Workers?, Discussion Paper, 2013, (18); 张川川、赵耀辉:《老年人就业和年轻人就业的关系：来自中国的经验证据》，载《世界经济》2014 年第 5 期，第 74—90 页。

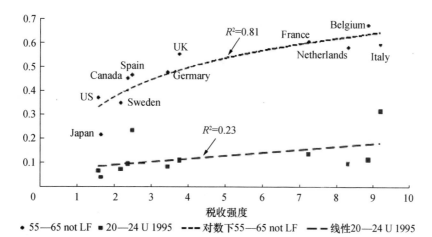

图 5-9　55—65 岁劳动者退出劳动力市场的比例与 20—24 岁劳动者失业率

资料来源：Gruber, J., Milligan, K., David A. Wise, Social Security Programs and Retirement around the World: The Relationship to Youth Employment, Introduction and Summary, NBER Working Paper, 2009, (14647)。

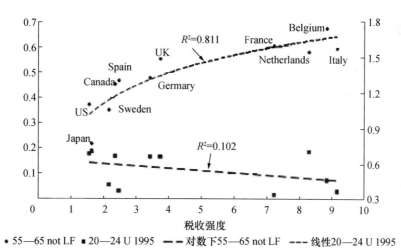

图 5-10　55—65 岁劳动者退出劳动力市场的比例与 20—24 岁劳动者就业率

注：左纵轴为 55—65 岁劳动者退出劳动力市场的比例，右纵轴为 20—24 岁劳动者就业率。

资料来源：Gruber, J., Milligan, K., D. A. Wise, Social Security Programs and Retirement around the World: The Relationship to Youth Employment, Introduction and Summary, *NBER Working Paper*, 2009, (14647)。

从图 5-9 和图 5-10 可以看出，隐性税与老年劳动者的就业负相关，而对于青年劳动者，隐性税与他们的失业率正相关、与他们的就业率负相关。因而，老年劳动者的隐性税越大，他们提前退休的可能性就越大，同时青年劳动者的失业率也会越高，这间接地证明了老年劳动者与青年劳动者之间没有挤出关系。

该研究进一步利用多国的面板数据通过计量方法对此进行了验证。然而，这种分析可能忽略了内生性问题,比如一个国家正是因为有持续较高的青年劳动者的失业率,所以才会对老年劳动者实施较高的隐性税以鼓励他们提前退休,这样,隐性税与青年劳动者失业率之间的正向相关性可能是劳动者还未对政策作出反应的暂时性结果。为了解决这种内生性问题,学者对在长时间内不存在较高青年劳动者失业率的国家进行了实证分析,结果仍然是老年劳动者与青年劳动者之间不存在挤出效应。

有研究对我国老年劳动者和青年劳动者的就业情况进行了检验,① 根据对两类劳动者就业的相关性分析,得出无论是分地区、分行业还是分性别,老年劳动者与青年劳动者就业都呈正向相关关系的结论。这表明老年劳动者的就业是不会挤出青年劳动者的就业的。

出现这样的实证分析结果的原因可能是老年劳动者与青年劳动者之间存在互补性,也可能是推迟退休在短期内降低了养老金负担,从而降低了劳动者的缴费率和企业的用工成本,进而使企业增加了对劳动者的雇用。有研究对美国的老年劳动者和青年劳动者的就业进行了分析,他们利用 1977 年到 2011 年的数据,将 2008 年的金融危机也考虑进来,得出美国老年劳动者的就业对青年劳动者就业没有显著影响,即使是在金融危机时期,也没有显著影响的结论。② 同时,他们还对劳动者按教育程度进行分组,由于相同教育程度之间的劳动者可能存在更大的替代性,结果显示在同一个组中老年劳动者对青年劳动者没有显著影响(除了教育程度最低的那个组中,老年劳动者与青年劳动者就业显著正相关)。

因此,上述研究都表明老年劳动者的就业不会挤出青年劳动者的就业。但有学者根据葡萄牙的雇主—雇员匹配的微观数据发现,提高退休年龄之后,老年女性的工资和工作时间均没有发生显著变化,但企业却显著减少了新的雇用,尤其是对于女性的雇用。③

老年劳动者劳动供给的增加不仅仅在广度边际上对青年劳动者就业产生影响,还可能从强度边际(intensive margin)上产生影响,即延长老年劳动者的工作年限对青年劳动者的工资水平、工作时间以及职业发展可能造成的影响。一些延迟退休的反对者认为,由于延迟退休导致劳动供给增加,可能造成"部分就业"以及工资下降等,然而,这样的判断在近期的实证研究中同样没有得到验证。有学者对美国进行研究发现,老年劳动者就业对于青年劳动者的工作时间并没有显著影响,对于工资的影响甚至显著为正,但他们未能解释其中的机制。④ 有学者对我国进行研究,发现老年劳动者就业对于青年劳动者工资水平具有显著正向影响。⑤ 老年劳动者就业率上升 1 个百分点,男性和女性青年劳动者的工资分别上升 0.449 个百分点和 3.453 个百分点,但对中年劳动者的工资没有显著影响。

---

① 参见张川川、赵耀辉:《延迟退休年龄会挤出年轻人就业吗?》,载《世界经济》2013 年第 5 期。
② See Munnell, A. H., & A. Y. Wu, Do Older Workers Squeeze out Younger Workers?, *Discussion Papers*, 2013, (18).
③ See Martins, P. S., álvaro A. Novo, and Pedro Portugal, Increasing the Legal Retirement Age: The Impact on Wages, Worker Flows and Firm Performance, *IIA Working Paper* 2009, (4187).
④ Ibid.
⑤ 参见张川川、赵耀辉:《延迟退休年龄会挤出年轻人就业吗?》,载《世界经济》2013 年第 5 期。

除了工作时间和工资水平,退休年龄的变化也可能对青年劳动者的职业发展产生影响,对于青年劳动者而言,能否具有进入职业阶梯的通道也很重要,这关系到他们的生命周期财富和向上流动的可能性,对于"挤占"效应的分析除了就业、工资等因素,还应该包括职位的获得和职业阶梯的发展,然而针对这方面目前尚没有相关研究涉及。

> **专栏** 我国强制性退休年龄与退休行为

我国城镇企业职工养老保险制度和机关事业单位养老保险制度均明确规定了退休年龄,女工人为50岁,女干部为55岁,男性为60岁。企业职工缴费满15年以上的参保者有资格获得统筹账户的养老金和个人账户养老金,以职工缴费年限35年退休且工资为社会平均工资为例,按2005年的改革方案,基本养老金的目标替代率为59.2%,其中基础养老金替代率调整为35%,个人账户养老金替代率调整为24.2%。机关事业单位的养老金通常为其退休前工资的70%—90%。退休之后,基础养老金部分原则上按照工资增长率和通货膨胀率增长。这两个制度在2015年开始在缴费和待遇方面并轨,对退休年龄的规定仍然不变。

相比工业化发达国家的养老保险制度,我国城镇职工退休政策有两大特点:一是实行强制退休年龄,除了少数特殊情况的劳动者可以提前退休外,绝大部分在城镇部门就业的劳动者都需按此年龄办理退休手续。另外,一些具有高级职称的专家可以适当延迟退休。二是退休后继续工作不影响养老金待遇,办理退休手续后,仍然可通过返聘、非正式合同、自我雇佣等方式继续留在劳动力市场,同时领取全额养老金。这两个特点决定了我国劳动者办理退休手续很大程度上是由外生的政策决定,办理退休手续后就业机会减少,但养老金非劳动收入上升。而其他国家的退休年龄是指有资格领取养老金的年龄,个人可以决定是否退休并领取养老金,养老金的数额随实际退休年龄增加。如果退休领取养老金后,又开始工作,则养老金数额会打折。例如,美国规定,退休后工作收入超过一定数额后,超过的部分,每2美元劳动收入扣1美元养老金,直至养老金被扣完。

我国劳动者退休行为明显受到强制性退休年龄的影响,城乡在退休行为上有很大差异。有研究利用CHARLS数据,将退休定义为"过去有工作但现在已经退出劳动力市场",发现城镇户口男性和女性在各年龄段的退休率均高于农村户口的男性和女性,城镇女性在50岁、55岁,男性在60岁退休概率均明显增加,而农村男性和女性均没有出现退休概率明显增加的年龄。[①] 根据他们的统计,45—49岁城镇女性的退休率约为24.0%,男性约为14.1%;农村女性约为13.4%,男性约为7.1%。50—54岁城镇女性退休率约为53.3%,男性约为20.8%;农村女性约为

---

① See Giles, J., Wang, D. and F. Cai, The Labor Supply and Retirement Behavior of China's Older Workers and Elderly in Comparative Perspective, *World Bank Policy Research Paper*, 2011, (5853).

18.7%，男性约为 5.7%。其中最主要的原因在于，我国城镇养老保险制度只覆盖非农就业群体，被制度覆盖的群体退休行为受该制度规定的强制退休年龄制约，而绝大多数农业劳动者未被该制度覆盖，退休年龄不受制约。尽管如此，被制度覆盖的群体仍有可能在退休年龄前提前退休，研究发现，教育程度较低、健康较差、失业可能性较大、需要帮助子女料理家务等是人们选择提前退休的主要原因。而一些在收入较高行业就业的人，可能会延迟退休。也有人选择在办理退休手续后继续留在劳动力市场中，例如，有研究利用 2000—2008 年城镇住户调查数据发现养老金收入是影响退休后工作时间的主要因素，且女性退休人口退休后就业的比重高于男性。①

5.10 养老保险制度对经济增长和福利的影响

本节从养老保险对储蓄影响的视角考察不同养老保险制度对经济增长和福利的影响。现收现付制的养老保险会减少个人储蓄，从而降低整个社会的储蓄水平。当储蓄发生变化后，储蓄的产出弹性究竟有多大？从索洛的新古典经济增长模型可以发现储蓄的产出弹性小于 1，即缺乏弹性，但当我们扩大对资本概念的理解，把人力资本也包括进来时，发现储蓄的产出弹性大于 1，即富有弹性，因而会对长期经济增长产生较明显的影响。现收现付制的养老保险如果挤出了储蓄，就会对经济增长产生不利影响，但对于福利的影响则是不确定的，取决于经济是否处于动态有效的状态。

在 5.1 节和 5.2 节的叠代模型中，我们进一步将投资收益率（利率）和工资率作为内生变量。假设在 t 期企业通过当前老一代雇佣资本 K_t 和年轻一代的劳动力 L_t 获得产出 Y_t。假设公司在完全竞争的市场中运营。

生产函数为：

$$Y_t = F(K_t, L_t) \tag{5-24}$$

假设是线性齐次的，则有：

$$F(\alpha K_t, \alpha L_t) = \alpha F(K_t, L_t) \tag{5-25}$$

假设公司可以选择 K_t、L_t，以使利润最大化，即：

$$\text{Max} \Omega_t = Y_t - (r_t + \delta)K_t - W_t L_t + \lambda_t (F(K_t, L_t) - Y_t) \tag{5-26}$$

其中，λ_t 是拉格朗日乘数。利润被定义为输出减去输入的成本，并且等于上式右边的

---

① 参见封进、胡岩：《中国城镇劳动者提前退休行为的研究》，载《中国人口科学》2008 年第 4 期；钱锡红、申曙光：《经济收入与健康状况对退休期望的影响——一个交互效应模型》，载《经济管理》2012 年第 3 期；彭浩然：《基本养老保险制度对个人退休行为的激励程度研究》，载《统计研究》2012 年第 9 期；张川川：《城镇职工退休后就业行为：基本事实和影响因素》，载《劳动经济研究》2015 年第 2 期；陈杰：《"退而不休"的劳动者：转型中国的一个典型现象》，载《劳动经济研究》2014 年第 5 期。

前三项。产出方程的最大值计算如下：

$$r_t + \delta = F_K(K_t, L_t) \tag{5-27}$$

$$W_t = F_L(K_t, L_t) \tag{5-28}$$

F_K、F_L 分别是资本与劳动的边际产出，δ 是资本的折旧率（$0<\delta<1$）。上式表明：在利润最大化、最优化时，生产要素支付其边际产出，$(r_t+\delta)$ 就是当前资本存量的租金率，W_t 是工资率。

同时要认识到，个人储蓄决策取决于未来的利率，因此取决于未来的资本存量和劳动力，公式如下：

$$r_{t+1} + \delta = F_K(K_{t+1}, L_{t+1}) \tag{5-29}$$

因为生产函数是线性齐次的，所以等式（5-29）可以用人均（或密集）形式写成：

$$y_t = F(k_t, 1) \equiv f(k_t) \tag{5-30}$$

其中，$y_t = Y_t/L_t$，是产出劳动比或者说是每单位劳动对应的产出，$k_t = K_t/L_t$，是资本劳动比。

那么，式（5-27）与式（5-28）可以改写为：

$$W_t = f(k_t) - k_t f'(k_t) \tag{5-31}$$

$$r_{t+1} + \delta = f'(k_{t+1}) \tag{5-32}$$

在资本供给方程 $S(W_t, r_{t+1}) = (1+n)k_t$ 中代入 W_t 和 r_{t+1} 可得：

$$(1+n)k_t = S[f(k_t) - k_t f'(k_t), f'(k_{t+1}) - \delta] \tag{5-33}$$

这一差分方程将每个工人的未来资本存量与当前每个工人的资本存量（其中，资本存量是模型的状态变量）相关联。它可以用来研究资本存量的动态路径，全微分式（5-33）得到：

$$\frac{dk_{t+1}}{dk_t} = \frac{-S_w k_t f''(k_t)}{1 + n - S_r f''(k_{t+1})} \tag{5-34}$$

其中，$S_w = \frac{\partial S}{\partial W_t}$，$S_r = \frac{\partial S}{\partial r_{t+1}}$。式（5-34）显示了下一期资本存量如何随着当前资本存量的变化而变化。换句话说，它给出了状态变量的动态路径。达到稳态的要求应为：

$$\left|\frac{dk_{t+1}}{dk_t}\right| < 1 \tag{5-35}$$

我们将使用单位弹性 Diamond-Samuelson OLG 模型来分析动态和稳态。该模型采用恒定规模产出的 Cobb-Douglas 生产函数：

$$y_t = k_t^{1-\varepsilon_L} \tag{5-36}$$

ε_L 是劳动力在国民收入中的份额。

同时，我们利用对数效用函数求得消费者效用最大化的储蓄水平：

$$U(C_t) = \ln(C_t) \tag{5-37}$$

由于 $W_t - C_t^Y = S(W_t, r_{t+1})$，$C_t^Y = \left(\frac{1+\rho}{2+\rho}\right)W_t$，有：

$$S_t = \frac{W_t}{2+\rho} \tag{5-38}$$

工资率为：
$$W_t = \varepsilon_L k_t^{1-\varepsilon_L} \tag{5-39}$$

结合式（5-38）与式（5-39），将式（5-33）整理得到：
$$k_{t+1} = g(k_t) \equiv \left(\frac{\varepsilon_L}{(1+n)(2+\rho)}\right)k_t^{1-\varepsilon_L} \tag{5-40}$$

单位弹性 Diamond-Samuelson OLG 模型的相图如图 5-11 所示，从经济开始的任何地方（例如，k_0），它最终都将以 k^* 结束。一旦经济达到图 5-11 中的 E_0，除非受到干扰，否则将保持稳定状态。此后，资本劳动比将随时间保持恒定，即 $k_{t+1}=k_t=k^*$。

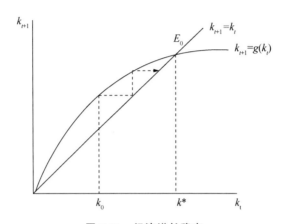

图 5-11 经济增长稳态

最优的储蓄水平决定最优的资本存量，此时个人的消费水平达到最高，即福利最大，我们称之为"经济增长在黄金律上"（见图 5-12）。[①] 此时有：
$$f'(k) = n + \delta \tag{5-41}$$

式（5-41）是最大化个人消费目标的情况下，人均资本存量需要满足的条件。如果稳态资本存量超过黄金律水平，资本存量的减少将使稳态的消费增加。在资本存量超过黄金律的情况下，经济中的资源配置就不再是帕累托最优，即每个人可以通过减少资本存量而生活得更好。这种经济常被称为动态无效，因为他们过度积累了资本。

现收现付制养老保险对经济动态调整的影响是减缓资本积累，同时也减少稳态资本存量。在现收现付制的养老保险制度下，若一个社会的资本回报率较高，高于人口增长率和折旧率之和，即式（5-41）左边大于右边，此时过高水平的现收现付制养老保险将造成福利下降，需要降低养老保险水平，即减少代际间的转移规模，以提高储蓄率，从而增加投资。若一个社会资本回报率较低，低于人口增长率和折旧率之和，应该提高现收现付制养老保险水平，降低储蓄率，让更多的产出用于当前消费（见图 5-13）。

---

① See Diamond, P. A., National Debt in a Neoclassical Growth Model, *The American Economic Review*, 1965, 55 (5), pp. 1126-1150.

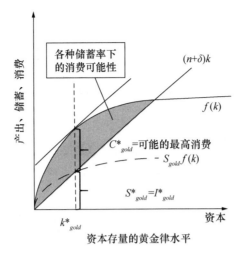

图 5-12 资本存量的黄金率水平

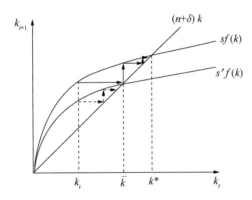

图 5-13 现收现付制对经济动态调整的影响

附录 退休年龄选择的期权价值模型

假定劳动者在时间 t 仍未退休,可在 t 到 R 期间任意选择一个时期退休,劳动者的预期寿命到 S 时终结。如果劳动者继续工作并选择在 r 时期退休,那么他在退休前 s($t \leqslant s < r$) 时期的间接效用为 $U_w(W_s)$,其中 W_s 是在 s 时期的工资。退休后在 s($r \leqslant s \leqslant S$) 时期,他的收入为养老金 B_s,间接效用为 $U_r(B_s(r))$。由于退休前需要付出劳动才能有工资收入,而退休后可以直接领取养老金,且退休后有较多的闲暇,因此,和退休前相比,退休后相同数量的收入能带来更大的效用,即在相同的收入条件下,养老金的边际效用大于工资的边际效用。[①] 再假设效用的贴现率为常数 β,则劳动者

---

① 此处未直接将闲暇作为参数加入效用模型,而是通过假设在相同收入情况下,退休前后边际效用的差异来考虑这一问题。

在 t 时期决定在 r 时期退休,其效用的贴现值如下:

$$V_t(r) = \sum_{s=t}^{r-1} \beta^{s-t} U_w(W_s) + \sum_{s=r}^{S} \beta^{s-t} U_r(B_s(r)) \tag{5-42}$$

由于继续工作会同时面临失业和意外死亡风险,而退休后仍面临意外死亡风险,考虑到这两种不确定性,我们对效用求期望,可得式(5-43):

$$E_t V_t(r) = E_t \sum_{s=t}^{r-1} \beta^{s-t} U_w(W_s) + E_t \sum_{s=r}^{S} \beta^{s-t} U_r(B_s(r)) \tag{5-43}$$

劳动者将比较在 t 时期立即退休的期望效用以及推迟退休能得到的最大的期望效用。其中,令 r^* 表示达到最大期望效用的退休时间:

$$r^* = \underset{r \in \{t+1, t+2, \cdots R\}}{\operatorname{argmax}} E_t V_t(r) \tag{5-44}$$

则劳动者推迟退休的期权价值为:

$$G_t(r^*) = E_t V_t(r^*) - E_t V_t(t) \tag{5-45}$$

当 $G_t(r^*)$ 大于 0 时,劳动者会选择工作至 r^* 再退休,否则将在当期 t 就退休。[①]

本章总结

- 理论上,现收现付制养老保险制度将一对一挤出家庭储蓄,从而减少国民储蓄。完全基金制的养老保险制度在缴费水平低于个人最优储蓄时,对家庭储蓄无影响;超过个人最优储蓄时,会增加家庭储蓄。
- 实证上,现收现付制养老保险对储蓄的挤出效应小于理论预计,导致二者产生偏差的主要因素有以下四点,即流动性约束、退休激励、其他储蓄动机以及养老金的不确定性。
- 利用养老金改革带来的政策变化的自然实验可以较好地解决养老金财富的内生性问题,是实证估计养老保险制度对储蓄影响的主要方法。
- 养老保险的退休激励主要有四种度量指标,即养老金财富比较、养老金财富的峰值年龄、隐性税和工作的期权价值。其中,隐性税是最为常用的指标,其含义是劳动者由于推迟退休而导致养老金财富下降的数量占其多领取的工资的比重。该比值越大,劳动者增加工作时间的净收益就越小,劳动者选择推迟退休的概率越低。
- 从理论上看,老年人就业对青年人就业的影响方向无法确定。一方面,从静态的角度看,在一个给定的时期,整个社会的就业总量是一个常数,此时老年人和青年人之间存在替代关系。另一方面,从动态的角度看,随着整体经济的发展,整个社会对劳动者的需求上升,会同时提高对老年人和青年人的雇用,此时二者是互补的关系。大多数实证研究并未发现老年劳动参与增加会导致青年人就业率下降。

---

① 关于我国城镇养老保险体系中的期权价值模型计算可参考封进、韩旭:《我国城镇劳动者退休行为及延迟退休的福利效果》,载《劳动经济研究》2017年第5期。

- 现收现付制养老保险通过影响储蓄和资本存量，影响经济增长和社会福利。若一个社会的资本回报率较高，高于人口增长率和折旧率之和，此时过高水平的现收现付制养老保险会造成福利下降，需要降低养老保险水平。若一个社会资本回报率较低，低于人口增长率和折旧率之和，则应该提高现收现付制养老保险水平，降低储蓄率，使更多的产出用于当前消费，提高社会福利。

讨论题

1. 画图说明为什么现收现付制养老保险制度会挤出储蓄。

2. 一个消费者的偏好通过效用函数 $U=\log(x_1)+\beta\log(x_2)$ 表示。其中，x_t 表示第 t 期的消费，$0<\beta<1$。假设两期消费的价格都为 1，利率为 r。若消费者在第一期有收入即 $M>0$，第二期没有收入，消费者应如何安排自己的最优消费和储蓄？利率的变化和贴现因子 β 如何影响最优储蓄？

3. 一个经济体将人们的消费活动分为两期。第一期和第二期的效用函数由 $U=2\log(C_1)+2\log(C_2)$ 给出，其中 C_1、C_2 代表两期的消费水平。第一期人们的劳动收入是 \$100，第二期是 \$50。人们可以自行选择将多少钱存入银行，利率水平为 5%。同时，人们没有遗产动机，这意味着在第二期结束时人们将耗尽所有的财富。

(1) 求出个人的两期预算约束。如果个人通过跨期消费使两期效用达到最大，则应如何安排两期的最优消费水平？在第一期他应该储蓄多少？

(2) 假设政府引入一种社会保障体系，第一期向每人征收 \$10 的费用，第二期没有收入，但会得到一笔养老金 B，假设人口增长率为 0，养老保险体系保持基金平衡，那么应如何安排两期的最优消费水平？在第一期他应该储蓄多少？

4. 讨论延迟退休对青年人就业的影响。

5. 在什么情况下，我们称一个社会的储蓄为过度储蓄？在过度储蓄时，现收现付制养老保险对社会福利会产生什么影响？

第 6 章

养老保险制度改革

在养老保险制度推出之时,绝大部分国家都采用现收现付制的制度安排,这一安排保障了在制度推出时或推出不久退休的参保人可以及时享受养老金,而不必通过缴费积累获得养老金。这一安排使得制度一开始就形成了一笔负债,即第一代人缴了很少甚至没有缴养老保险费但却享受了养老金待遇,用年轻一代的缴费赡养退休一代,只要这种代际转移可以持续,那么这笔负债就是隐性的。随着人口老龄化程度加深,年轻一代人口增长率趋于下降,这时现收现付制的收益率开始下降,而且基金平衡受到威胁。必须对传统的现收现付制进行改革,以应对人口老龄化的挑战。然而,采用何种改革方案、不同的改革方案带来的福利效果等问题,是政策层和学术界长期争论的焦点。对于养老保险制度的改革方向难以达成共识。

本章首先介绍现收现付制养老保险改革的实证分析框架,即政治经济学模型;之后介绍现收现付制养老保险制度向积累制养老保险制度改革时产生的转轨成本;还将介绍世界各国主要的政策实践,以及中国养老保险制度改革。

6.1 养老保险规模增长的政治经济学模型

二战以来,各国养老保险支出日益增加,缴费水平也日益提高,但却未遭到很多人反对,这一趋势是如何促成的?实证政治经济学采用投票模型分析养老保险改革中的政治均衡结果。不同的群体在养老保险制度改革中获得的收益不同,对改革方案有不同的态度。现收现付制养老保险制度的演变可以视作投票或势力对比的结果。

6.1.1 不同年龄群体的差异

不同群体的差异主要体现在年龄和收入两个维度上。养老保险制度具有代内和代际两个方面的再分配功能,再分配的含义参见本书第 4 章的内容。为简单起见,下文假设只有年龄一个维度上的异质性,只需要这一个异质性,就可以解释在人口老龄化背景下,养老保险规模不断增长在政治上的可行性(更为复杂的模型推导见本章附录)。

我们以一个三期叠代模型说明养老保险缴费率的决定,即每一代生活三期:青年时期、中年时期和老年时期;每一期同时有三代人存在,即青年人、中年人和老年人,且人口增长保持稳定。每个个体在前两期(青年时期和中年时期)工作,在最后一期(老年时期)退休。他们可以将自己的储蓄投资到资本市场上,以得到一个给定的回报率。青年人和中年人缴养老保险费，用以支付老年人的养老金。我们只考虑养老保险缴费，不考虑其他税费。假设个体不存在利他性，即不考虑其他人或后代的效用。

对于青年人而言，他需要考虑自己一生三个时期的效用总和。根据第3章关于现收现付制收益率的分析框架（同时参见本章附录），可以得到只有在人口增长率大于资本回报率，即 $n>r$ 时，个人才会选择大于0的养老保险缴费率。

对于老年人而言，他们是养老金的享受者，并且不再需要缴费，因而他们会选择一个较高的养老保险缴费率。

对于中年人而言，情况比青年人和老年人复杂，中年人只包含中年时期和老年时期两部分，因为青年时期已经结束，青年时期的储蓄已经既定，所缴的费用为沉没成本。中年人的选择过程与青年人一致，不同的是，他们只有两期的消费需要权衡。因而他们选择的缴费率会大于青年人。

在某一时期，青年人、中年人和老年人选择对他们自己最有利的养老保险缴费率。此时，可以按照多数同意原则，采用投票方式决定养老金缴费率。在人口老龄化社会，$n<r$ 这一条件很可能是得到满足的，青年人会投否决票，但中年人和老年人此时是福利增加的，因而会投赞成票，而且理论上缴费率越高，对他们越有利。因而，随着老龄化程度的加深，现收现付制缴费率需要提高时，很容易获得大多数人赞同。

在没有投票机制的社会中，若养老保险改革要得到大多数人的赞同，那么其费率变化的影响因素实际上是与投票机制一致的。

6.1.2 不同收入群体的差异

除了年龄方面的差异外，工资水平不同的人也会有不同的选择。工资越低的人，越希望有较高的养老保险规模，同时，这种制度应该存在富人到穷人的再分配功能，因而，在穷人占比较大的国家，更可能存在一个具有代内再分配功能的养老保险制度。如果养老保险体系存在收入从富人到穷人的再分配功能，理论上存在一个临界工资，工资高于这一临界水平的人希望缴费率为0，工资低于这个临界水平的人希望一个正的缴费率。当一个社会低收入者占比越高时，由多数通过的投票原则得到的养老保险缴费或待遇水平就会越高。理论上可以得出，在多数投票规则下，养老保险体系的规模会随着老年人占比和收入差距的扩大而扩大。

6.2 基于政治经济学模型的实证研究

基于政治经济学分析框架的实证研究通常采用跨国数据的比较，试图验证影响各国养老保险差异的原因是否符合投票模型所得到的政治均衡。在养老保险规模的度量上，跨国比较一般采用宏观指标，即养老保险收入和支出占GDP的比重，将各国在缴费率或替代率等方面的差异综合用宏观指标反映。

有学者采用包括发达国家和不发达国家在内的40个国家在1978—1982年和

1988—1992年间的数据检验政治均衡的结果。采用一国养老保险支出占GNP的比重、养老保险支出占财政支出的比重、养老保险收入占GNP的比重和养老保险收入占财政收入的比重四个指标反映一国养老保险规模，用65岁以上人口比例反映老年人口占比，用最高的5%收入的人的收入占比反映收入差距。通过回归结果发现，老年人口占比、收入差距、人均收入和工业化程度这四个变量的差异可以解释各国养老保险规模差异的59%—74%，而且老年人口占比提高对养老保险规模有显著的正向影响，一国的收入差距越大，养老保险规模越大。①

利用更长时期的跨国数据也有类似的发现。养老保险规模的调整可能是一个缓慢的过程，根据较长时期的数据可以看到这一调整所接近的理想水平。用20个OECD国家1960年、1970年、1980年、1990年四个年份的数据，部分原因是这些国家在民主程序和工业化程度方面类似，他们发现一国中位数（中间投票人）年龄越大，其养老保险支出占GNP的比例越高。人均养老保险金也会随中间投票人年龄的增加而增加，不过这个关系的显著性不够强，说明养老金支出的增加更多是因为老年人口占比增加导致。同时，他们也发现了很强的时间趋势，即随着时间的推移，养老保险规模趋于扩大。②

不过，有研究指出，人口老龄化对社会保障规模的影响并不是单调的，一国会自我约束其社会保障的规模。根据OECD国家1960—1981年的情况，有研究发现，人口老龄化与一国社会保障占GDP比重呈显著的正相关关系，但人口老龄化这个变量的二次项和GDP之间的关系却是负相关的，说明各国社会保障水平并不会随人口老龄化的加深而一直提高，实证发现社会保障规模的扩大受到制约。该研究用65岁以上人口占20—64岁人口的比重度量人口老龄化程度，随着人口老龄化程度的加深，社会保障支出占GDP的比重开始下降，这一拐点是22.4%，有12个国家在1976年之前就已经达到这一拐点。该研究结果表明，政府在社会保障方面的支出有上限，随着成本的增加，社会保障规模不会再扩大。③

此外，研究也发现其他一些与理论相符的结果，如一国经济发展水平越高或经济增长率越高，养老保险规模越大；一国实际利率水平越高，养老保险规模越小。另外，选民的投票率也是各国社会保障规模占GDP比重存在差异的主要原因之一。

6.3 养老保险改革建议

有关改革措施的建议可分为两类，一类是"改良主义"的，主张在现有制度的基

---

① See Tabellini, G., A Positive Theory of Social Security, *Scandinavian Journal of Economics* 102, 2000, (3), pp.523-545.
② See Breyer, F. and B. Craig, Voting on Social Security: Evidence from OECD Countries, *European Journal of Political Economy*, 1997, (13), pp.705-724.
③ See Lindert, P. H., What Limits Social Spending?, *Explorations in Economic History*, 1996, (33), pp.1-34.

础上进行改革；另一类是"激进改革"，即主张根本性的改革，要求从现收现付制转向私人管理和投资的完全积累制。

"改良主义"希望通过降低养老金发放水平，增收养老保险税，推迟退休年龄，通过移民或扩大养老保险覆盖面保持养老保险体系的财政均衡。"改良主义"以戴蒙德（Peter Diamond）、奥斯泽格（Orszag）和斯蒂格利茨（Stiglitz）等为代表。[①]

"激进主义"主张由现收现付制向完全积累制转轨。"激进主义"的理论代表有费尔德斯坦（Martin Feldstein）和萨姆维克（Samwick）、科特里科夫（Kotlikoff）等人。[②] "激进主义"认为，和现收现付制相比，私人管理的完全基金制可以提高一个经济的总储蓄水平，可以获得远高于劳动力增长率和工资增长率之和的资本回报率，可以减少劳动供给扭曲，从而提高经济效率，因此进行根本性的彻底改革是合理有效的。

"改良主义"者（即"改良派"）对"激进主义"者（即"激进派"）的主要论点提出了全面的质疑和反驳。首先，他们对完全基金制实行后能够增加一个经济的总储蓄水平并促进经济增长表示怀疑；其次，改良派认为，即使向完全基金制的转轨能够提高经济的总储蓄水平进而增加人均资本量，但由于资本边际报酬率递减和资本市场不完善等因素的存在，个人退休账户中的资金很难获得如激进派所宣称的那么高的投资回报率；最后，即使基金制下的回报率比现收现付制下的回报率更高，但是巨大的转轨成本的消化却会损及转轨一代和（或者）其后若干代人的福利状况，所以转轨也不是一个帕累托改进。由于向完全基金制的转轨并不能解决现有体制存在的问题，并且有可能引起诸如收入分配差距扩大和风险分摊功能不足等新问题，因此改良派认为对现有体制进行适度的调整更为可取。

世界银行综合两派理论，提出了折中的多支柱模式。

人口老龄化给现收现付制的养老保险体系造成越来越沉重的负担，改革养老保险体系势在必行。世界银行在1994年出版了《防止老龄危机：保护老年人及促进增长的政策》一书，具体提出了三支柱养老保险体系的改革思路。本书对包括我国在内的一些国家的养老保险体系改革带来深远的影响。世界银行首先指出现收现付制养老保险体系存在的不足之处：

（1）人口老龄化下不断提高的养老保险缴费率会影响劳动力需求，可能会导致失业。

[①] See Diamond, P., The Economics of Social Security Reform, *NBER Working Paper*, 1998, (6719); Orszag, J. M. *et al.*, The Impact of Individual Accounts: Piecemeal vs. Comprehensive Approaches, Discussion Paper in Economics-birkbeck College, 1999.

[②] See M. Feldstein, Transition to a Fully Funded Pension System: Five Economic Issues, *NBER Working Paper*, 1997, (6149); Feldstein, M. and A. Samwick, The Economics of Prefunding Social Security and Medicare Benefits, *NBER Working Paper*, 1997, (6055); Murphy, K. M., and F. Welch, Perspectives on the Social Security Crisis and Proposed Solutions, *The American Economic Review*, 1998, 88 (2), pp. 142-150.

（2）较高的养老保险缴费率可能导致许多居民选择到非正规就业部门就业，而非正规就业部门的生产率往往较低。

（3）有提前退休的激励，尤其是受教育水平较高的劳动力提前退休，造成劳动力资源损失。

（4）公共资源的不合理配置：稀缺的税收资源过多地配置在养老支出上，而没有配置在诸如教育、健康和基础设施建设等方面。

（5）减少了长期储蓄。

（6）隐性债务（implicit debt，含义见后文）的快速增长，有可能导致现在的财政体系面临清偿危机。

为了解决世界养老保险体系面临的这些普遍问题，世界银行提出了三支柱养老保险体系改革蓝图。三支柱养老保险体系包括：第一支柱实行强制性的由政府税收融资的现收现付制，其目的主要是实现收入再分配；第二支柱采用强制储蓄的形式，养老账户的资金管理采用个人账户的形式，并由资产管理公司进行投资与经营，其主要目的是实现储蓄；第三支柱是自愿性的，是前两个支柱的补充，主要采取商业保险与企业年金的形式，其目的是向老年时有更多消费需求的人提供补充养老保险。

第一支柱实际上是以往现收现付制的延续，但是在改革后，养老保险体系中的现收现付制部分将变得更小，其功能集中于收入再分配及向老年人提供一个社会保护网络，尤其是那些低收入的老年人。第二支柱与传统的养老保险体制不同，它将受益的大小与个人的缴费密切相联，因而是一种"确定缴费制"的形式；它的资金循环方式是基金制的，并且其资金由相互竞争的私人资产管理公司负责投资与经营。本质上来说，该支柱的养老保险主要解决的是储蓄问题。第三支柱主要起到补充的作用。

三支柱养老保险改革方案的实质在于第二支柱的引入。建立完全基金制的第二支柱的主要原因在于：第一，有助于降低政府的财政压力。在现收现付制下，政府倾向于提高当代老年人的福利而忽略未来维持同样福利水平的成本，基金制则避免了未来为维持过高的福利水平而征收过高的税收。第二，有助于提高储蓄率。基金制有助于提高储蓄率，从而促进经济增长。第三，确定缴费制将受益水平与缴费的多少紧密相联，减少了劳动市场的扭曲。第四，养老保险基金的私人管理减少了在投资决策中政治要素的干扰，有助于产生更加有效的资本配置并获得较高的收益率，而且有利于各国（尤其是中等收入国家）发展其资本市场。

我国根据世界银行的建议，于1997年提出了三个支柱的改革方案。新的养老保险制度包含三个支柱：一是社会统筹的部分，用于最低保障和社会再分配；二是个人账户部分；三是自愿的补充养老保险部分。具体见6.6节关于中国养老保险体系的介绍。

专栏 一些国家养老保险改革方案

从1981年起,有近40个国家实施了公共养老金的系统改革。依据具体改革模式的不同,将这些改革分成三类:

(1) 参数改革:将筹资模式保持在现收现付制的基础上,调节养老金的给付模式和其他一些制度参数;

(2) 辅助性系统改革:增补式地采用少许强制缴费的缴费确定型积累制元素,从而辅助现收现付制养老金;

(3) 深层次系统改革:把现存的现收现付制全部或部分转换为强制缴费的"个人账户制"。

表 6-1 发展中国家深层次改革时间表

发展中国家:深层次系统改革					发展中国家:深层次系统改革					
拉丁美洲国家 (n=14)	改革年份	老年人养老金覆盖率(%)	数据获得年份	青年人养老金覆盖率(%)	数据获得年份	中东欧国家 (n=14)	改革年份	老年人养老金覆盖率(%)	数据获得年份	青年人养老金覆盖率(%)	数据获得年份
智利	1981	55	2009	60	2010	匈牙利[d]	1998	130	2008	92	2008
秘鲁	1993	29	2008	22	2009	波兰	1999	98	2009	81	2008
阿根廷	1994	76	2007	42	2010	拉脱维亚	2001	119	2009	93	2009
哥伦比亚	1994	26	2009	31	2010	保加利亚	2002	126	2008	79	2008
乌拉圭	1996	17	2008	78	2009	克罗地亚[d]	2002	76	2010	83	2010
玻利维亚	1997	33	2007	12	2009	爱沙尼亚	2002	128	2009	94	2004
墨西哥	1997	18	2008	27	2009	科索沃	2002	—	—	—	—
萨尔瓦多	1998	20	2009	25	2010	俄罗斯	2003	155	2007	67	2007
哥斯达黎加	2000	21	2009	56	2010	立陶宛	2004	112	2009	99	2009
尼加拉瓜[b]	2000	19	2008	22	2008	斯洛伐克	2005	162	2008	79	2003
厄瓜多尔[b]	2001	21	2004	26	2007	马其顿	2006	63	2009	53	2009
巴拿马[a]	2002	45	2009	—	—	罗马尼亚[d]	2008	102	2009	68	2008
多米尼加	2003	14	2000	26	2010	乌克兰[b]	2013	142	2010	65	2010
巴西[a]	2013	92	2008	55	2010	捷克[b]	2013	135	2007	95	2007

发展中国家:深层次系统改革					发达国家:辅助性系统改革					
亚、太、非国家 (n=8)	改革年份	老年人养老金覆盖率(%)	数据获得年份	青年人养老金覆盖率(%)	数据获得年份	欧洲国家 (n=2)	改革年份	老年人养老金覆盖率(%)	数据获得年份	青年人养老金覆盖率(%)	数据获得年份
哈萨克斯	1998	148	2009	63	2009	瑞典	1999	116	2006	89	2005
中国[c]	1997	84	2010	27	2010	英国	2012	118.8	2010	93	2005
印度[a]	2004	18	2010	10	2006						
文莱	2010	—	—	66	2005						
亚美尼亚	2013	92	2008	32	2008						
尼日利亚	2005	—	—	8	2006						
加纳	2010	12	2010	8	2010						
马拉维[b]	2013	—	—	—	—						

注:(1) 上标"a"表示改革针对的是公共部门职工;上标"b"表示改革已经被立法通过,但还未实施;上标"c"表示最初中国打算让私人公司运营资金;上标"d"表示未考虑零支柱养老金的中东欧国家。(2) 埃及和库腊索岛尽管通过了系统改革方案,但在样本期还未实施,所以未考虑在内。(3) 青年人养老金覆盖率是指参保的缴费者以及即使没有缴费但是在退休后也将享受养老金权利的那部分非退休人员的总和占全部劳动力的比重。(4) 老年人养老金的覆盖率是指领取公共养老金的老年人占全部65岁以上老年人口的比重。这个数值有时超过100%,因为有些是早退休的年轻的养老金领取者。

参数改革是一种不改变养老金制度的筹资模式，是在现收现付制的框架内变动各种参数，从而获得养老金财政平衡的改革模式。其改革内容包括：提高缴费率、降低给付水平、推迟标准退休年龄、奖励晚退休、限制早退休、强化养老金给付与缴费之间的关联等。

所有养老金的私有化改革都可以称为系统改革。根据积累制的性质和这个国家整体养老金结构的不同，可以进一步区分两种不同性质的系统改革：辅助性的和深层次的。表6-1给出了各国养老金系统改革的情况。在辅助性改革中，采用强制缴费的积累制，但不导致原有现收现付制公共养老金的大规模锐减。自20世纪80年代以来，只有两个发达国家采用了这项改革。在一些其他发达国家，积累制的采用只局限在职业年金范围内，属于私人性质的养老金。因此，发达国家采用的第二支柱称为"辅助性改革"。

深层次系统改革是把现收现付制的公共养老金全部或部分替换为强制缴费的缴费确定型（个人账户型）积累制养老金。这个改革模式主要效仿智利。深层次改革的意图是把积累制作为保障老年人收入的基础，现收现付制将起到很小的作用。我们看到有36个发展中国家都不同程度地实施了这项改革，但是没有一个发达国家采用这种模式。

资料来源：Wang, X., Williamson, J. B., M. Cansoy, Developing Countries and Systemic Pension Reforms: Reflections on Some Emerging Problems, *International Social Security Review*, 2016, 69（2），pp. 85-106.

6.4 对养老保险改革的反思

在世界银行的帮助下，一些国家将养老保险体系从公共部门管理的收益确定型养老系统转向由私人部门管理的"确定缴费制"，建立起具有个人账户的第二支柱（以下统一称为"个人账户制"），以应对人口老龄化下公共养老保险系统面临的筹资能力不足和收支缺口不断扩大等问题。养老金方面的问题不仅对一国财政稳定性构成威胁，挤出在教育、健康和基础设施方面的投资，而且还对经济稳定性造成负面影响。

然而，世界银行提出的养老保险体系改革建议具有局限性，将"现收现付制"转变为"个人账户制"的理论基础本身还存在很大争议。曾经担任世界银行首席经济学家的斯蒂格利茨提出了关于养老金改革的十大虚构的神话。[1]

我们结合斯蒂格利茨的观点，从基金运营、劳动力供给和宏观影响三个方面对养老保险转轨依据的理论基础的合理性进行分析。

---

[1] See Stiglitz, J., Rethinking Pension Reform: Ten Myths about Social Security, *Discussion Papers*, 2000, (1).

6.4.1 基金运营方面

现收现付制下基金收益率逐步下降属于正常收敛过程,在考虑运营成本和转型成本后个人账户制收益率未必高于现收现付制,且个人账户制也会面临资产管理腐败和政府兜底问题。

首先,在收益率方面现收现付制不存在所谓的"内在缺陷"。在公共养老体系建立初期,受益人收益率非常高,因为他们缴费水平低。例如,美国在建立之初,最早的受益人享受到的实际收益率达到40%。随着现收现付制日益成熟,收益率逐渐收敛到劳动力增长率和生产效率之和,这就体现为传统的公共养老体系收益率下降,但这并非说明该体系存在内在缺陷。此外,单纯看绝对收益率并不能说明问题,还需要考虑市场上其他产品的收益以及风险调整问题。

其次,个人账户制收益率未必高于现收现付制。在动态有效且没有风险资产的经济体下,真实利率会超过经济增长率,此时个人账户制下个人账户的利率收入会超过现收现付制下养老保险的收益率。然而,这没有考虑两个重要因素:管理成本和转轨成本。在个人账户制下,金融服务供应商间的竞争导致广告支出增加,而大量个人账户的存在使得规模经济收益降低,也会使得行政管理成本显著上升。因此,私人账户管理成本更高,在考虑成本后私人账户收益可能低于公共系统。同时,将现收现付制转向个人账户制,仍需要为已经退休的劳动者筹集养老资金。无论是通过借贷还是税收,最后成本也是由劳动者承担。如果将这部分成本计算在内,个人账户的实际收益率还会进一步降低。

最后,个人账户制也会面临资产管理过程中发生腐败和政府兜底问题。在现收现付制下,基金是由政府管理,存在着基金管理不当和腐败的风险,同时会面临政府兜底养老保险问题。个人账户制也会面临这些问题,一方面,私人资产管理公司对私人账户进行投资管理时,即使是在资本市场发达的国家,也需要政府对私人账户进行监管。当监管过程过于复杂和缺乏足够的透明度时,仍然会有腐败或是投资行为不符合规范的风险。另一方面,由于政府对私人账户进行监管,从民众角度看相当于政府提供了收益保障。当私人账户投资失败而出现亏损时,政府就会不可避免地被指责监管不利,民众会向政府寻求援助以弥补亏损。

6.4.2 对劳动力供给的影响方面

在缓解劳动供给扭曲或是提前退休方面,个人账户制未必优于现收现付制。在传统现收现付制下相当于征收了一笔劳动所得税,会减少劳动力供给,但现实比这复杂。首先,风险厌恶的个体,在被征税后,不仅可能会导致他们储蓄更多,而且会增加劳动力供给。其次,已经存在累进个人所得税的情况下,评估养老保险对劳动力供给的影响是一件非常复杂的事。再次,现有文献都在竞争劳动力市场环境下考察社保对劳动力供给的影响,然而在很多发展中国家劳动力市场不满足完全竞争的假设,因此这些结论可能有失偏颇。最后,任何收入再分配都会导致劳动力供给扭曲,但至少会提高低收入福利。

现收现付制会变相鼓励劳动者提前退休，但现实未必如此。一方面，技术快速进步会抵消老年人工作经验的价值，他们会面临生产率下降和工资下降的风险，因此，老年劳动者会通过提前退休领取保险来抵御这种风险，此时并非是养老保险制度诱使劳动者提前退休。另一方面，通过减免老年人工资税收或是调整养老金领取办法，提高其工作和延迟退休的边际收益，在现收现付制下也可以避免过度提前退休问题。

6.4.3 对宏观经济的影响方面

个人账户制未必能提高一国的储蓄水平。在实施"个人账户制"后，劳动者向私人账户缴费，用于支付未来退休后的养老金。但是，劳动者可能会同时降低其他方式储蓄水平，在公共部门储蓄不变的情况下，此时整个国家的储蓄水平并不会改变。

养老保险体系改革是一项极其复杂的系统性工程，各国要因国情选择合适的改革路径或方法，警惕所谓普遍适用的社保改革政策。在评估养老改革可行性时需要注意如下几点：

(1) 区分政策不佳还是执行不力。

(2) 需要考虑政策实施的初始条件，一开始选择 A 政策的效果与后续转向 A 政策的效果是不同的，这其中的转轨成本会带来复杂的问题。

(3) 对不同代的人群有不同的影响，因而需要跨代际分析，兼顾长短期影响。

(4) 养老保险改革评估的落脚点是整个社会的福利，不应仅仅比较收益率，也不应局限于某一类人群的福利。

6.5 转轨成本及分担

从现收现付制向完全积累制改革面临巨大的转轨成本。我们首先介绍隐性债务和转轨成本这两个概念。

6.5.1 隐性债务

养老保险隐性债务是指养老保险体系向当前就业人员和养老保险领取者承诺给予的养老金待遇，等于需要支付给已经退休人员养老金的现值加上当前就业人员已经挣取的养老金待遇现值，是一个存量概念。

隐性债务的大小取决于人口与经济因素，如参保人员的年龄结构、养老保险制度的覆盖面、养老金待遇、退休年龄、替代率和增长指数、贴现率等。世界银行在 1997 年曾经估计过我国养老金改革的隐性债务，如果在 1994 年停止城镇职工养老保险制度，那么由此形成的隐性债务大约为 1994 年 GDP 的 46%—69%。①

---

① 每种估计隐含的假设不同，因而结果仅供参考。

6.5.2 转轨成本

和养老保险隐性债务相关的另一个概念是转轨成本,指某一时刻从一种养老保险体系转换为另一种养老保险体系时造成的融资缺口,是一个流量概念。转轨成本的测算以隐性债务的测算为依据,但二者并不相等,原因在于,第一,因为转轨过程中仍然有对养老保险体系的缴费,用于履行当前的养老保险体系发生的给付责任。第二,转轨过程中会发生新的给付责任。

改革带来的转轨成本可以通过哪些方式取得资金的来源?即如何为转轨成本融资?首先可以牺牲一部分已经退休或即将退休的人的利益,比如推迟退休的年龄或减少退休后的养老金等。这些方法可以减少对退休的人的支付金额,减少转轨成本,但容易遭到参保人的反对。第二种方法是提高工作一代的缴费率,但这同样不受欢迎。第三种是通过发行债券或增加税收。接下来,我们将使用一个叠代模型重点介绍政府通过发行债券这种方式为转轨成本融资,以及对福利的影响。

在一个叠代模型中,劳动者存活两期,年轻时工作收入分为消费、储蓄和养老保险税三部分,老年依靠储蓄和养老金生活。假设在 $t=0$ 期,政府决定进行养老保险体系改革,将现收现付制转向基金制。在转轨当期,青年人无需再缴纳养老保险税 T_0,而是向个人账户储蓄 T_0;转轨后,各代个人账户储蓄额的增速等于经济增速,这和现收现付制下缴纳养老保险税相同。但政府仍需要负担该期老年人的隐性养老金债务 T_0,则政府需要发行记名债券 T_0 来给付,债券购买资金来源于个人账户中的 T_0,并且债券收益率为 r。每期个人需要缴纳新的税收,以支付记名债券的利息 rT_0。如果第 0 期的青年人除了个人账户的储蓄以外,其他个人储蓄不变,政府债务的增加抵消了私人储蓄的增加,从而该期的社会总储蓄不变。

转轨以后各代的福利变化如何?我们将借助表 6-2,使用社会消费总额贴现值进行分析。从表 6-2 可以看出,在现收现付制下,每期青年人缴纳的养老税等于支付给当期老年人的养老金,并且增速等于经济增长率 γ,整个社会的消费总额并未因此而发生变化。

在 $t=0$ 期,将现收现付制转变为基金制,当期青年人个人账户储蓄为 T_0,因政府通过发行债券的方式将这笔钱支付给当期已退休的老年人,所有改革对已经退休的人的福利没有影响。

在 $t=1$ 期,因为资本收益率为 ρ,老年人可以领取的养老金数量为 $T_0(1+r)$,青年人需要向个人账户储蓄 $T_0(1+\gamma)$,同时社会还需要支付债务利率 ρT_0,此时整个社会消费变动为 $T_0(1+r)-T_0(1+\gamma)-rT_0=-\gamma T_0$,所以在 $t=1$ 期整个社会消费会下降。

在 $t=2$ 期,老年人可以领取的养老金数量为 $T_0(1+r)(1+\gamma)$,青年人需要向个人账户储蓄 $T_0(1+\gamma)^2$,同时社会仍需要支付债务利率 rT_0,此时,整个社会消费变动也是养老金数量减去个人账户储蓄,再减去债务利率,等于 $[(1+\gamma)(r-\gamma)-r]T_0$。在动态有效经济中,资本收益率 r 大于经济增长率 γ,所以在 $t=2$ 期整个社会消费额上升了。

假设消费的主观贴现率为 ρ，通过归纳法可以得到转轨改革的净福利变化的现值为：

$$PVG = \sum (\rho r - \gamma)(1+\gamma)^{t-1} T_0 (1+\rho)^{-t} - \sum r T_0 (1+\rho)^{-t}$$

即

$$PVG = \left[\frac{r-\gamma}{\rho-\gamma} - \frac{r}{\delta}\right] T_0$$

表 6-2 转轨各代的支付和收益

时期	$T=0$	$T=1$	$T=2$	$T=3$
现收现付制				
养老金收益（老年人）	$+T_0$	$+T_0(1+\gamma)$	$+T_0(1+\gamma)^2$	$+T_0(1+\gamma)^3$
养老金贡献（青年人）	$-T_0$	$-T_0(1+\gamma)$	$-T_0(1+\gamma)^2$	$-T_0(1+\gamma)^3$
净收支	0	0	0	0
基金制				
养老金收益（老年人）	$+T_0$	$+T_0(1+r)$	$+T_0(1+r)(1+\gamma)$	$+T_0(1+r)(1+\gamma)^2$
养老金贡献（青年人）	$-T_0$	$-T_0(1+\gamma)$	$-T_0(1+\gamma)^2$	$-T_0(1+\gamma)^3$
记名债券利息	0	$-rT_0$	$-rT_0$	$-rT_0$
净收支	0	$-\gamma T_0$	$[(1+\gamma)(r-\gamma)-r]T_0$	$[(1+\gamma)^2(r-\gamma)-r]T_0$

注：γ 为经济增长率。
资料来源：Feldstein, M. and J. B. Liebman, Social Security, *NBER Working Paper*, 2001, (8451)。

从上式可以发现，要使转轨提高各代的福利必须满足以下三个条件：

$$r > \gamma, \quad 且\ r > \rho, \quad 且\ \gamma > 0$$

其中，$r > \gamma$，表示资本收益率高于原来现收现付制下养老金收益率，也表示资本边际产出大于经济增速，这是经济动态有效的必要条件；$r > \rho$，表示经济中的资本存量小于经济福利最大化水平的资本存量；$\gamma > 0$，表示经济增速大于 0。

如果 $\gamma = 0$，那么各代由收益较低的现收现付制转向收益较高的基金制得到的收益完全由负担记名债券的利息的额外税收所抵消，转轨前后个人的福利没有变化。但是在 $\gamma = 0$ 时，养老保险体制从现收现付制转向基金制仍有可能提高社会福利，关键就在于要提高社会储蓄率水平。

6.6 中国养老保险制度改革

我国已经建立起多层次养老保险体系：第一层次由社会养老保险项目构成，包括强制参加的企业职工基本养老保险和机关事业单位养老保险、自愿参加的城镇居民养老保险和新型农村养老保险。第二层次是由雇主提供的年金计划。作为社会养老保险制度的补充，由雇主自愿提供。第三层次为家庭储蓄。

截至 2017 年年底，参与第一层次社会养老保险制度的人数超过 9.15 亿（占总人口的 65.8%），社会养老保险支出总额为 40320 亿元人民币，约占当年我国 GDP 的 5%。与第一层次的广泛覆盖相比，第二层次的覆盖范围十分有限。在 2017 年，仅有约 8 万家公司（不到我国所有公司数量的 1%）向 2330 万名员工提供由雇主缴费的年金计划。① 第三层次仍处于起步阶段。

6.6.1 中国多层次养老保险体系

6.6.1.1 社会养老保险制度

截至 2015 年，该体系由四个养老保险制度构成，如表 6-3 所示，前两个制度分别针对企业和政府部门的就业人员；后两个制度适用于城市地区和农村的非就业人员。

表 6-3 各项养老保险制度比较

项目	城镇职工基本养老保险		机关事业单位养老保险	城乡居民养老保险	
				城镇居民养老保险	新型农村养老保险
建立时间	1951 年；现行制度安排：1997 年和 2005 年		1953 年；现行制度安排：1978 年和 2015 年	2011 年	2009 年
参保人	各类城镇就业人员		机关事业单位人员（2015 年之前进入工作岗位）	16 岁以上城镇非从业居民	16 岁以上农村居民
缴费水平	统筹账户：工资总额的 20% 左右（依各城市情况而定）；由雇主缴纳	个人账户：缴费工资的 8%，有上限与下限，在当地平均工资的 60%—300% 之间；由职工缴纳	无需缴费	个人缴费，缴费档次可选择；有财政补贴；全部进入个人账户	同左。但缴费档次设定不同
待遇水平	基础养老金：至少缴满 15 年，工作 35 年的基础养老金替代率为 35%	对于工资为平均水平，工作 35 年的雇员，替代率为 59.2%，其中 35% 来自基础养老金，24.2% 来自个人账户养老金	平均替代率为个人退休前工资的 70%—90%	基础养老金 + 个人账户养老金	同左
是否强制	强制		强制	自愿	自愿

资料来源：笔者根据国务院的相关文件整理。

---

① 数据来源：人力资源与社会保障部。

2014年年初，国务院宣布将城镇居民养老保险和新型农村养老保险合并为统一的城乡居民养老保险。2015年，机关事业单位养老保险并入城镇职工基本养老保险，因此城镇职工基本养老保险成为所有城镇职工的统一养老保险制度。截至2017年年底，城镇职工基本养老保险的参与人数为4.029亿，其中约3700万是公共部门雇员。城乡居民养老保险的参与人数为5.126亿。

（1）城镇职工基本养老保险：于1951年建立，旨在为城市员工提供养老保障，并在1997年改革成多支柱养老保险体系。城镇职工养老保险的第一支柱为现收现付制，缴费年限达15年及以上的员工才有资格获取养老金。养老金的支付年限决定了替代率（养老金占退休前工资的百分比）。2005年，人力资源和社会保障部提出了59.2%的目标替代率，即对于工资为社会平均工资、缴费年限为35年的退休人员退休第一年的替代率为，统筹账户35%，个人账户24.2%。① 城镇职工基本养老保险制度的退休年龄为女工人50岁，女干部55岁，男性60岁。

（2）机关事业单位养老保险：建立于1953年。机关事业单位人员分为两类，第一类是公务员，第二类是国有部门的工作人员。公务员和事业单位养老保险的支出费用包括在中央和地方政府的财政预算内。机关事业单位人员的平均退休金替代率为退休前工资的80%—90%。该制度在2015年年初已经并入城镇职工基本养老保险制度，这意味着机关事业单位人员的缴费和受益规则将转换为城镇职工基本养老保险规则。这两种制度之间存在过渡安排。对于2015年改革前退休的人，他们的养老金待遇规则保持不变。对于2015年后进入公共部门的机关事业单位人员，适用城镇职工基本养老保险规则。对于那些已经参与机关事业单位但到2015年还未退休的人，由于在改革之前没有对账户进行缴费，因此有个人账户融资的过渡安排。机关事业单位养老保险制度的退休年龄为女性55岁，男性60岁。

（3）新型农村居民养老保险和城镇居民养老保险：新型农村居民养老保险建立于2009年，并覆盖所有农村居民。城镇居民养老保险建立于2011年，覆盖范围为城市未工作的居民。关于养老保险缴费水平，地区间存在差异，且有财政补贴。养老金待遇由两部分组成：基本养老金和个人账户养老金。已缴养老金15年（及以上）且年龄达到60周岁的参保者每月可领取55元的基本养老金。对于中西部省份，基本养老金完全由中央政府支付。在东部省份，中央政府与当地政府各自承担一半的基本养老金。依据当地经济情况和财政需求，当地政府可自行提高基本养老金待遇。就国家的平均水平而言，新农村居民养老保险的替代率为农民人均纯收入的20%。2014年年初，国务院宣布这两种情形将合并成一个统一的居民养老保险。城镇居民养老保险制度和新型农村居民养老保险制度所规定的男性和女性退休年龄均为

---

① 替代率达到退休时社会平均工资的59.2%。

60 岁。

2010 年颁布的《社会保险法》规定，农民工有权与城镇职工得到相同的待遇。然而，雇主与外来劳动力并没有严格遵守该政策，外来劳动力参保比例大约为 20%。

6.6.1.2 企业年金和职业年金

企业年金于 1991 年推出。虽然企业年金发展很快，但就参保人数、提供企业年金的企业数量和养老金资产而言，它仍然是一个欠发达的市场。截至 2017 年，企业年金的参保人数为 2330 万，仅占城镇职工基本养老保险参保人数的 5.8%；提供企业年金的企业数量为 80.4 万，约占企业总数的 0.35%。截至 2017 年年底，企业年金总资产约为 12.88 亿元人民币，约占 GDP 的 1.5%。

提供企业年金计划的企业是大型国有企业（SOE），或者是垄断企业（如铁路、电力和通信行业）。大多数雇主都负担不起，也没有动力提供企业年金计划。立法和监管在企业年金计划的制订中发挥着重要作用。2004 年，中央政府发布了关于企业年金体系和养老保险基金管理的两项法规。但是，直到 2014 年才提供有利的税收优惠政策。自 2014 年起，雇主和雇员的缴费和投资回报均免征所得税。

作为 2015 年机关事业单位人员养老保险改革的一部分，公共部门的雇主必须提供职业年金以补充福利。雇主缴费标准为员工工资的 8%，雇员缴费标准为员工工资的 4%，这些缴费可以享受税收优惠。职业年金与企业年金的不同之处在于，公务员职业年金的个人账户采用名义账户，一些自筹资金的事业单位职业年金的个人账户则采用实帐。职业年金的实施仍处于初始阶段，几乎没有披露任何相关信息。

6.6.1.3 商业养老保险

目前，我国有 69 家保险公司通过各种产品开展商业年金业务。年金保险增长迅速，在 2001 年到 2014 年期间，年均增长率为 16.9%。2014 年，年金保险收入为 2822 亿元人民币（同比增长 77.2%）。

2018 年 6 月，个人税收递延型养老保险（下称"税延养老保险"）产品在上海、福建和苏州工业园区开展试点。投保人在税前列支保费，在领取保险金时再缴纳税款。但是，税收减免仅限于应纳税所得额的 6% 或 12000 元人民币，以较低者为准。同时，还有年金的税收优惠，年金金额的 25% 免征所得税。

图 6-1 比较了不同类型养老保险的参与者数量和养老金总数。城乡居民养老保险覆盖的人数最多，城镇职工基本养老保险提供的养老金数额最大。

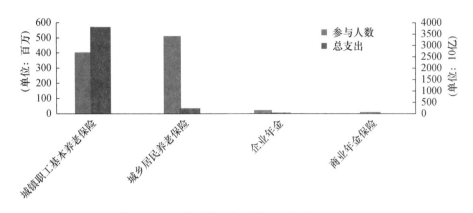

图 6-1 不同类型养老保险的参与人数和总支出

注：城镇职工基本养老保险、城乡居民养老保险、企业年金为 2017 年年度数据，商业年金保险为 2016 年年度数据。

数据来源：中国保险行业协会发布的《2017 年中国保险业发展年报》。

6.6.2 中国社会养老保险体系的发展

我国社会养老保险制度建设经历了四个阶段：① 第一阶段是 1950 年到 20 世纪 80 年代初，形成和实施了以国有和集体所有制单位为基础的劳动保险制度。② 1951 年 2 月，我国颁布了第一个社会保险方面的管理规定，即《劳动保险条例》，涵盖养老、医疗、工伤、生育四项保险，主要覆盖国有企业和部分集体所有制企业职工。在养老保险方面，由国家规定基本统一的养老保险待遇，由企业负责养老保险的发放，企业的盈亏则由国家负责。

第二阶段为 20 世纪 80 年代中期到 20 世纪 90 年代中期，这一阶段是企业职工养老保险社会化的过程。随着经济体制改革和国有企业改革的进行，原有以企业为单位的社会保险制度导致不同所有制企业养老负担不均，阻碍了公平竞争和劳动力流动，社会保险基金开始实施社会化管理，从以企业为统筹单位走向社会统筹，并不断扩大统筹范围。

第三阶段为 20 世纪 90 年代中期到 2008 年，这一阶段主要是对城镇职工基本养老保险的制度框架进行重构，建立了统账结合的养老保险制度，以应对人口老龄化对

---

① 关于我国养老保险制度的历史演变参见袁志刚、封进、葛劲峰、陈沁：《养老保险经济学》，中信出版社 2005 年版。

② 1951 年，当时的"政务院"公布了《劳动保险条例》，在全国范围内凡有职工百人以上的国营、公私合营、私营和合作社营的企业中实行。1956 年前后，国家对个体手工业和私营工商业的社会主义改造基本完成后，在全部国有企业中实行了《劳动保险条例》；一些规模较大、经济条件较好的集体所有制企业也都实行或参照实行该条例。1952 年，国际劳工组织（ILO）通过了《社会保障最低标准公约》，这是一个非约束性的国际公约，标志着社会保障制度已成为全球化的事业，尤其是众多发展中国家在此阶段开始建立自己的社会保障体系。

基金平衡的压力和减轻财政负担。1997年，国务院建立了企业职工统一的养老保险制度，走向现收现付制和个人账户相结合的部分基金制。2005年，进一步完善企业职工基本养老保险制度，同时扩大养老保险的覆盖面，将非国有企业纳入养老保险体系，覆盖城镇除机关事业单位之外的职工。① 城镇养老保险参保职工占城镇就业人员的比重从2000年的45%增长到2010年的56%。

第四阶段是2009年以来，建立了居民养老保险，加大了财政补贴。为填补广大农村居民在养老保险方面的空白，2009年推出新型农村社会养老保险制度，以覆盖16周岁以上农村居民。② 2011年推出城镇居民社会养老保险制度，覆盖城镇不符合职工基本养老保险参保条件的城镇非从业居民。③ 2014年2月，国务院常务会议决定合并新型农村社会养老保险和城镇居民社会养老保险，建立全国统一的城乡居民基本养老保险制度。

6.6.2.1 覆盖率和赡养率

近几十年来，城镇职工基本养老保险制度的覆盖范围一直在稳步扩大（见图6-2）。在2000—2017年间，参保职工占城镇就业人数的比例从45.1%增加到68.7%。

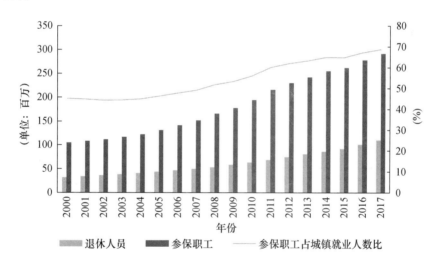

图6-2　2000—2017年城镇职工基本养老保险的参保情况
数据来源：笔者根据人力资源和社会保障部的相关数据整理。

城镇职工基本养老保险的赡养率从1990年的18.6%上升到2010年的32.5%，2017年为37.7%，即从5.4名在职工人赡养1名退休人员减少到不到3名在职工人赡养1名退休人员。赡养率发生巨大变化的主要原因是我国人口年龄分布的变化。赡养率（老年人口/劳动年龄人口）随着时间的推移而上升（见图6-3）。

---

① 参见《国务院关于建立统一的企业职工基本养老保险制度的决定》（国发〔1997〕26号）。
② 参见《国务院关于开展新型农村社会养老保险试点的指导意见》（国发〔2009〕32号）。
③ 参见《国务院关于开展城镇居民社会养老保险试点的指导意见》（国发〔2011〕18号）。

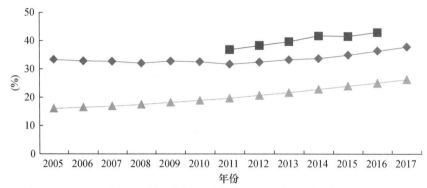

图 6-3 养老保险体系的赡养率和人口结构变化

数据来源：各年《中国统计年鉴》。

6.6.2.2 缴费和收益

我国城镇职工基本养老保险的缴费率处于世界最高水平，甚至高于瑞典、美国和法国（见表 6-4）。

表 6-4 各国养老保险雇主和雇员缴费率比较（%）

国家	雇主缴费率	雇员缴费率	合计
加拿大	5.0	5.0	9.9
法国	6.8	9.9	16.7
德国	10.0	10.0	19.9
瑞典	7.0	11.9	18.9
英国	11.0	12.8	23.8
美国	6.2	6.2	12.4
日本	7.7	7.7	15.4
韩国	4.5	4.5	9.0
匈牙利	1.5	24.0	25.5
捷克	6.5	21.5	28.0
智利	—	18.8	18.8
巴西	7.7	20.0	27.7
中国	20.0	8.0	28.0

数据来源：World Bank HDNSP Pensions Database。

我国于 2011 年实施《社会保险法》，自此民营企业在职工社保缴费方面的合规性有所提高。但是，社会保险和住房公积金的企业缴费率超过工资总额的 40%。为减轻企业负担，2016 年，国务院决定降低雇主的缴费率。对于城镇职工基本养老保险，如果当地缴费率高于20%，则应降至20%。对于那些缴费率为20%且养老保险基金余额能够负担起9个月支出的省份，缴费率可以降低1个百分点至19%。

在20世纪90年代中期改革之前，养老金待遇很高，大约是工人退休前工资的75%—90%。20世纪90年代后期的改革降低了企业工人，特别是年轻工人的养老金替代率。根据改革框架，那些在1997年之前退休的人（老人）仍然执行最初的现收现付制度，那些在1997年或之后进入劳动力市场的人（新人）执行新的三支柱养老金制度，那些1997年之前开始工作、退休或将在1997年退休的人执行一个过渡计划，该计划逐渐降低不同群体间的替代比例。经过2005年的另一次改革，一名工作35年并获得当地平均工资的工人，他的目标替代率（退休后的第一年养老金福利/当地平均工资）为59.2%。

平均而言，我国每位养老金领取者的养老金福利占社会平均工资的百分比，即平均替代率，在过去10年中持续下降（见图6-4）。这是不同群体的工资差异以及工资和养老金待遇增长率不同造成的综合结果。

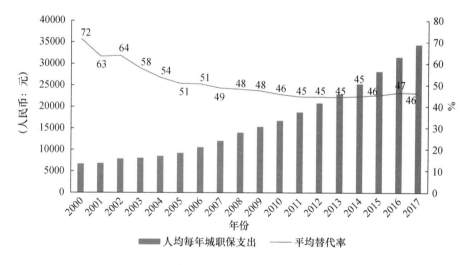

图6-4　人均每年城职保支出和平均替代率

数据来源：养老保险数据来源于人力资源和社会保障部；工资数据来源于各年《中国统计年鉴》。

6.6.2.3　收入、支出和财政补贴

城镇职工基本养老保险基金多年来一直保持年度盈余（见图6-5）。养老保险基金产生盈余的主要原因是覆盖面稳定扩大，即参保职工人数的增加远远超过退休人员人数的增加。此外，城镇职工基本养老保险中还包含财政补贴，2015年的财政补贴占总收入的16.7%（见图6-6）。如果将财政补贴从养老保险基金收入中扣除，那么很多省份养老保险基金当年就已经入不敷出。

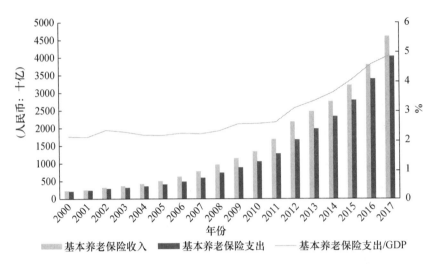

图 6-5 城镇职工基本养老保险的收入与支出

数据来源：养老保险数据来源于人力资源和社会保障部；GDP 数据来源于各年《中国统计年鉴》。

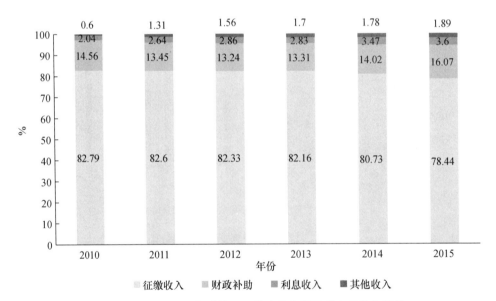

图 6-6 2010—2015 年城镇职工基本养老保险基金总收入结构

数据来源：中国社会科学院发布的《中国养老金发展报告 2016》。

在城乡居民养老保险方面，截至 2017 年年底，基金收入为 3304 亿元人民币，其中约 25% 来自个人缴费，其余来自国家和地方政府的补助；总支出为 2372 亿元人民币。对于推出这一制度时已经到达领取年龄的，养老金支出完全来自财政补贴。在未来，当更多的居民开始领取养老金时，个人账户中的盈余将会逐渐被消耗。

6.6.2.4 名义账户

城镇职工基本养老保险的个人账户设计初衷为采用完全基金制。然而，一些省份账户资金被用于支付当期老人的养老金，形成空账，个人账户实际上变为名义账户。造成这一结果的原因是 1997 年建立多支柱体系的社会养老保险制度改革带来的转型成本。改革初期，政府试图采用两种方式为转型成本融资。一种方法是保留现收现付制这一支柱，同时养老保险缴费率中的约 7 个百分点用来为转型成本融资。另一种方法是扩大养老金覆盖面，并从年轻工人的个人账户中借款。2016 年，名义个人账户累计达到 3.6 万亿元人民币。①

2013 年，我国城镇职工养老保险制度放弃了完全基金制的个人账户，开始采用名义账户模式。地方政府每年应用于个人账户的利率根据当地平均工资增长率、银行存款利率和养老保险基金投资率来确定。在 2016 年之前，大多数省份的名义利率低于 4%。2016 年，人力资源和社会保障部发布了统一利率，高达 8.31%。

6.6.3 中国养老保险体系目前面临的问题

6.6.3.1 可持续性问题

与许多国家类似，我国的养老保险体系不面对劳动力日渐减少和人口迅速老龄化的挑战。由于快速老龄化，我国 65 岁以上人口所占比例在 2010 年至 2030 年间将翻一番。对社会养老保险体系的财政补贴在 2017 年达到 8000 亿人民币，约占 GDP 的 1%，若不进行改革，财政补贴还需增加。

我们模拟了未来城镇职工养老保险基金的平衡情况。模拟下有几个假设，在情形 1 中，假设：(1) 城市化率在 2030 年将达到 70%；(2) 城镇职工基本养老保险的缴费规定、待遇领取规则和退休年龄保持不变，征缴率可达 100%；（3）指数化规则为，退休后的待遇随着实际工资增长率和未来通货膨胀率二者平均水平的提高而提高；(4) 工资和 GDP 的增长率根据世界银行的预测，② 其中 2011—2015 年的 GDP 年增长率为 8.6%，2016—2020 年为 7.0%，2021—2025 年为 5.9%，2026—2035 年为 5%；(5) 覆盖面保持不变，即城镇劳动力参保率为 80%，农民工参保率为 20%。

在情形 2 中，改变假设 (5)，从 2010 年到 2050 年，农民工的参保率逐渐扩大到 60%。其他假设同情形 1。

情形 1 的结果表明，养老金领取者的数量随着时间的推移而增加，而缴费者的数量在下降。到 2030 年，年度赤字占 GDP 的百分比为 2.15%，累计赤字将占 GDP 的 23.37%。很明显，城镇职工基本养老保险的现有安排是不可持续的。同时，我们假设征缴率为 100%，因而这是一个十分保守的估计。

在情形 2 中，提高覆盖率可以改善城镇职工基本养老保险财务上的潜在赤字状况。年度赤字占 GDP 的比重将在 2030 年降至 1.11%，累计赤字占 GDP 的比重将降至 2.86%。可见，扩大城镇职工基本养老保险的覆盖面可在一定程度上减缓养老保险体系的基金压力。

---

① 参见刘燕斌主编：《中国劳动保障发展报告（2016）》，社会科学文献出版社 2016 年版。

② See The World Bank, China 2030: Building a Maodern, Harmonious, and Creative Society.

表 6-5　城镇职工养老保险体系未来财政支出的模拟结果①

	2020	2025	2030	2035
情形 1				
年度赤字在当前 GDP 中所占的比重	－0.40%	－1.25%	－2.15%	－2.60%
累计赤字在当前 GDP 中所占的比重	1.77%	－2.27%	－11.17%	－23.37%
情形 2				
年度赤字在当前 GDP 中所占的比重	－0.08%	－0.61%	－1.11%	－1.09%
累计赤字在当前 GDP 中所占的比重	3.19%	1.68%	－2.86%	－8.38%

注：政策规则保持不变。在情形 1 中，城镇雇员参保率为 80%，农民工参保率为 20%。在情形 2 中，从 2010 年到 2050 年，农民工的参保率逐渐扩大到 60%。

对于城乡居民养老保险，由于初始养老金给付相当低（低于家庭人均收入水平的 20%），因此该计划并未给地方政府带来沉重的公共财政负担。我国的城乡居民养老保险更多地依赖于政府的特别支持而不是健全的精算原则。现阶段，基金收入与支出之间的平衡尚未引起重视。

6.6.3.2　参与激励问题

在我国，逃避社保缴费是一种普遍现象。2015 年，70% 的公司社保缴费低于政策规定的水平。②

我国的社保缴费率高于大多数国家。雇主的社会保险缴费率为 29%—35%（城镇职工基本养老保险：20%；医疗保险：6%—12%；失业保险：2%；工伤保险：0.5%；生育保险：0.5%）。雇员自己的社保缴费率为 11%（城镇职工基本养老保险：8%；医疗保险：2%；失业保险：1%），职工缴费基准的下限为平均工资的 60%，上限为平均工资的 3 倍。雇主可以通过很多方式来逃避社保缴费，如未将雇用的员工作为正式员工在地方政府部门注册；将雇用的员工作为临时员工或家庭成员；推迟社保缴费；少报缴费工资等。

一些员工也不愿意参加社保。一方面，低收入群体就业不稳定，因此未来是否能够获得保险给付资格存在很大的不确定性。另一方面，青年人对当前消费有很高的需求，而高缴费率降低了他们的消费水平。

对于逃避社保缴费的行为，地方政府不会采用严厉的措施来惩罚缴费拖欠。地方政府通常关注与经济增长相关的目标，并采取优惠政策来减少雇主的税收和缴费负担。因此，地方政府也有动机放松监管。③

---

① 关于人口模拟和劳动参与的测算详见 Jin, F. and Qin Chen, Public Pension System and Fiscal Policy Response in China, Asher, M. G. and Fauziah Zen, *Age Related Pension Expenditure and Fiscal Space: Modelling technique and case studies from East Asia*. New York: Routledge, 2016。

② 参见郑秉文主编：《中国养老金发展报告 2016——"第二支柱"年金制度全面深化改革》，经济管理出版社 2016 年版。

③ 参见封进：《中国城镇职工社会保险制度参与激励》，载《经济研究》2013 年第 7 期，第 104—117 页；封进、张馨月、张涛：《经济全球化会导致社会保险水平下降吗？——基于中国省际差异的分析》，载《世界经济》2010 年第 11 期，第 37—53 页。

城乡居民养老保险制度对参与有积极和消极两方面的激励。显然，大量的财政补贴会产生积极的激励。那些已经60岁的人在该制度设立时可以自动获得基本养老金给付资格而无需支付任何保费。但是，养老保险账户中的个人缴费缺乏足够的回报则会产生负面的激励。这是影响青年人参与该计划的意愿的最重要因素。目前，该基金的回报率据称是一年期存款的利率。虽然非常安全，但如此低的回报率实际上意味着在退休时个人账户余额将会很少，从而削弱对居民的参与激励。因此，参与者的目的只是为了获得基本养老金的领取资格，从而倾向于选择最低缴费标准和最短缴费期。

这种负向激励的现象得到了使用微观数据的实证研究的验证。有研究利用CHARLS（China health and retirement longitudinal studies）2011年数据，发现个人更喜欢较短的参与期，并选择最低的缴费水平。参与率存在年龄梯度，所有年龄组的参与率普遍较低，并且通常随年龄增长而增加。关于新型农村养老保险的大量调查发现了类似的证据，表明城乡居民养老保险的参与者年龄仅从45岁开始，因为可以有15年的缴费年限从而满足养老金的领取资格。[①]

6.6.3.3 地区差异和不平等问题

我国社会养老保险由地方政府管理，大多数省份只在市级或者县级统筹。虽然中央政府制定养老保险的缴费和受益规则，但实际缴费率在不同地区存在差异。由于不同地区之间的工资水平高低不同，地区间参保人数和待遇领取人数也存在巨大差异。在有些省份，人口年龄结构相对年轻，养老保险体系中的职退比（职工人数与退休人数比）也就比较高。例如，广东省约有9名在职工人赡养1名退休人员。统计数据显示，诸如北京、福建、山东等东部地区的人口结构也比其他省份更为有利。尽管有大量年轻劳动力涌入，但是由于预期寿命延长，上海的人口老龄化仍然处于较高水平。

2009年12月29日，国务院办公厅转发了人力资源和社会保障部、财政部发布的《城镇企业职工基本养老保险关系转移接续暂行办法》，规定自2010年1月1日起，包括农民工在内的所有参加城镇企业职工基本养老保险的人员，其基本养老保险关系可在跨省就业时随同转移，在转移个人账户储存额的同时，还转移12%的统筹基金（单位缴费）。但这一政策在现实中操作性不强，真正实现转移接续的案例很少。

6.6.3.4 养老金充足性问题

城镇职工基本养老保险与城乡居民养老保险在养老金受益方面存在巨大差距。例如，2017年，城镇职工基本养老保险的月平均养老金约为2870元，而城乡居民养老保险仅为127元左右，低于城镇职工基本养老保险养老金的5%。值得注意的是，两个系统的受益无法比较，因为城镇职工基本养老保险的缴费要高得多。但是，城乡居民养老保险的充足性仍是一个问题。城乡居民养老保险提供的待遇水平大约为当地人均消费的10%—25%，待遇水平的提高受到个人缴费水平和财政补贴能力的制约，因地区而异。

---

① See Lei, X., Zhang, C. and Y. Zhao, Incentive Problems in China's New Rural Pension Program, *Research in Labor Economics*, 2014, (37), pp. 181-201.

成年子女仍然是老年照料和经济支持的最重要来源,但新型农村养老保险已成为中国农村地区传统养老模式的重要补充。研究表明,新农保使得老人更有可能独立生活,居住模式发生了变化。此外,在经济支持和非正式照料方面,参与者对子女的依赖程度较低。还有研究评估了城乡居民养老保险对家庭转移支付的影响。研究表明,城乡居民养老保险对家庭转移支付产生了一定程度的挤出效应。[①]

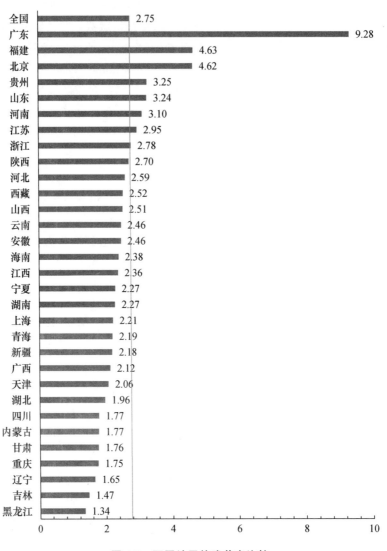

图6-7 不同地区的赡养率比较

数据来源:人力资源和社会保障部。

---

① 参见 Chen, X., Eggleston, K., & A. Sun, The Impact of Social Pensions on Intergenerational Relationships: Comparative Evidence from China, *Journal of the Economics of Ageing*, 2017;程令国、张晔、刘志彪:《"新农保"改变了中国农村居民的养老模式吗?》,载《经济研究》2013年第8期,第42—54页;陈华帅、曾毅:《"新农保"使谁受益:老人还是子女?》,载《经济研究》2013年第8期,第55—67页。

6.6.3.5 财政风险问题

随着老龄化的持续,财政对城镇职工基本养老保险和城乡居民养老保险的补贴将日益增加。在过去几十年中,对城镇职工基本养老保险的补贴在总财政支出中的份额保持在2%,而社会保险支出在总财政支出中的份额约为10%。未来中央和地方财政收入不可避免地成为养老保险体系融资的主要来源之一。

人们越来越担心我国的财政风险,尤其是涉及近年来地方政府的或有负债。[①] 经济增长速度放缓、人口老龄化和金融抑制这些因素使人们相信维持可观的财政状况的条件将难以满足。[②] 我国是新兴市场中公共部门负债最多的国家之一,而且可能超过巴西(这是四大新兴市场(文献)中债务占GDP比率最高的国家之一)。当经济增长放缓时,或有负债所带来的风险将对财政体系的可持续性构成挑战。[③]

表 6-6 2015—2017 年中国政府债务(占 GDP 百分比)

债务种类	2015	2016	2017
中央政府负债	15.47	16.15	16.29
地方政府负债	21.42	20.65	19.96
中国铁路总公司总负债	5.94	6.34	6.03
政府总负债	42.83	43.14	42.28

数据来源:中国财政部、国家审计局官方数据和 Wind 数据库。

6.6.4 未来的改革

6.6.4.1 探寻更多养老保险体系的融资途径

(1)中国社会保障基金(national social security fund,NSSF,简称"社保基金")

社保基金成立于2000年,作为应对未来养老金需求的战略储备基金。该基金的资金来源有四种渠道:中央政府划拨;国有企业出售股份后获得的资金与股本,国有企业需要向国家社保基金提供首次公开募股收益的10%;由国务院批准的其他渠道,如国家彩票许可费用与证券回购收益;投资收益。国家社保基金的投资收益剧增。截止到2017年年底,其资产达到22231.24亿元人民币,其中基金自成立以来的年均投资收益率为8.44%,累计投资收益额为10073.99亿元。另外,财政性拨入全国社保基金的资金和股份累计为8557.80亿元,两者约各占一半。

社保基金的投资范围较广,包括银行储蓄(不低于总资产的10%)、国库债券(不低于50%)、商业债券(不高于10%)、金融债券(不高于10%)、证券投资(不

[①] 或有负债(contingent liability)是指因过去的交易或事项可能导致未来所发生的事件而产生的潜在负债。一般而言,或有负债的支付与否视未来的不确定事项是否发生而定。

[②] See Kawai, M., & P. J. Morgan, Long-term Issues for Fiscal Sustainability in Emerging Asia, Asian Development Bank Institute, 2013.

[③] 如果增长放缓,那么不良贷款和其他负债可能会增加。当它们增加到导致金融危机的程度时,政府可能不得不向金融部门注入资金。

高于40%）和股票（不高于40%），还包括国外风险投资基金和其他金融工具。在2001年至2012年间，国家社保基金的年利润率高于8%，远高于4%的通货膨胀率。但国家社保基金几乎将40%的资产投资于我国股票市场，因此投资收益的波动与国内股票市场息息相关（见表6-7）。① 现在，国家社保基金开始投资私人股本、外国股本、新兴股票市场和欧洲股票市场。

表6-7 社保基金和投资回报率（%）

	2005	2006	2007	2008	2009	2010	2011	2012	2013	2014	2015	2016	2017
社保基金（10亿）	195	272	414	480	693	781	773	893	991	1241	1508	1604	1830
投资回报率（%）	3.12	9.34	38.93	−6.79	16.12	4.23	0.84	7.01	6.20	11.69	15.19	1.73	9.68

资料来源：全国社会保障基金理事会发布的基金年度报告。

（2）国有企业上缴红利

截至2017年年末，我国国有企业净资产总额为52万亿元。② 国有企业利润占国内生产总值的百分比从2008年的3.7%下降为2017年的3.5%。在20世纪90年代至21世纪初，国有企业无需支付股息，这有利于企业保持较低的运作成本并成为有力的市场竞争者。但同时，这种做法也减少了政府收益，而这些收益本可以用于养老保险、教育以及其他社会公共服务。2007年，国务院开始强制要求国有企业上缴红利（资源型企业按净利润的10%上缴，一般竞争类企业按净利润的5%上缴，军工企业、转制科研院所等暂缓3年上缴）。2011年，上缴比例进一步提升，央企按收取比例具体分为四类：前三类分别上缴税后利润的15%、10%、5%，第四类免缴利润。2012年，中国烟草总公司税后利润上缴比例从15%上升至20%，单独成为一类。2014年，央企红利上缴比例再次提高5个百分点。国有独资企业税后利润上缴比例在现有基础上提高5个百分点，即：第一类企业为25%；第二类企业为20%；第三类企业为15%；第四类企业为10%；第五类企业免缴。2016年，国有企业的利润总额为23157.8亿元，其中只有2167.49亿元（约占净收益的9.4%）以国有资本收益形式上缴至中央和地方政府。

在美国，国有企业需要上缴50%至60%的红利。丹麦、挪威、芬兰和瑞典的国有企业需上缴33%至67%的红利。在香港上市的我国企业所上缴的红利平均占到23%。因此，国务院制定的上缴比例除中国烟草总公司外均低于我国企业向香港股东所支付的股息率。根据《中共中央、国务院关于深化国有企业改革的指导意见》，国有资本收益上缴公共财政比例2020年提高到30%，更多用于保障和改善民生。

---

① 近几年，投资收益相对较高，国家社保基金的经常费用也较高，约为挪威主权养老水平的3倍，爱尔兰主权养老水平的1.5倍。

② 这里所称国有企业，包括中央管理企业、中央部门和单位所属企业以及36个省（自治区、直辖市、计划单列市）的地方国有及国有控股企业，不含国有金融类企业。

我国将通过增加央企和地方企业的数量逐步提升国有企业的股息率。国有企业的股息被视为我国社保的主要资金来源。国有企业的股息管理方式也急需进一步改革。过去，这些资金并不包括在用于公共支出的总预算中。现在，财政部已经将收取股息纳入国有资本经营预算的范围内。

6.6.4.2　延长退休年龄

我国基本养老保险制度的退休年龄，女性为 50—55 岁，男性为 60 岁，是比较早的，最少缴费年限为 15 年。法定退休年龄影响到参保人一生所能领取的养老金总额和所缴纳的养老保险费总额，显然，法定退休年龄越早，养老金总额越高，养老保险费总额越少，对参保人越有利。但退休年龄越早，对一国养老保险基金平衡越不利。需要指出的是，法定退休年龄通常指领取全额养老金的年龄，提前退休年龄是指有领取养老金资格的最小年龄。OECD 国家的退休年龄大多在 65 岁以上，除少数国家外，男女退休年龄一样。地区间的比较显示，退休年龄比较早的地区是东亚地区除日本以外的国家，平均要比 OECD 国家低 7—8 岁，在这些国家，女性的退休年龄也早于男性。东欧和中亚国家女性的退休年龄也普遍比男性低 3—5 岁。

从退休年龄看，我国参保人一生领取养老金的时间比较长。延长退休年龄在我国遭到很大的阻力，与我国经济转型和收入分配不平等状况有密切的关系。很大一部分低工资、低职位的职工承受国企改革、养老金改革的成本，延迟退休意味着他们的退休金要下降，迫使他们承担更多的成本。另一方面，由于垄断和权力形成的高收入阶层倾向于延迟退休，在这种情况下，延迟退休政策会加剧收入分配不公的状况。

但是，从长远看，延长退休年龄有其必然性。人口老龄化背景下，各国都在延长退休年龄。美国退休年龄从 62 岁提高到 67 岁。在欧洲国家，将领取养老金的年龄延长到 67 岁已经是普遍的做法。退休年龄对劳动力市场及个人和家庭安排的冲击并不会太大，首先，退休年龄延长是一个缓慢的过程，例如，美国退休年龄从 65 岁延长到 67 岁，是按每年延长 2 个月的速度逐步进行，从 1937 年出生的人开始，到 1960 年出生的人完成，1960 年及之后出生的人才按照 67 岁的年龄领取养老金。其次，推迟退休年龄的同时应适当提高养老待遇。最后，很多国家将领取养老金的年龄和退休年龄这两个概念区分开，规定一个最低的领取养老金年龄，并不要求人们必须退出劳动力市场，退休年龄是用人单位和劳动者之间的双向选择，实际退休年龄因人而异，体现的是劳动力市场上的供求关系。

6.6.4.3　提高生产率

维持养老保险制度的关键在于提高劳动生产率。若生产率提高了，年轻一代创造的财富也足够供养年老一代。随着产出的增加，现收现付制的平衡将不再依靠降低养老金或者提高缴费率。

表 6-8 是世界银行对我国劳动生产率在未来 20 年内的增长情况的预测。这里，劳动生产率是指劳工产值占实际国内生产总值的比例。当劳动生产率与国内生产总值的增长率同时下降时，劳动生产率在 2026 年至 2030 年期间仍有约 5.5% 的增长率。因此，提高劳动生产率有利于增加有效劳动产量和抵消人口老龄化带来的消极影响。

表 6-8　1995—2030 年劳动生产率预测

	1995—2010	2011—2015	2016—2020	2021—2025	2026—2030
GDP 年均增长率(%)	9.9	8.6	7.0	5.9	5.0
劳动力规模增长(%)	0.9	0.3	−0.2	−0.2	−0.4
劳动生产率增长(%)	8.9	8.3	7.1	6.2	5.5
农业劳动占比(%)	38.1	30.0	23.7	18.2	12.5
服务业劳动占比(%)	34.1	42.0	47.6	52.9	59.0

资料来源：世界银行 2012 年发布的数据。

但需要明确的是，劳动生产率的增长依靠以下几个重要因素：一是劳动力的质量。我国劳动力的教育水平正逐步提高。根据 1964 年的人口普查结果，劳动力的平均教育时长为 2.34 年。到 2010 年，该数字上升至 9.07 年。受过高等教育的人口比例从 1995 年的 4.57% 上升至 2010 年的 21.88%。随着人口老龄化的加剧，人力资本投资成为提高劳动生产率的一种有效策略。

二是经济结构。农业领域的劳动生产率低于其他行业，这使得农村劳动力不得不向城镇迁移，农业劳动力越少，服务业和工业的劳动力就越多。用于增强劳动流动性的政策在提高劳动生产率方面有着重要的作用。

附录　养老保险缴费率决定的政治经济学模型

1. 三期的叠代模型

在现收现付制养老保险中，我们假设社会中存在三代人，即年轻群体、中年群体与老年群体。假设人口增长率恒定为 n，工资增长率为 0。则第 t 期的青年人的偏好如式（6-1）所示：

$$u_t = u(c_t) + \left(\frac{1}{1+\rho}\right)u(c_{t+1}) + \left(\frac{1}{1+\rho}\right)^2 u(c_{t+2}) \quad u' > 0, \quad u'' < 0 \tag{6-1}$$

其预算约束如下：

$$c_t + s_t = w_t(1-\tau_t) \tag{6-2}$$

$$c_{t+1} + s_{t+1} = w_{t+1}(1-\tau_{t+1}) + (1+r_{t+1})s_t \tag{6-3}$$

$$c_{t+2} = (1+r_{t+2})s_{t+1} + b_{t+2} \tag{6-4}$$

$$b_{t+2} = \tau_{t+2}w_{t+2}[(1+n)^2 + (1+n)] \tag{6-5}$$

其中，c_t、s_t、w_t、τ_t 分别为 t 期时的消费、储蓄、收入以及养老保险缴费率，b_t 为第 t 期的养老金收益，ρ 为个人主观贴现值。

2. 政府的预算约束

政府支付给老年人的养老金总额不能超过青年人和中年人所缴的养老保险费或税。设 n 为人口增长率，对于每一个老年个体，这里有 $(1+n)$ 个中年人与 $(1+n)^2$

个青年人。当 n 越小时,要保持人均养老金水平不变,就需要提高缴费率。因而,人口增长率会影响个体选择的最优缴费率。

在某一时期,青年人、中年人和老年人选择对他们自己最有利(即效用最大)的养老保险缴费率。假设每个个体去投票决定养老金缴费率 τ,一旦政策通过,该缴费率将永远延续使用。

3. 青年人的选择

青年人的效用函数包括三期,即青年时期的效用,加上中年时期的效用,再加上老年时期效用的贴现值。中年时期和老年时期的效用采用一个贴现率贴现到青年时期,如式(6-1)所示。参加养老保险后,青年人受到三方面影响:

(1)两个时期的当前收入减少。
(2)第三期收入增加。
(3)利率变化。一般均衡的情况下,养老保险引起要素价格变化,如资本减少,利率提高。

以下内容中暂不考虑利率变化这一点,假定利率保持不变。

对于缴费率的选择需要权衡青年时期和中年时期的消费与老年时期的消费,当人口增长率大于利率时,他们选择的缴费率介于 0 到 100% 之间。

在稳态时,即不考虑实际工资增长率,对于年轻群体而言,最大化其福利函数,其预算约束如下:

$$c_t + \frac{c_{t+1}}{1+r} + \frac{c_{t+2}}{(1+r)^2} = w(1-\tau) + \frac{w(1-\tau)}{1+r} + \frac{w\tau[(1+n)+(1+n)^2]}{(1+r)^2}$$
$$= w + \frac{w}{1+r} + \left\{ \frac{[(1+n)(2+n)-(1+r)(2+r)]}{(1+r)^2} \right\} w\tau \quad (6\text{-}6)$$

只有在 $n > r$ 时,式(6-6)右边的预算总额才可能比没有养老保险时大,个人才会选择大于 0 的养老保险缴费率。

4. 中年人的选择

中年人的效用函数只包含中年时期和老年时期两部分,因为青年时期已经结束,青年时期的储蓄已经既定,所缴的费用为沉没成本。中年人的选择过程与青年人一致,他们选择的缴费率介于 0 到 100% 之间。不同的是,他们只有两期的消费需要权衡。因而,他们选择的缴费率会大于青年人。

中年人的效用函数如下:

$$u_t = u(c_{t+1}) + \left(\frac{1}{1+\rho}\right) u(c_{t+2}) \quad u' > 0, \quad u'' < 0 \quad (6\text{-}7)$$

$$c_{t+1} + \frac{c_{t+2}}{1+r} = w(1-\tau) + \frac{w\tau[(1+n)+(1+n)^2]}{1+r}$$
$$= w + \left\{ \frac{[(1+n)(2+n)-(1+r)]}{1+r} \right\} w\tau \quad (6\text{-}8)$$

在 $(1+3n) > r$ 时，式（6-8）右边的预算总额比没有养老保险时大，中年人会选择大于 0 的养老保险缴费率。即使现收现付制养老保险收益率比较低，即 $r>n$ 时，养老保险制度也可能被选择。

5. 老年人的选择

老年人的效用函数只包含老年时期一期。他们是养老金的享受者，并且不再需要缴费，因而会选择一个高的养老保险缴费率。

在多数投票规则下，中年人是中间投票人，中年人的选择决定了投票结果。在人口老龄化社会中，$n<r$ 这一条件很可能是满足的，青年人会投否决票，但中年人和老年人此时是福利增加的，因而会投赞成票，而且理论上缴费率越高，对他们越有利。所以，随着老龄化程度的加深，现收现付制缴费率需要提高时，很容易获得大多数人赞同。

本章总结

- 不同的群体在养老保险制度改革中获得的收益不同，对改革方案有不同的态度。用三期叠代模型可以说明老、中、青三代人对养老保险缴费率的选择。对青年人而言，只有在人口增长率大于资本回报率，即 $n>r$ 时，个人才会选择大于 0 的养老保险缴费率。中年人只包含中年时期和老年时期两部分，他们选择的缴费率会大于青年人。对于老年人而言，他们是养老金的享受者，并且不再需要缴费，因而会选择一个较高的养老保险缴费率。

- 当一个社会低收入者占比越高时，由多数通过的投票原则得到的养老保险缴费或待遇水平就会越高。理论上可以得到，在多数投票规则下，养老保险体系的规模会随着老年人占比和收入差距的扩大而扩大。

- "改良主义"希望通过降低养老金发放水平、增收养老保险税、推迟退休年龄、移民或扩大养老保险覆盖面保持养老保险体系的财政均衡。"激进主义"主张由现收现付制向完全积累制转轨。

- 世界银行提出了三支柱养老保险体系改革蓝图。第一支柱实行强制性的由政府税收融资的现收现付制；第二支柱采用强制储蓄的形式，养老账户的资金管理采用个人账户的形式，并由资产管理公司进行投资与经营；第三支柱是自愿性的，是前两个支柱的补充，主要采取商业保险与企业年金的形式。世界银行提出的养老保险体系改革建议具有局限性，将现收现付制转变为个人账户制的理论基础本身还存在很大争议。

- 养老保险隐性债务是指养老保险体系向当前就业人员和养老保险领取者承诺给予的养老金待遇，等于需要支付给已经退休人员养老金的现值加上当前就业人员已经挣取的养老金待遇现值，是一个存量概念。和养老保险隐性债务相关的另一个概念是转轨成本，指某一时刻从一种养老保险体系转换为另一种养老保险体系时造成的融资缺口，是一个流量概念。转轨成本的测算以隐性债务的测算为依据，但二者并不相等。

讨论题

1. 在人口老龄化背景下，为什么说中年人希望的养老保险缴费率会高于青年人？

2. 当真实利率超过经济增长率时，完全基金制中个人账户的收益会超过现收现付制体系下养老保险的收益，所以改革现收现付制，实行个人账户制会提高社会福利，这样的逻辑正确吗？

3. 有哪些方法可以为养老金改革产生的转轨成本融资？这一过程中是否存在帕累托改善的改革方案？

4. 我国养老保险基金平衡存在较大的地区差异，这其中的主要原因是什么？如何缩小地区差异？

第 7 章

医疗保险需求

医疗保险旨在分担疾病带来的医疗费用。在过去几十年中,世界各国医疗费用均迅速增长,从医疗费用占 GDP 比重看,美国从 2003 年的 15.7% 上涨到 2016 年的 17.9%;英国从 2003 年的 7.8% 上涨到 2016 年的 8.8%;中国从 2003 年的 4.9% 上涨到 2016 年的 6.2%。[①] 若医疗费用由个人自付,很多人将难以承受大额医疗支出,或带来家庭债务,或导致有病不医的情况。医疗费用的另一特征是其发生具有不确定性,并非每个人在同一时期都会发生医疗费用。由此,医疗保险既具有大量的需求,对保险经营方而言也具有可行性。

本章首先介绍医疗保险风险分担原理和医疗保险带来的收益,接着分析影响医疗保险需求的主要因素,之后介绍政府在医疗费用筹资中的作用。

7.1 大数定律与风险分担

我们先从一个例子看医疗保险分担的基本原理。假设有 100 个成员,每年有 1 个成员会生病,需要花费 5000 元,对于这个成员而言,显然是一笔大的开支。成员们担心有一天自己会成为那个生病的人,于是决定每人每年出 50 元,总共 5000 元。如果每年这个群体的医疗支出是 5000 元,那么每人每年 50 元就可以抵御 5000 元的风险。

这个例子说明,保险是根据大数定律的法则运作,通过将数量足够多的人群汇集在一起从而减少每位被保险人支出的不确定性。也就是说,对于保险集团中的任何一个人来说,由于疾病等原因,在健康方面支出的波动幅度很大,但对于整个群体来说,其平均支出可以很明确地预测。大数定律表明,随着这个群体的规模越来越大,对某种特定疾病来说,它在这个群体中的平均发生率将会越来越小,直到几乎为零。

由此,我们可总结采用保险的方式分担风险所需具备的一些条件:

(1)保险项目中需要有足够多数量的被保险人,每个人发生风险的概率相互独立,满足大数定律的要求;

(2)能够确定风险发生造成的损失的金额;

(3)能够度量风险发生的概率;

(4)对被保险人而言是意外损失,不受投保人控制。

---

① 数据来源:https://data.oecd.org/healthres。

7.2 医疗保险中的基本术语

为便于后面的讨论,我们首先介绍医疗保险中的一些常用保险术语,这些术语时常用于商业保险中,有些也同样适用于社会医疗保险。

(1) 保费 (premium):保险人就保险单中规定的保险范围向被保险人收取的金额。

(2) 承保范围 (coverage):当人们购买保险单时,通常会根据该事件发生的一定范围支付一定的保费。

(3) 共保率 (coinsurance rate) 与共付率 (copayment rate):在医疗保险中,保险单要求当风险发生时被保险人通过共同支付和承保人一起承担损失。医疗支出中保险人(即医保)承担的比率称为"共保率",被保险人(即患者)承担的比率称为"共付率"。

(4) 起付线 (deductible):在许多保单中,被保险人以起付线的方式支付一部分医疗费用。其含义是,医疗保险在被保险人支付至起付线以后才生效。

(5) 封顶线 (payment ceiling):超过封顶线费用后,所有费用由保险人或被保险人全部承担。

(6) 纯保费 (pure premium):精算平衡的保费,是风险发生概率与风险损失的预期值。

(7) 附加费用 (premium loadings):保险公司运营中的管理费用,如行政管理、促销、理赔等,以及获取的利润。

7.3 风险规避与医疗保险的效用

人们为什么会对保险有需求?我们从风险带来的效用损失和保险对效用的改善这一角度加以解释。

假设某一事件的发生概率为 p,如果发生的话将导致可预测的损失或支出。这一假设可用于描述某个消费者在各种不确定情况下作出的选择的特征。我们将此一般特征用于医疗保险中。

如果一个事件有 n 种结果,那么该事件带来的损失的期望值可以表示为:

$$E = p_1 R_1 + p_2 R_2 + \cdots + p_n R_n$$

式中,p_i 为结果 i 的概率;R_i 为第 i 种损失;概率 p_i 的和为1。

保险公司收取的保费至少要等于对预期损失的赔付,这种保费和预期损失相等的情况称为"纯保费"。在现实中,保险公司还得支付额外的管理与交易成本以维持收支平衡,因而保费高于纯保费,高出的部分称为"附加保费"。纯保费为讨论保险问题提供了一个基准点。投保人可以通过保险消除收入或支出的不确定性。

从表 7-1 中的例子可见,虽然有保险和无保险时,期望收入一样,但保险减少了收入的不确定性。对于风险规避的人而言，不确定性的减少意味着效用的增加。

表 7-1 不确定性与保险

保险选择	收入（元）	健康的概率	生病的概率	生病的损失（元）	健康时的收入（元）	生病时的收入（元）	期望收入（元）
无保险	50000	0.9	0.1	30000	50000	20000	47000
完全保险（保费3000，支付30000损失）	50000	0.9	0.1	30000	47000	47000	47000

资料来源：〔美〕罗森、盖亚：《财政学》，郭庆旺译，中国人民大学出版社2015年版。

下面通过财富的边际效用说明人们的风险规避倾向以及保险的效用。当一个人对风险不关心时，即无论贫富，增加或损失同样金额的金钱带来的效用增加或下降都是一样的。当一个人属风险规避型时，损失一定金额的负效用大于赢得同样金额的正效用。这就说明，当他的收入较低时，额外1元的效用高于收入较高时增加1元的额外效用。额外1元的效用称为财富的边际效用。

图 7-1 解释了保险对效用的影响。假设小明的财富为 W_1 元，这一数量的财富能带来 U_1 的效用水平，并使他有能力购买一些基本的生活必需品。这时他处于 A 点。若他的财富增加到 $2W_1$ 元，他的效用的增长幅度会小于财富的增长幅度，U_2 会小于 2 倍的 U_1。也就是说，财富的边际效用是递减的。凹的效用函数表明随着财富的增加，效用函数的斜率会逐渐降低，从而财富的边际效用递减。

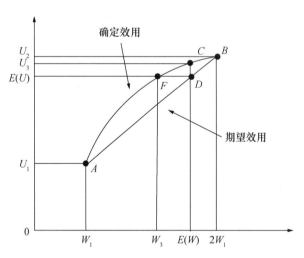

图 7-1 保险对效用的影响

因为财富边际效用递减，故效用函数上所有处于 U_1 与 U_2 之间的点不会都位于一条直线上。假设小明的财富增加到 $2W_1$ 元，但他有 p 的概率生病，生病会导致他的财富下降到 W_1 元。那么，他的期望财富 $E(W)$ 为：

$E(W)=$（健康的概率）×（健康时的财富）＋（生病的概率）×（生病时的财富）

期望效用 $E(U)$ 为两种状态下效用的加权平均：

$E(U)=$（健康的概率）×（健康时的效用）＋（生病的概率）×（生病时的效用）

由于存在生病的风险，小明的期望效用为 $E(U)$。从几何角度可以发现，$E(U)$、U_1、U_2 在一条直线上，但是因为效用函数凸向 X 轴，故 $E(W)$ 的财富所对应的效用 U_3 大于 $E(U)$。由于不确定性的存在，导致 $(U_3-E(U))$ 个单位的效用损失。

购买保险的情况下：

假设小明有能力购买一张年成本为 $(2W_1-E(W))$ 元的保险单，这样无论在任何健康状况下，他都能确保其财富。也就是说，如果健康的话，他的财富为 $E(W)$；患病的话，他能得到 W_1 的赔偿，财富仍为 $E(W)$。

当他的净财富为 $E(W)$ 时，确定效用为 U_3，也就是如果参加保险，小明会得到确定的财富而不是面临风险，这将增加其效用，从而会选择投保。

实际上，根据图形，可以计算出小明愿意投保的最大值，将效用函数沿着西南方向向下平移至 $E(U)$，$2W_1$ 与此时 $E(U)$ 所对应的财富水平 W_3 的差，为小明购买保险愿意支付保费的最大值。

以上分析说明了保险的作用，具体有以下几点含义：

（1）只有在财富或收入的边际效用递减，也就是消费者不愿意承担风险的前提下才可能出现对保险的需求。如果边际效用不变，消费者为保险而支付纯保费，那么与未拥有保险相比，支付纯保费并不能提高他们的福利状况。

（2）期望效用是效用在不同情况下的均值，并不是消费者实际得到的效用。实际上，消费者如果没投保，他将承担风险。此时，消费者面对不确定性，可能得到 $2W_1$ 的财富，也有可能得到 W_1 的财富。而拥有保险则将其财富固定在 $E(W)$ 处。因为无论消费者生病还是不生病，其最终财富均将为 $E(W)$。

（3）即使保险公司定的保费高于纯保费，只要投保所获得的期望财富的效用高于不参加保险的期望效用，人们依然会购买保险，风险的减少会增加人们的福利。

（4）保险的购买意愿与效用曲线和期望效用曲线之间的距离有关，这个距离也体现了人们的风险规避程度，风险规避程度越大，人们愿意支付的附加保费越高（见图 7-2）。

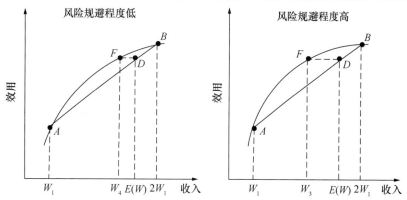

图 7-2 风险规避倾向的差异

> **专栏** 效用函数的性质与风险规避
>
> 我们定义消费者的效用函数是，假定 $u(x)$ 关于 x 是凹的，即效用函数具有凹性：$u'(x)>0, u''(x)<0$。也即消费者效用随着消费的增加而增加，但增加的速度随着消费的增加而递减。效用函数的凹性具有经济学含义，表示人们对于风险的态度是厌恶的，即"风险规避"（risk-averse）。
>
> 在收入为 10000 元时，假定效用水平是 10；在收入为 20000 元时，假定效用水平为 16。收入可能是 10000 元，也可能为 20000 元，即存在着不确定性，有不确定性就会有风险。如果这两种各有 1/2 的可能性，则期望效用水平为：
>
> $$\frac{1}{2}u(10) + \frac{1}{2}u(20) = \frac{1}{2} \times 10 + \frac{1}{2} \times 16 = 13$$
>
> 但如果该消费者知道他可以万无一失地获得 $\frac{1}{2} \times 10 + \frac{1}{2} \times 20 = 15000$ 元收入时，其效用水平会达到图 7-1 中的 D 点，而 D 点显然高于 C 点。这说明，在该消费者看来，$u\left(\frac{1}{2} \times 10 + \frac{1}{2} \times 20\right) > \frac{1}{2} u(10) + \frac{1}{2} u(20)$。一个确定的收入 15000 元所带来的效用要比不确定的两种结果所带来的效用水平高。这说明，风险会带来效用损失，他会规避风险。

7.4 影响医疗保险需求的因素

当一个消费者是风险规避型的，他就可以从保险购买中获得效用。接下来需要我们考虑的是，哪些因素影响了消费者购买保险的数量。此处采用文字和图形说明其中的主要影响因素。具体的推导见本章附录。

一个消费者具有一定的财富或收入，有一定的概率生病，生病后会产生医疗支出，给他带来损失。通过图 7-1 可知，保险可以提高他的效用，他通过购买保险支付这一费用损失。他购买的保险数量是最大化自身的期望效用的结果，这一最优的保险购买数量即是保险需求。这一需求水平可以用购买保险的边际效用和边际成本相等解释（见图 7-3）。边际效用是购买保险后带来的效用增加，随着购买保险数量的增加，效用增加，但边际效用递减（直线 MB_1）。边际成本为保费支出，假设单位保险数量的价格保持不变（直线 MC_1）。

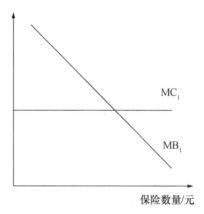

图 7-3　最优保险数量

保险需求受到出险概率、出险后的损失、保费水平、财富水平等因素影响，下面是对这些因素的比较静态分析。

7.4.1　出险概率

在其他条件不变时，出险概率上升，对保险的需求也会上升。这是因为出险概率增加使得期望的财富水平下降，相同数量的保险带来的期望财富的边际效用增加，边际效用曲线向右平移至 MB_2，购买保险的边际效用增加，如图 7-4 所示。而此时保费不变，边际成本线不变，仍旧为 MC_1。均衡后的保险购买量大于初始时的保险购买量，从而表明其他因素不变的情况下，出险概率的增加将会导致保险需求量增加。

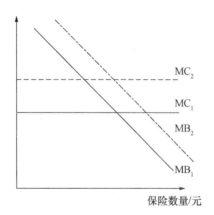

图 7-4　最优保险数量的变化

7.4.2　出险后的损失

在其他条件不变时，出险后损失上升，对保险的需求也会上升。背后的原因与出险概率上升类似。此时购买保险的边际效用曲线向右平移至 MB_3，而边际成本不变。

7.4.3 保费水平

在其他条件不变时,保费上升,购买保险的边际成本上升至 MC_2,对保险的需求下降,从而均衡时的保险需求量相对于初始时的保险需求量下降,表明其他因素不变的情况下,保费的提高将会降低保险的需求。

7.4.4 财富水平

在其他因素不变的情况下,如果保费是精算公平的保费,财富水平并不会影响人们对保险的需求。但在现实中,财富水平的增加,将会使得个人特别是富人群体的医疗消费增加,从而导致出险后的损失上升,进而增加对医疗保险的需求。

7.4.5 其他因素

医疗设施的可及性也会影响保险的购买,当医疗服务可及性较差时,医疗服务利用率较低,制约了医疗消费,由此会使得保险需求下降。

雇主提供的福利政策也在一定程度上影响个人购买保险的选择,比如,保险的团体购买价格低于个人购买价格,雇主愿意为雇员投保,此时个人购买保险的需求下降。

7.5 医疗筹资模式

医疗保险是分担医疗费用的主要模式,即是医疗筹资的模式之一,但并非所有国家都采用医疗保险的形式支付医疗费用。下面介绍各国采用的主要医疗筹资模式。①

由于政府的介入和医疗保险的发展,医疗筹资的渠道也就呈现多元化格局,存在税收、社会保险、商业保险、个人支出、个人医疗账户等多种渠道。医疗筹资可以是多种渠道的组合,在不同的国家有不同的模式。各种筹资渠道的主要特点归纳如下:

7.5.1 税收

政府从税收收入中对医疗服务进行支付,其优点在于资金来源多样化且比较可靠。政府预算可以在医疗和其他领域之间进行调节,资金来源也比较灵活,但这一点也正是其缺点,医疗预算容易受到政治的影响。为克服一般税收的缺点,也有的国家采用医疗专项税收的渠道为医疗筹资,这一做法可以使得税收收入的用途更加明确透明,容易被大众所接受。但由于其税收的性质,税收收入仍然和其他来源的收入混合在一起,即使明确了医疗税收,其收入也并不一定完全用在医疗方面。

税收可分为直接税和间接税,直接税指个人、家庭、企业的所得税,间接税指商品和服务的交易税,如消费税、增值税、进出口税等。税收还可以分为地方税和国

---

① 关于医疗保险中的市场失灵和政府干预的理由将在后面章节中讨论。

税。在欧洲，英国主要采用直接税为医疗筹资，但英国和比利时也将部分香烟的消费税用于支付医疗支出；丹麦、芬兰、挪威和瑞典等北欧国家的医疗资金主要来源于地方税。

7.5.2 社会医疗保险

一般而言，社会保险有两个典型特征：一是被保险人需要缴纳一定的费用，社会保险费和健康风险无关，但和收入有关，由雇主和雇员分担保险费；二是由政府强制实行，形成专门的保险基金用于支付医疗费用。

社会医疗保险具有普遍性。各国社会保险覆盖面的发展基本上有一个大致相同的过程，最初社会保险是和就业相联系，首先在城市的雇员中推广，再逐步扩大到其他人口，如自我雇佣的人口、非就业人口和农村人口。即使是社会保险比较发达的欧洲国家，医疗保险覆盖绝大多数人口也是最近十多年发生的变化。

一个国家可以存在多种社会医疗保险计划。在有些国家，不同地区、不同职业，社会保险计划可能是不同的，被保险人根据自己的情况参加不同的社会保险计划。比如在法国、奥地利、卢森堡等国家，社会保险计划根据职业有所不同，如分为体力劳动者、白领工人、自我雇佣者、政府雇员、农业人员等，各个计划之间是非竞争性的。在德国，社会保险计划之间则存在竞争性，到 2000 年经过合并后还有 420 个保险基金，类似的国家还有比利时、荷兰和瑞士，比利时有 100 种基金，荷兰也有约 30 种。可选择的基金能够提高保险基金竞争性，理论上看可以提高效率、降低费率，但同时也带来比较多的管理问题，政府需要决定多长时间可以选择一次，一般规定是几个月到一年不等。

社会医疗保险的缴费和补偿有不同的规定。社会保险以工资收入为基础缴费，由雇主和雇员分担，但通常缴费工资有一个上限，超过的部分不需缴费。缴费费率由政府确定，也可能由保险基金决定。

社会医疗保险的存在并不排除其他筹资渠道。医保基金主要来源于缴费，但政府也会补贴。政府通过社会保险计划补贴穷人，免除一些人的缴费。政府也会通过税收渠道为医疗费用筹资，以补贴健康状况比较差的人。例如，在社会保险主导的欧洲国家，奥地利和瑞士政府会支付大部分的住院费用，社会保险只支付其中的一小部分。法国政府在社会保险基金出现赤字时，补贴低收入者和农村居民的医疗支出。因此，衡量医疗筹资在多大程度上依赖于社会保险需要将缴费和支出两个方面综合起来考虑，即保险基金中来源于保险缴费的比例和医疗支出中由社会保险支付的比例。按此计算，欧洲国家中只有德国和荷兰超过 60% 的医疗费用由社会保险缴费支付，奥地利和卢森堡这一比例大约是 50%，比利时不超过 40%。

虽然通过社会保险和一般税收筹资有类似之处，但仍然有实质性的差异。首先，采用社会保险的形式下，资金的筹集和使用目的十分明确，资金的运行过程比较透明。其次，在社会保险作为医疗服务支付方式时，病人的医疗支出和其缴费紧密相联，和保险基金之间有明确的合约关系，对医疗费用的补偿有明确的规定，对病人的约束比采用税收筹资更强。最后，由于社会保险基金主要来源于缴费，而不是政府预算，因此采用社会保险筹资受政治和其他政策的影响比较小。就人们的意愿而言，人们更愿意缴纳用途明确的社会保险税，而非一般税收。将社会保险和其他税收分开，也比较容易调整社会保险的费率，人们更愿意为获得更多的医疗服务付费。采用一般税收形式时，不能保证人们所缴纳的税收用于医疗支出。

社会保险在世界范围内的运行可以说是比较成功的，它使得人们可以获得基本的、稳定的、可靠的医疗服务。但也面临诸多问题，例如，如何应对医疗费用不断上涨，如何提高基金的收入，如何和医疗服务的供给方签订合同购买其服务等。

7.5.3 商业医疗保险

商业医疗保险与社会医疗保险的关系可能是替代性的，也可能是互补性的。对于那些未被社会医疗保险覆盖的人，商业医疗保险是一种选择，这时二者显然是相互替代的关系。在很多情况下，二者之间是互补的关系，社会医疗保险覆盖基本的医疗服务，如果个体希望保险能够覆盖某些高质量的医疗服务，则可以购买商业保险。互补性的商业保险一般覆盖了社会医疗保险未覆盖的服务，商业保险的费率与其承担的风险相关，与个人发生风险的概率和损失成正比，与收入没有直接的关系，因而对于收入较低的人，商业保险的保费相对较高。商业保险的存在满足了人们医疗需求的多样性，可以覆盖条件更好的服务、缩短就医等待时间等。

7.5.4 个人医疗账户

在医疗消费中采用个人账户的模式有悖于风险分担原则，因而有诸多争议。但现实中依然存在这样的筹资方式，比如新加坡、中国、美国等。个人医疗账户是个人向账户缴纳一定比例的收入，账户中的资金用于支付医疗费用。新加坡的个人医疗账户同时还有大病医疗保险作为补充，政府也会为穷人补充账户资金；美国的医疗储蓄账户也必须配合以医疗保险。中国的医疗账户主要用于支付门诊费用，住院费用则需要采用统筹账户模式。所以事实上，医疗账户是一种混合筹资模式。如果没有其他保险的存在，仅依靠个人医疗账户是难以抵御健康风险的。引入医疗账户的主要目的是减轻道德风险，防止过度消费。采用个人账户的模式时，消费者有明确的资金约束，因而会对价格和费用更加敏感。

7.5.5 个人支出

个人支出包括所有消费者自己支付的医疗费用。一般社会保险不会覆盖全部的费用，商业保险也不能覆盖全部的费用，因此，有一部分医疗费用仍需要个人自己支付。但现代社会中，医疗费用不应该完全由个人支付，医疗消费是一项具有很强风险分担性质的消费，个人的能力（包括家庭成员或个人的社会关系网所提供的援助）和面对的风险是很难匹配的。

医疗筹资通常通过上述几种筹资渠道共同进行，以一种或几种渠道为主。总体而言,各国医疗筹资的安排有以下几种:第一种类型是以英国为代表的政府参与模式,即政府在医疗服务提供和医疗筹资领域全面参与,政府支出占卫生总费用的比例高达80%。英国模式代表了一个极端,这种筹资模式有较高的政府干预度,但效率偏低,造成服务质量下降和住院看病等待时间过长。第二种类型是以日本和德国为代表的筹资结构,其特点是社会医疗保险占主要地位,分别占两国卫生总费用的84%左右。第三种类型是以美国为代表的医疗筹资结构,其特点在于政府预算、社会保险和私人保险都发挥了一定的作用,美国政府干预主要体现在为弱势群体建立医疗保障,包括医疗照顾(medicare)和医疗救助(medicaid)两大类。美国模式相比英国模式是另一极端,政府干预低于英国,医疗费用也是发达国家中最高的。第四种类型是以中国为代表的政府和个人共同负担的医疗筹资结构,政府的医疗支出和社会保障规模占主要地位,私人筹资中,商业医保尚不发达,个人自付尚承担较大的比重。

表 7-2 医疗筹资结构的国际比较(2014 年)(%)

国家	公共筹资	私人筹资	
		商业医疗保险	个人现金
英国	80.3	5.0	14.7
日本	84.1	3.0	12.9
德国	84.3	3.0	12.7
美国	50.0	38.5	11.5
印度	23.7	11.1	65.2
中国	57.6	7.2	35.2

注:公共筹资中包含社会保险和税收两部分。
数据来源:http://apps.who.int/gho/data/node.main.HEALTHFINANCING?lang=en。

附录 模型推导:影响医疗保险需求的主要因素

采用 7.3 节中的风险规避框架,可以分析个人对保险的需求,以及影响这一需求的主要因素。

假设对于一个风险规避的个人而言,初始的收入是 Y,他想购买医疗保险。假定他生病的话,将要花费 C 进行治疗,生病的概率为 α,且概率值大于 0 小于 1,效用函数为 $u(x)$。那么,这个人会不会购买保险?若购买保险,会购买多大数额的保险?[①]

要想回答这个问题,首先需要知道保险公司对于每一元保险值收取的价格。通常,保险的公平价格是指使保险公司的期望利润为零的保险价格。

设 ρ 为保险价格,即如果投保人要求保 1 元价值的险,保险公司收费为 ρ。如果

---

① 参见平新乔:《微观经济学十八讲》,北京大学出版社 2011 年版。

投保者生病了，保险公司的收入是（$\rho-1$）（即对投保的每1元钱收费ρ）；但如果不生病，则保险公司将会拿到ρ的收入。

生病的概率是α，不生病的概率是（$1-\alpha$），所以，保险公司对每1元保险额的服务的期望利润为：$\alpha(\rho-1)+(1-\alpha)\rho$。

如果令保险公司的期望利润为零，则

$$\alpha(\rho-1)+(1-\alpha)\rho=0$$

可得$\rho=\alpha$，即保险的公平价格等于生病的概率。

在这种公平的保险价格下，风险规避的投保者会购买多大额度的保险？他将追求自身期望效用的最大化，因此会选择保险数量x，使下式最大化：

$$\alpha u(Y-\alpha x-C+x)+(1-\alpha)u(Y-\alpha x)$$

使上式对x求一阶导（因为x是所买的保险额，是这个人的选择变量），可得：

$$(1-\alpha)\alpha u'(Y-\alpha x-C+x)-\alpha(1-\alpha)u'(Y-\alpha x)=0$$

对上式除以$\alpha(1-\alpha)$，得：

$$u'(Y-\alpha x-C+x)=u'(Y-\alpha x)$$

由于投保者是风险规避型的，因此他的效用函数满足严格凹，$u''<0$，从而$u'(\cdot)$单调，这样，边际效用相等意味着等式两边的收入相等，所以，$x=C$。这说明，在公平的保险价格之下，这个人会对其风险全部投保，即把全部可能的损失都买上保险。

需要注意的是，在这种公平价格下，如果他没有生病，则保险费αC就白付了，其收入为（$Y-\alpha C$）；如果生病，则其收入为$Y-\alpha C-C+C=Y-\alpha C$。所以，无论是否生病，其收入都是（$Y-\alpha C$）。在这里，买了保险的好处是他的收入肯定是（$Y-\alpha C$），不存在不确定性。

如果不买保险呢？他的期望收入也是（$Y-\alpha C$），因为生病需要花费C，而生病的概率是α。但在这里的是一个不确定条件下的期望值。不买保险的结果将导致（$Y-\alpha C$）成为一个期望值。在效用函数严格凹的条件下，由于完全确定的（$Y-\alpha C$）所对应的效用比不确定条件下的期望收入（$Y-\alpha C$）的情况有更高的效用，$u(Y-\alpha x)>\alpha u(Y-C)+(1-\alpha)u(Y)$，所以，这个人购买保险是增进了其福利，尽管保险公司并没有亏1分钱。这说明，在公平的保险价格下，这个买保险的人是有净福利增加的。如果保险公司想与该消费者分享这份净福利，则保险价格便会高于公平的保险价格。

基于此框架，下面分析影响个人选择医疗保险的主要因素。

1. 保费

在实际情况中，保险公司在制定保费时，会综合考虑纯保费、管理费用以及保险公司自身的利润，因此当其他情况不变时，保费相对给付增加后，消费者对于保险的需求将会下降。

仍旧使用7.3中的例子，当保费提高并高于精算平衡的保费时，消费者的效用最大化可以写为：

$$\alpha u(Y-\rho' x - C + x) + (1-\alpha)u(Y-\rho' x)$$

其中，ρ' 是提高后的保费，且满足 $\rho'>\rho=\alpha$，仍旧对 x 求一阶导，可得：

$$\alpha(1-\rho')u'(Y-\rho' x^{**} - C + x^{**}) = \rho'(1-\alpha)u'(Y-\rho' x^{**})$$

进一步化解可得：

$$\frac{u'(Y-\rho' x^{**} - C + x^{**})}{u'(Y-\rho' x^{**})} = \frac{\rho'(1-\alpha)}{\alpha(1-\rho')} > 1$$

其中，x^{**} 是保费提高后，消费者最优保险购买量。由于投保者是风险规避型的，因此他的效用函数满足严格凹，$u''<0$，从而 $u'(\cdot)$ 单调，那么满足：

$$Y-\rho' x^{**} - C + x^{**} < Y-\rho' x^{**}$$

进一步化解可以得到：$x^{**}<C$。而未提高保费的情况下（即保险精算平衡的情况下），消费者的购买量是 $x^*=C$，从而可以得出，提高保费将使得保险需求量下降。

2. 医疗费用

如果消费者预期自己的医疗费用会增加，在其他情形不变的情况下，消费者必然会增加保险的购买量。

在精算平衡的保费情况下，消费者充分参保，即 $x^*=C$，在保费不变的情况下，医疗支出 C 增加时，相应的保险购买数量也会增加。

医疗支出上涨，有可能是消费者自身健康下降所致，也可能是医疗价格上升所致。在医疗价格上升的情况下，只有当消费者对于医疗需求缺乏弹性时，价格的上升才会导致医疗支出的增加，从而对保险的需求增加。

3. 财富或收入水平

在精算公平的保费下，收入水平或财富水平的变动对保险购买量没有影响。但以下原因将会导致高收入者对保险的需求提高。

（1）财富效应下，高收入者的医疗费用较高，对保险需求较高。

（2）在一些国家，特别是美国等发达国家，缴纳保险的费用可以抵扣税收，因此当个人收入增加时，有可能通过提高保险的购买抵扣税收。

在中国以及其他发达国家，有针对穷人的医疗救助服务，因此当收入很低时，也可能减少保险的购买。

本章总结

- 医疗保险对于风险规避的人而言，提高了福利水平。风险规避程度越高，愿意支付的保费越高。
- 对医疗保险的需求还受到出险概率、出险后的损失、保费水平、财富水平等因素的影响。在其他条件不变时，出险概率上升，对保险的需求也会上升。保费上升，对保险的需求下降。财富水平的增加，将会使得个人特别是富人群体的医疗消费增加,从而导致出险后的损失上升,进而增加对医疗保险的需求。

• 医疗筹资的渠道呈现多元化格局,存在税收、社会保险、商业保险、个人支出、个人医疗账户等多种渠道。医疗筹资可以是多种渠道的组合,在不同的国家有不同的模式。

讨论题

1. 假定你的效用函数是 $U=\ln(4I)$,其中,I 是你在某一年所挣的收入。假定你一般每年挣 30000 美元,但下一年有 5% 的概率可能生病,而因医疗成本损失 20000 美元。

(1) 倘若你没有买保险来防范这种不利事件,你的预期效用是多少?

(2) 假定你可以买保险,这样,你若生病,就可弥补你的损失。精算公平保费是多少?你的预期效用是多少?

(3) 你愿意为该保单支付的最大数额是多少?

2. 影响医疗保险的主要因素有哪些?具体的影响机制是什么?

3. 在医疗筹资中采用社会保险模式和一般税收模式有何不同?

第 8 章

医疗保险中的道德风险

著名经济学家肯尼斯·阿罗在其1963年的经典文献《不确定性与医疗的福利经济学》中指出了医疗市场中市场失灵的各种表现。[①] 道德风险是医疗保险市场中信息不对称带来的后果之一。引入医疗保险后，医疗支出将全部或部分由医疗保险支付，个人支付的费用大幅度下降，由此可能带来个人健康行为和医疗消费行为的变化，从而增加医疗费用，带来过度消费。由于过度消费导致的社会福利损失称为"道德风险"。道德风险的大小受到多种因素的影响，合理的医疗保险制度设计在一定程度上可以降低道德风险的程度。

不但医疗保险市场存在信息不对称，医疗服务市场亦是市场失灵的典型。正如阿罗所言："一是医生在医疗消费中具有更多信息，居于消费的主导地位，对医生的道德约束要比其他商品生产者，比如理发师，更加严格。医生应该以关注病人的福利为行动指南，而这种关注并不是人们期望普通商人应该有的行为。二是所消费的产品或服务具有的不确定性，疾病的痊愈就像疾病的发生一样不可预测。由于医疗知识非常复杂，医生掌握的关于治疗结果和治疗可能性的信息必然大大超过患者。"由此，引入医疗保险之后，在消费者一方可能存在道德风险，同时还存在供给方诱导需求的可能性。

本章首先介绍医疗保险带来的事前和事后道德风险，一般而言，事后道德风险的危害更大，因而除非特别指出，本章的"道德风险"均指"事后道德风险"。我们将重点介绍影响道德风险的因素，之后讨论引入医疗供给方行为及其对医疗费用的影响，并介绍20世纪80年代以来在各国陆续展开的医保支付方式改革，以应对来自供给方的诱导需求。

8.1 事前道德风险

个体在很大程度上无法控制自己的健康状况，在未来某个时期可能会生病或者说健康状况是不确定的，生病存在一定的概率。然而，这并不排除个体与健康相关的行为会影响生病概率。有医疗保险后，个体行为可能发生变化，相比没有保险时，预防

---

① See Arrow, K. J., Uncertainty and the Welfare Economics of Medical Care, *The American Economic Review*, 1963, 53 (5), pp. 941-973.

保健方面的努力下降，使得疾病风险更容易发生。这是医疗保险带来的事前道德风险。

尽管只有少数人会有这种情况，但它可能导致疾病事件的数量在总体上有很大差异。例如，在100万人口中，将生病概率增加1个百分点可增加10000次疾病发生，这不仅增加医疗支出，而且还会导致劳动供给减少。因此，事前道德风险不仅关系到保险公司的运行，而且对整个社会都具有很大影响。

8.1.1 理论分析

我们采用一个简单的理论框架分析影响事前道德风险大小的因素。① 一个人在患病的情况下，会产生医疗费用，带来误工工资损失，在有医疗保险时，患病会导致个人支付的医疗费用下降。② 为减少患病，人们需要作出预防保健的努力，这个努力程度越高，患病概率越低。通常，这个努力的成本和工资水平正相关，工资水平可以看成是预防保健努力的机会成本，如健身、体检等所花的时间成本。

预防保健的努力和哪些因素相关？其中一个重要的影响因素是工资水平。首先是收入效应。工资较高时，误工工资损失较高，预防保健需求是正常商品，将会增加。其次是替代效应。工资较高时，预防保健努力的成本较高，这会减少预防保健方面的努力，因而工资的影响是不确定的，可正可负。此外，还受到风险规避倾向的影响，在风险规避倾向较强时，工资提高会带来更多的预防保健努力。

影响预防保健行为的另一因素就是医疗保险。一般而言，医疗保险的引入或保障程度提高后，患病带来的经济损失减少，在其他条件不变时，个人预防保健的努力带来的收益下降，努力程度也会下降。这是事前道德风险的主要含义。

但需要注意的是，医疗保险的引入或保障程度的提高对预防保健努力程度的影响还与工资水平和风险规避倾向有关，在风险规避倾向较强、工资水平较高时，医疗保险的引入或保障程度的提高反而会使得预防保健的努力程度提高。

8.1.2 经验证据

实证上的证据来自三个方面，即利用医疗保险报销比例发生变化的自然实验，比较保险计划的不同以及采用随机实验的方法，由此考察个体行为的变化。

研究者希望观察到不同的个体行为差异，例如，可以计算个人在体育锻炼、准备健康的膳食等方面花费的时间，以此作为消费者作出的预防保健努力；可以估计疾病发生的可能性，其背后的原因是缺乏预防保健。但有两个问题难以解决：③

---

① See Zweifel, P., W. G. Manning, Moral Hazard and Consumer Incentives in Health Care, *Handbook of Health Economics*, 2000, 1 (00), pp. 409-459.

② 为简单说明问题，这里不考虑医疗保险带来的过度消费，即事后道德风险（见8.2节）。

③ See Zweifel, P., W. G. Manning, Moral Hazard and Consumer Incentives in Health Care, *Handbook of Health Economics*, 2000, 1 (00), pp. 409-459.

第一,难以观察到反事实的结果。反事实指的是同一个体,如果没有医疗保险,其行为如何。我们只能看到个体有或没有医疗保险时的行为,不能同时看到他既有又没有时的行为。我们只能比较不同的个体,但个体之间其他方面的差异与保险种类有正向或负向的相关性,而这些差异我们并不能完全控制,因而在比较不同的个体时,很难得到反事实的结果(counterfactuals)。

第二,变量之间的高度相关性。事前道德风险需要将投保范围与生病时的保险赔付区分开来。覆盖程度越高意味着在治疗时能够得到越多的赔付,这有可能是因为保险覆盖程度高导致不注意健康的维护,造成医疗费用较高,也可能是因为保险覆盖程度高、看病价格低带来消费的增加。实证上很难将事前的影响与事后的道德风险分开。

尽管存在困难,仍然可以通过消费者利用预防性门诊服务的情况,一定程度上提供事前道德风险的证据。一些证据表明,消费者对预防保健需求的价格的反应比其他医疗服务需求更敏感。

例如,一项研究考察了美国联邦矿工保险的支付方式发生变化产生的影响。这一保险计划起初对住院费用有起付线和门诊费用有 40% 的个人自付比例的要求,这一规则一直持续到 1977 年 12 月的矿工罢工。之后短暂停止。从 1978 年 3 月开始,这一保险计划大幅度降低了个人自付比例。他们发现,降低个人自付比例使得预防性门诊使用概率降低 28%。[①]

研究还比较了兰德医疗保险实验(简称"兰德实验")中利用预防性和非预防性医疗服务对个人自付比例的影响。[②] 预付性医疗服务包括免疫接种、筛查检查和护理服务等。他们发现,使用预防服务与个人自付比例密切相关。[③]

类似地,有研究考察了提高个人自付比例对不同医疗服务的影响。他们发现,提高个人自付比例减少了门诊就诊,但对预防性医疗服务没有影响,没有证据表明提高个人自付比例对幼儿的免疫接种率、女性的癌症检查或心血管疾病患者的药物使用有影响。[④]

但也有一些研究发现,医疗保险对人们健康行为的影响并不大,如利用英国家庭调查数据发现,有无私人保险对吸烟、运动没有影响。[⑤]

---

① See Roddy, P. C., Wallen, J. and S. M. Meyers, Cost Sharing and Use of Health Services: The United Mine Workers' of America Health Plan, *Medical Care*, 1986, 24 (9), pp. 873-877.

② 有关兰德实验详见本章的专栏内容。

③ See Lillard, L. A., W. G. Manning et al., *Preventive Medical Care: Standards, Usage, and Efficacy*, RAND Publication R-3266-HCFA (Santa Monica, CA), 1986.

④ See Cherkin, D. C., Grothaus, L. and E. H. Wagner, The Effect of Office Visit Copayments on Utilization in a Health Maintenance Organization, *Medical Care*, 1989, 27 (11), pp. 1036-1045.

⑤ See Courbage, C., A. D. Coulon, Prevention and Private Health Insurance in the U. K, Geneva, *Risk & Insurance Issues & Practice*, 2004, 29 (4), pp. 719-727.

8.2 事后道德风险

事后道德风险指医疗保险带来医疗需求的增加，从而引起社会福利损失。下文的道德风险均指事后道德风险。

为了更加直观地给出道德风险的定义，这里使用一个简单的例子进行说明。对于一位消费者，假设他生病的概率是 0.5，那么他健康的概率也是 0.5。

这里考虑两种情况：第一种情况是消费者对医疗服务价格不敏感，诸如比较严重，且会危及生命的疾病；第二种情况是消费者对医疗服务价格有一定的敏感性，如仅会影响美观的皮肤病。

对于第一种情况，医疗服务的需求曲线垂直于横轴，如图 8-1（A）所示。此时，医疗保险对医疗需求没有影响，没有道德风险。

对于一项精算平衡保费的保单而言，保险公司将会对消费者收取 $0.5P_0Q_0$ 的保费，那么投保人生病时所面临的医疗服务价格将会下降，但从图中可以发现，购买保险后医疗服务价格虽然下降，但是医疗服务的需求量并没有发生变化，仍然是 Q_0。医疗保险的引入不会带来需求量的增加。

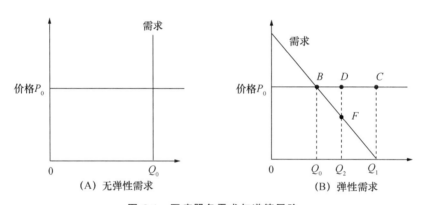

图 8-1 医疗服务需求与道德风险

对于第二种情况，需求曲线向下倾斜，如图 8-1（B）所示。如果此时消费者所购买的医疗保险是全额赔付的话，那么这个保险使得该消费者所面临的医疗服务价格为 0（不考虑时间等交易成本），这时消费者将选择 Q_1 单位的医疗服务，并且保险将会为他支付 P_0Q_1，即 OP_0CQ_1 面积的大小。而不购买保险的情形下，消费者的医疗服务购买量为 Q_0，即所需要花费的金额是 OP_0BQ_0 面积的大小，明显小于 OP_0CQ_1 的面积。此时，消费者的医疗消费水平在引入医保后明显增加。

此时存在道德风险，道德风险带来的无谓损失是消费量超过 Q_0 部分增加的成本和增加的收益的差值，即增加的成本大于收益的部分，为三角形 BCQ_1 面积的大小。

在现实中，第二种情况会面临以下困境：

（1）如果保险公司索要的保费是 $0.5P_0Q_0$（即精算公平的保费），那么保险公司就会遭受损失。这是因为保险公司所面临的期望保费支出是 $0.5P_0Q_1$。P_0Q_1 大于 P_0Q_0 是因为消费者在购买保险后，他的医疗服务需求又增加了（$Q_1 > Q_0$）。

（2）如果保险公司索要的保费是 $0.5P_0Q_1$，那么消费者可能会放弃购买保险。因为这个保费会远远大于他在不参加保险情况下的期望医疗费用支出（即 $0.5P_0Q_0$），虽然消费者可以从规避不确定支出中获得效用的改善，但是公司索要的保费大大超出了这一效用改善的收益。

道德风险（moral hazard）指当保险导致医疗服务价格下降时，消费者对服务的过度使用。所以，消费者的保费将会包括两个部分：第一部分是假设不存在道德风险，为规避风险而付出的保险费。第二个部分是由道德风险所导致的额外保费。正是由于道德风险的存在，现实中保险公司并不会提供完全保险。因而有两个推论：①

（1）医疗服务需求的价格弹性可以反映潜在道德风险的大小，对于需求弹性较小的医疗服务可以提供较高的保险。

（2）应首先为需求缺乏弹性的服务提供保险，因为这类服务过度消费的可能性较小。

8.3 应对道德风险的医保制度设计

在现实中，保险公司为了应对道德风险问题，通常会在医疗保险支付方式中设定起付线（deductible）和共付率（copayment rate）。

8.3.1 起付线的影响

继续回到图 8-1（B）中，假设 Q_0 代表 500 元的费用（即 OP_0BQ_0），Q_1 是 Q_0 的 3 倍，代表 1500 元的费用（即 OP_0CQ_1）。假设消费者生病的概率仍然是 0.5，保费为 250 元。

第一种保险，没有起付线，这时他可以免费享受 Q_0 到 Q_1 的服务，从而他的福利增加了 BQ_0Q_1。

第二种保险，设有起付线，为 500 元，起付线之后完全由保险支付，保费仍旧是 250 元。这意味着，对于消费者而言，首先需要支付 250 元保费，当他生病时，医疗费用超过 500 元的部分才是免费的，由医疗保险代为支付。当支出小于 500 元时，消费者缺乏过度消费的动机。

本例中，消费者如果患病，他的医疗支出正好为 500 元，而超过 500 元（总的支出为保费和起付线之和，即 750 元）后，能享受 Q_0—Q_1 的服务，所得到的福利改善仍旧是 BQ_0Q_1。此时，他愿意购买这种保险。

第三种保险，保费是 250 元，但是起付线变为 700 元。当医疗服务消费是 700 元时，消费数量为 Q_2。与第二种保险（起付线是 500 元）相比，该消费者需要多支付

---

① 这些推论也得到了实证研究的证实。

Q_0BDQ_2，从而获得免费医疗，但这部分增量中自己愿意支付的部分是梯形 BFQ_2Q_0，因此相较于第二种保险，该消费的福利损失是三角形 BDF。由于 Q_2-Q_1 之后的医疗是免费的，因此该消费者所得到的福利增加是 FQ_2Q_1，从而净福利增加为 FQ_2Q_1-BDF，若净福利增加为正，那么该消费者会购买保险。

总结以上的例子，我们可以发现起付线可能带来两种影响。当起付线较低时，不会改变消费者购买保险的数量，消费者购买保险的意愿与无起付线时相同。当起付线较高时，消费者则不会买保险，消费数量即是无保险的数量。

8.3.2 共付率的影响

在由个人和保险分别承担医疗服务费用时，个人支付的比率为共付率。对于一个消费者，如果他面临一份共付率为20%的保险，并且假设 P_0 为50元，那么对于他来讲，只需要支付10元，因而医疗服务需求会增加，从而需求曲线就会向右移动，即移动到20%共付保险的需求曲线，如图8-2所示。新的均衡在需求量为 Q_1 时达到，此时与没有保险状态相比（即100%共付保险），医疗服务费用的增量为 $P_0(Q_1-Q_0)$，或者表示为长方形 ABQ_1Q_0。

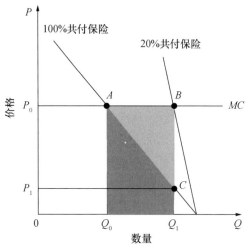

图 8-2 共付率与医疗服务需求

对于该消费者而言，福利改善部分是 ACQ_1Q_0，而三角形 ABC 则代表了无谓损失，之所以称为无谓损失，是因为这部分医疗服务需求的市场价格高于他的保留价格。也就是说，此时的资源配置缺乏效率，购买医疗服务的增量成本（ABQ_1Q_0）大于因此而得到的增量收益（ACQ_1Q_0）。

增加共付率则会减少保险给消费者带来的福利，但同时也会减少无谓损失，因而最优共付率的选择应权衡二者之间的关系。

如果消费者所面临的医疗服务供给曲线是向上倾斜的，此时由于道德风险所导致的福利损失将会更大，如图8-3所示。当初始价格为 P_0、供给量是 Q_0 时，医疗服务提供商将产品以边际成本提供给市场，即图中均衡点 J。当共付比例变为20%后，需求曲线向右移动，此时新的均衡点是 F。对于消费者而言，由于保险共付比例的提高，所带来的福利改善是梯形 JKQ_1Q_0，然而医疗服务量从 Q_0 变为 Q_1，所带来的社会成本是梯形 JFQ_1Q_0，因此整体社会的净福利损失是三角形 JFK。这一净福利损失大于供给曲线是水平的情形，因此向上的供给曲线导致更高程度的道德风险，同时保险也导致医疗价格的上升。

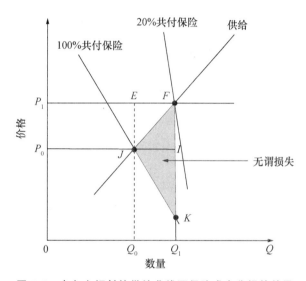

图 8-3　在向上倾斜的供给曲线下保险成本分担的效果

8.4　医疗需求价格弹性

道德风险的存在导致费用上涨，医疗保险被认为是医疗费用不断上涨的原因之一，需求价格弹性是其中重要的决定因素，需求价格弹性较小，道德风险就较小。因而，估计价格弹性具有很强的政策含义。

医疗需求的价格弹性表示的是消费者的医疗服务需求对于服务价格的敏感程度。或者说，表示当医疗服务价格变化 1% 时所引起的医疗服务需求变动的百分比。价格弹性可以分为点弹性和弧弹性两种。

需求的价格弧弹性表示医疗服务需求曲线上两点之间需求量的变动对于价格变动的反应程度。简单地说，它表示需求曲线上两点之间的弹性。用代数式可以表示为：

$$\text{弧弹性} = E_p = -\frac{(\Delta Q/Q)}{(\Delta P/P)} = -\frac{\Delta Q}{\Delta P} \cdot \frac{P}{Q}$$

这里需要指出的是，一般情况下，医疗需求量和价格是呈反方向变动的，因此 $\frac{\Delta Q}{\Delta P}$ 为负值，所以为了便于比较，在公式中加了一个负号，使得需求的价格弹性 E_p 系数为正。

当需求曲线上两点之间的变化量趋于无穷小时，需求的价格弹性要用点弹性来表示。也就是说，它表示需求曲线上某一点的需求量变动对于价格变动的反应程度。因此，需求的价格点弹性的公式为：

$$点弹性 = E_p = \lim_{\Delta P \to 0} -\frac{\Delta Q}{\Delta P} \cdot \frac{P}{Q} = -\frac{dQ}{dP} \cdot \frac{P}{Q}$$

通过比较弧弹性和点弹性的定义可以发现，需求的价格弧弹性和点弹性的本质是相同的。它们的区别仅在于：前者表示价格变动量较大时的需求曲线上两点之间的弹性，而后者表示价格变动量无穷小时的需求曲线上某一点的弹性。

医疗服务需求本身是正常消费品，根据基本的微观经济学理论，我们可以得到一条向右下方倾斜的个人医疗服务需求曲线，如图 8-4 所示。消费者需求对价格的敏感度由价格弹性衡量。其中，从 A 点到 B 点（即降价时），价格的弧弹性可以表示为：

$$E_p = -\frac{\Delta Q}{\Delta P} \cdot \frac{\dfrac{P_1 + P_2}{2}}{\dfrac{Q_1 + Q_2}{2}}$$

这里为了避免不同的计算结果，一般取两点价格的平均值 $\left(\dfrac{P_1 + P_2}{2}\right)$ 和两点需求量的平均值 $\left(\dfrac{Q_1 + Q_2}{2}\right)$ 分别代替公式中的 P 值和 Q 值。

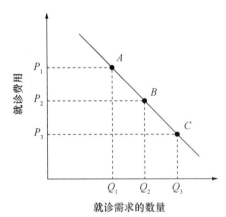

图 8-4 消费者的就诊需求曲线

点弹性的定义同样可以通过套用公式计算得到。如 A 点的点弹性为：

$$E_p = -\frac{dQ}{dP} \cdot \frac{P}{Q} \bigg|_{P=P_1, Q=Q_1}$$

8.5 价格弹性的估计方法

价格弹性的估计方法主要有三种：一是实验方法，二是大样本数据，三是政策实验。实验方法主要指美国的兰德实验（详见本章专栏内容），但此方法成本十分昂贵，难以复制。

用非实验的大样本数据对价格弹性进行的估计有很多结果，非实验数据的问题在于，医疗保险本身是选择的结果。是否有医疗保险或医疗保险的多少具有内生性，医疗支出较高的人可能更愿意购买保险或选择在医疗保险福利好的公司就业。

在对医疗服务需求的价格弹性进行估计时，主要的被解释变量都是医疗服务需求量，但是衡量的指标有差别。有些研究是以整个市场作为研究对象，有些研究则以个人作为研究对象。相关研究得到的大多数弹性值都在缺乏弹性的范围内，即在 -1 到 0 之间，说明消费者虽然对价格有反应，但反应的敏感度却不是很高。假定医疗服务的价格弹性在 -0.2 到 -0.08 之间，而医疗供给方把价格提高了 10%，它将使消费量降低 0.8%，达到 2%（见本章附录的注释）。需要指出的是，价格弹性的估计总是基于特定的人群和特定的医疗体系，因而将结果外推到其他人群要十分小心。

关于医疗服务弹性的估计，最近的研究对象多集中于老年人。有研究利用日本数据，基于住院人数估计了住院需求的价格弹性，所得到的数值为 -0.16。[1] 还有研究利用美国数据，检验了公共补充险的参保者的门诊价格弹性在 -0.07 至 -0.10 之间。[2] 近期研究再次利用兰德实验的数据估计了医疗需求弹性，所得到的弹性区间为 -0.1 至 -0.5，但兰德实验中不包括 62 岁以上的老人。[3] 而对中国的研究则利用中国某城市区县的医保报销数据，所得到的弹性为 -0.45。[4]

各国医疗体系处于不断改革中，为研究者提供了大量机会。越来越多的研究利用医疗保险政策的变化作为价格变动的外生因素，估计出的价格弹性大多高于兰德实验的结果。这其中一个重要的原因是政策变化带来的需求变动规模比实验带来的改变要大得多，当需求发生大规模变动时，会对供给产生影响，如医院数量增加、新技术增加。此外，政策变化对其他未被政策覆盖到的人群有外溢作用，对于整体医疗费用的影响也比兰德实验大。[5]

> **专栏** 兰德实验
>
> **1. 实验目的**
> （1）估计医疗需求如何对价格作出反应；
> （2）考察穷人的需求价格弹性是否有所不同；
> （3）考察不同种类医疗服务的价格弹性差异；
> （4）通过研究医疗保险是否使健康有改善，从而回答提供公共医疗保险是否有必要；

---

[1] See Shigeoka, H., The Effect of Patient Cost Sharing on Utilization, Health, and Risk Protection, *American Economic Review*, 2014, 104 (7), pp. 2152-2184.

[2] See Chandra, A., Gruber, J. and R. Mcknight, Patient Cost-Sharing and Hospitalization Offsets in the Elderly, *American Economic Review*, 2010, 100 (1), pp. 193-213.

[3] See Aron-Dine, A., Einav, L. and A. Finkelstein, The RAND Health Insurance Experiment, Three Decades Later, *Journal of Economic Perspectives*, 2013, 27 (1), pp. 197-222.

[4] 参见赵绍阳、臧文斌、尹庆双：《医疗保障水平的福利效果》，载《经济研究》2015 年第 8 期。

[5] See Finkelstein, A., The Aggregate Effects of Health Insurance: Evidence from the Introduction of Medicare, *Quarterly Journal of Economics*, 2007, 122 (1), pp. 1-37.

(5) 考察美国健康管理机构 (health maintenance organizations, HMOs) 是否降低了医疗费用,从而回答这一组织在提供医疗服务方面成本是否更低,是否更有效率。

2. 方案设计

在 1974 年到 1977 年间,兰德公司在美国六个城市①的 2750 个家庭中(共 7700 个 62 岁以下的成年人)随机选取 5808 人为其提供医疗保险,截至 1984 年,兰德实验共花费了 1.36 亿美元。在实验中,将参加实验的家庭随机分配到不同的保险实验计划中,并让他们放弃现有的保险,这 6 种保险计划的报销规则不同,如表 8-1 所示:

表 8-1　兰德医疗保险实验保险类型

保险类型	保险内容	参加人数(家庭数量)
I	完全免费医疗	1894 (626)
II	25%的共付比例(即个人自付 25%)	647 (224)
III	对于牙科和精神疾病服务是 50%的共付比例,对于其他服务类型是 25%的共付比例	490 (172)
IV	50%的共付比例	383 (130)
V	对于门诊,起付线是个人 150 美元,家庭 450 美元,高于起付线的共付比例是 95%;对于住院,完全免费医疗	1276 (451)
VI	95%的共付比例	1121 (382)

此外,对于每个参与的家庭都有大额医疗费用自付封顶线,即家庭年收入的 5%、10%或者 15%,并且最高的封顶线是 1000 美元,超过封顶线部分全部由保险支付。因此,对于那些共付比例低的保险,如 25%共付比例的人,更难达到自付费用封顶线,对于 95%共付比例的人就更加容易达到。同时,为了使得家庭更有参与激励,实验方还会给予家庭现金补贴,补贴额等于家庭所需支出的最高自付费用。例如,对于一个年收入是 15000 美元的家庭而言,如果他们的自付费用封顶线是收入的 5%,那么这个家庭将被给予 750 美元,因此,任何个人或者家庭都有参与实验的动机。

---

① 六个城市包括俄亥俄州的代顿市,华盛顿州的西雅图市,马萨诸塞洲的菲奇堡市和富兰克林县,南卡罗来纳州的查尔斯顿市和乔治敦市。

3. 实验结果

（1）通过兰德实验的实验数据，可以估计得到消费者的需求价格弹性为 -0.1——-0.2 之间，住院的价格弹性小于门诊；

（2）低收入的人相对于其他收入水平的人价格弹性更大；

（3）增加门诊的保障程度会增加门诊的使用，但并不会减少对住院服务的使用，不会降低医疗费用；

（4）美国从1950年到1984年持续增长的医疗费用中，由医疗保险的推广而引起的部分占比很低，导致费用增长更重要的原因是科技进步导致更加先进的医疗器械以及更加昂贵的药物的使用。

4. 实验不足

（1）没有考虑到医疗保险对供给方行为的影响；

（2）医疗保险对医疗费用的影响，不仅存在需求方的道德风险，而且服务供给在医疗保险引入后的行为会发生变化。而后者对医疗费用的影响可能更大。

（3）如果考虑到供给方行为的变化，医疗保险对医疗费用的影响比兰德实验的结果要大得多。

5. 实验意义

兰德实验的设计以及实验结果至今影响深远，可以总结归纳为以下几点：

（1）在进行兰德实验前，普遍认为医疗服务是必需品，因此价格弹性完全为0；有学者认为兰德实验利用科学的方法和充足的资金，所得到的需求弹性至今一直是其他研究参考的准则。①

（2）兰德实验的设计以及进行，推动了经济学领域开展实验研究，即可以通过设计随机实验，探索经济问题。兰德实验给后面的经济学研究提供了参考。

资料来源：Manning, W., Newhouse, J., Duan, N., Keeler, E., A. Leibowitz, Health Insurance and the Demand for Medical Care: Evidence from a Randomized Experiment, *American Economic Review*, 1987, 77 (3), pp. 251-277。

8.6 医疗保险对社会福利的影响

8.6.1 医疗保险需求与医疗价格

马丁·费尔德斯坦首次指出，医疗保险的需求和保险所引起的道德风险会相互作用，这种相互作用将提高医疗服务的价格。② 购买保险的决策取决于消费者预期到生

---

① See Cutler, D. M., and R. J. Zeckhauser, The Anatomy of Health Insurance, *Hand Book of Health Economics*, 2000, 1, pp. 563-643.

② See M. Feldstein, The Welfare Loss of Excess Health Insurance, *Journal of Political Economy*, 1973, (81), pp. 251-280.

病后的花费，而生病的花费与医疗服务价格是正相关的。如图 8-5 所示，I 曲线代表医疗服务价格与保险需求数量之间的关系，医疗服务价格越高，那么保险的需求量越大。

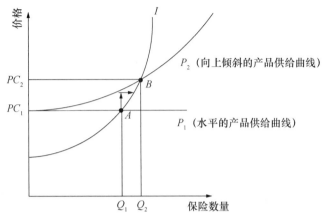

图 8-5　保险需求与价格的相互影响

当消费者所面临的医疗服务供给曲线是完全弹性的，即供给曲线是水平的（P_1），保险的引入会使得消费者产生道德风险，增加医疗服务的消费量，但由于供给曲线是水平的，价格并不会发生变化，仍旧是 PC_1，保险量也仍旧是 Q_1。

但是，当医疗服务供给曲线没有达到完全弹性（产品供给曲线向上倾斜）时，保险的引入会引起医疗服务需求的增加，从而使得产品的价格提高（垂直箭头），提高的价格又增加了对保险的需求（水平箭头），保险需求的增加又反作用于价格，从而达到图 8-5 中 B 点的均衡位置，此时的价格是 PC_2，保险的需求量为 Q_2。这些因素综合起来，导致医疗服务的价格和对保险的需求量都高于没有保险的情况。

8.6.2　医疗保险的社会福利分析

根据前面的讨论，或许你会问，保险的引入既然引起了这么多福利损失，为什么政府以及市场仍旧存在保险机构呢？事实上，前文的分析只是集中在成本上。需要强调的是，人们购买保险所得到的收益可以规避遭受未知损失的风险。保险通过对不确定支出的防范，给人们提供了福利的改进，而这些福利改进只要大于福利损失，那么保险市场的存在就是经济、有效率的。

许多研究试图从经济学角度计算医疗保险所带来的福利损失。其中，马丁·费尔德斯坦是最早的和最卓越的研究者之一。费尔德斯坦的方法简单明了：通过衡量医疗服务的需求量和共付率，以及计算图 8-3 中损失多边形的大小，就可以衡量保险的引入所带来的福利损失。

从概念上来说，衡量医疗保险的福利改善也非常简单。可以利用图 7-1 来衡量消费者的期望效用和确定效用之间的水平距离，这里代表了消费者愿意付出的保险费与实际缴纳的保险费之间的差。通过减少不确定性，从而使消费者获得效用的改善。只要将市场中的每个人的收益相加,就能得到与保险带来的福利损失相比较的净收益。

结果显示,保险的引入会导致社会成本的增加,这是因为它们使得社会对卫生保健的支出增加。这些增加的支出可以从以下几个方面产生:

(1) 由于医疗服务价格下降,导致服务需求数量增加;

(2) 保险的引入推高了医疗服务的价格;

(3) 医疗保险对于未参保群体有外溢作用,医疗服务价格的提升,使得没有购买保险的群体服务需求数量下降;

(4) 由于昂贵医疗设备的使用,使得未参加保险的群体医疗服务需求下降。

在风险一定的前提下,共保率的下降有两重效应(反之亦然):第一,分担费用风险,医疗服务消费增加;第二,存在过度消费的福利损失,即医疗价格上涨带来的损失、医疗保险费上涨带来的损失。有研究发现,共保率从 0.33 提高到 0.50 后,保险的购买数量就会减少,从而降低了保险中的道德风险,但却增加了消费者所承担的风险。另外,当采用不同范围的参数时,估计共保率从 0.33 变为 0.67 后,每年净福利约增加 20—40 亿美元。[①]

8.7　医疗供给方对医疗费用的影响

在一般的商品或服务市场中,追求利润最大化的供给方会受到来自市场需求的制约,市场价格和消费量由买卖双方共同决定。而医疗服务是声誉产品,病人参考其他人获得某种医疗服务的质量、价格等信息,事前不清楚服务质量,事后也很难评估。

医疗服务市场的特殊性在于,医生和患者(病人)之间的关系既是医疗服务的供求关系,又是委托人和代理人的关系。若医生和患者的利益一致,则医生会从最大化患者利益的角度作出决策,这一委托代理关系不会产生任何矛盾。然而,医患之间的利益常常有冲突,帮助患者减少支出意味着医生自身收入的下降。因而,在最大化自身收益时,医生凭借信息优势,有能力诱导消费者过度消费。[②]

供给诱导需求假说最早在对美国的研究中被提出,他们发现随着病床数的增加,住院人数也增加。[③] 1961 年又采用政府财政预算改变导致病床数增加这一外生的自然实验进一步证实人均病床数(每千人)和人均住院天数之间有显著的正相关关系。

已有大量文献对医生诱导需求行为进行检验。例如,对美国的一项研究发现,当

[①] See M. Feldstein, The Welfare Loss if Excess Health Insurance, *Journal of Political Economy*, 1973, (81).

[②] See Arrow, K., Uncertainty and the Welfare Economics of Medical Care, *The American Economic Review*, 1963, 53 (5), pp.941-973.

[③] See Shain, M., M. I. Roemer, Hospital Costs Relate to the Supply of Beds, *Modern Hospital*, 1959, 1 (4), pp. 71-73.

医生面临收入的负向冲击时,会更多采用较为昂贵的治疗方案。① 美国20世纪70年代面临经济不景气,导致生育率在1970—1982年间下降了约14%,需求下降对产科医生的收入明显有不利影响。研究发现,这期间能使医生获利更多的剖宫产的比例明显上升,用以弥补出生率下降带来的收入减少。对挪威牙科医生的研究也有类似发现,由于人们对牙齿保护意识增强,20世纪70—80年代对牙医的需求大幅下降,牙医服务价格面临管制,医生通过增加对患者的服务量提升收入。② 在中国所做的现场实验也表明,在有经济激励的情况下,医生开处方时会增加抗生素使用量;但当病人表示知道抗生素的副作用时,医生会减少抗生素使用量。③ 很多研究也验证了对于有医疗保险的患者,医生开出的药品费用更高,或者给出费用更高的治疗方案。④

另一方面,关于诱导需求背后的理论及其检验存在很多争议,人们甚至并不清楚医生在作决策时的目标函数。也有文献指出,诱导需求行为实际上可能是患者正常的选择,而非医生的诱导。即使存在诱导,医生会将需求诱导到什么程度,理论上也无具有说服力的解释。⑤ 从方法上看,很难区分哪些需求是患者自己的选择,哪些是医生的诱导。比如,当一种服务价格下降后,医生需要更多的服务数量弥补收入的下降,但此时数量的增加也可能是患者自身需求随价格下降而产生的变化。

8.8 医保支付方式改革

传统上,医保主要通过设定共保率(即报销比率)、起付线、封顶线等对医保可能带来的过度消费进行控制。但由于医疗服务市场信息不对称,医院和医生通常在医疗支出中有较多的决定权。

8.8.1 按服务项目付费(fee for service,FFS)

这是传统的后付制。该方法根据提供的服务数量向医疗服务供给方付费。FFS的优势在于,在竞争激烈的情况下,可提高医疗卫生服务的可得性和医疗质量。但这种支付方式往往会导致过度医疗,并可能增加成本。现实中的一个主要问题是诱导需

---

① See Gruber, J. and M. Owings, Physician Financial Incentives and Cesarean Section Delivery, *RAND Journal of Economics*, 1996, (27), pp. 99-123.

② See Grytten, J., Holst, D. and P. Laake, Supplier Inducement: Its Effect on Dental Services in Norway, *Journal of Health Economics*, 1990, (9), pp. 483-491.

③ See Addressing Antibiotic Abuse in China: An Experimental Audit Study.

④ See Lu Fangwen, Insurance Coverage and Agency Problems in Doctor Prescriptions: Evidence from a Field Experiment in China, *Journal of Development Economics*, 2014, (106), pp. 156-167; McKinlay, J. B., Potter, D. A. and H. A. Feldman, Non-medical Influences on Medical Decision making, *Social Science and Medicine*, 1996, (42), pp. 769-776.

⑤ See Pauly, M. V. and M. A. Satterthwaite, The Pricing of Primary Care Physicians' Services: A Test of the Role of Consumer Information, *Bell Journal of Economics*, 1981, (12), pp. 488-506.

求，导致服务供过于求，超出临床合理需求水平。FFS 支付方式下，医疗服务提供者的财务风险由服务的买方承担。因此，医生没有动力去专注于能够降低治疗费用的技术。相反，他们可以从更昂贵的治疗和设备中获益。

从理论上看，医疗服务供给方可以看作是具有垄断地位的供给方，传统的支付方式（后付制）使得供给方可以实行价格歧视，例如对支付意愿高的患者收取高费用，对支付意愿低的患者收取低费用，从而获得更多利润。图 8-6 描述了垄断情况下对服务的歧视性定价。

实施预付制后，管理医疗机构（医保部门）与医院谈判，降低了医疗供给方的市场力量，从而降低了医疗机构的超额利润。

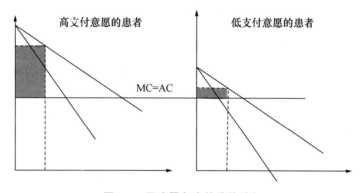

图 8-6　医疗服务中的价格歧视

从 20 世纪 80 年代开始，各国医保控费的重点转移到对医疗供给方行为的引导上，"按病种付费""总额预付""按人头付费"等形式的预付制，已经在世界各国广泛采用。医保机构通过支付方式改革，改变对医生的激励，医生从有激励多支出转变为有激励节约医疗支出，可以一定程度上控制医疗费用。

8.8.2　按人头收费（capitation）

按人头收费，即人头税，是指在固定的时间段（通常为一个月或一年）内，医保部门根据接受一系列医疗服务的患者数量向医疗服务提供者支付固定金额。人头费常用于门诊服务提供者，如全科医生（GPs），较少用于专科医生。人头费的优点是能够有效地控制成本和激励医生提供预防性护理措施，其缺点在于服务供给不足。

由于人头费会将财务风险转移给医生，医生需要承担高于人头费的花费，可以保留剩余费用，因此在此支付计划下，全科医生倾向于服务那些健康患者并将患病病人转给专科医生。一种对于人头费的补救措施是病例组合调整。根据患者年龄和性别等情况调整人头费，以此激励全科医生接受和治疗各类患者。

8.8.3　预付制（prospective payment system，PPS）

预付制下的医保支付方式首先确定对医疗提供方的预付金额，"总额预付制"自

20世纪70年代以来被广泛采用,在许多经合组织国家中作为控制医疗费用的工具。总额预付制较以往的按项目付费制度有很大改变。该制度是由医保部门在对医疗机构进行评估后,以历史费用(过去几年平均)数据为基础,给予一定的增长幅度,测算出医疗机构的年度费用标准,按此费用标准向医疗机构预付定额的医疗费。如果实际发生的费用超支,超支部分由医疗机构自行承担或按比例分担。

尽管预付制在控制成本方面是有效的,但它也产生了许多问题:第一,难以制定科学合理的预算总额。总额预付指标只是根据历史情况来计算总额,往往会出现很大误差,使得预付总额与实际需要之间产生很大差距。第二,医疗机构可能减少必要的服务,甚至推诿重症病人,加剧医患矛盾。第三,缺乏激励,阻碍技术革新。总额预付制下,医院缺乏采用新技术的激励,有碍医疗行业的技术革新。

8.8.4 诊断相关组(diagnosis related groups, DRGs)

由于实施总额预付过程中出现的种种问题,医疗保险部门转向综合考虑病种、治疗难度、服务人次的按病种付费方式。

诊断相关组(DRGs)预付方式根据国际疾病分类法,按照病人的年龄、性别、住院天数、临床诊断、病症、手术、疾病严重程度等因素,将病人归入不同组,每个分组都代表具有相似病症和适用相似治疗方案的病例;再根据疾病轻重程度及有无合并症、并发症等将每组分为若干级,对每一组及其不同级别都制定相应的支付标准。支付标准部分地以全国医院对该类疾病治疗的平均成本为依据,它总括了入院时的管理费、检查费和给药费等。在实践中,为了反映各地差异,以及是否是教学医院等因素,对支付标准进行适当调整,偿付额也会每年根据物价指数作相应调整。支付标准不会因各个医院支出的多少而变化或松动。其原理是使非常复杂和随机的医疗支付过程标准化。

该方式继美国1983年首次在联邦医疗保险医疗照顾(medicare)中使用以来,迅速在世界范围内广泛发展与应用,成为目前国际上医院住院服务中使用的最主要的支付方式(见表8-2)。

表8-2 使用DRGs的典型国家

国家	启动年份	版本	组数(组)
美国	1973	MS-DRG	750
澳大利亚	1991	AR-DRG	807
德国	2002	G-DRG	1152
法国	1986	HM	2363
北欧国家	1996	Nord DRG	794
英国	1992	HRG	1389
波兰	2008	JGP	518
泰国	1998	Thai DRG	2450

DRGs 的优点是激励医疗机构在提供服务过程中控制成本，缩短住院日，从而提高效率。按病种收费除了和总额预付一样能减少诱导需求、降低医疗费用、促使医院高效经营降低成本外，还考虑到了不同医院救治病人的差异性，既考虑了病人所患疾病和严重程度的差异性，也考虑了不同医院救治病人数量的差异性。

但同时，DRGs 和其他预付制的支付方式一样，对医保部门也提出了更高的要求，必须考虑医疗服务质量这个维度的监管。主要有三个方面的问题：一是推诿重病人，重病人的医疗费用远超平均费用，侵蚀医疗机构利润；二是吸引花费较少的"优质"病人，因为医疗机构从这类病人身上获得的剩余最多；三是提供低质或数量较少的服务，以控制成本。一些研究指出，对质量的影响程度取决于医疗服务市场的竞争程度。这是因为预付制实质上是一种固定价格管制，会促使供给方削弱难以观测的质量以规避成本控制的压力，只有充分利用市场竞争机制，诱发供给方之间竞争，才能在通过预付制较好控制医疗费用的同时维持较高的医疗服务质量水平。[1]

在预付制（主要是按病种付费）的效果上，实证分析并未有一致的结论。有一项研究总结了 1997 年到 2001 年间对美国健康维护组织（HMO）的预付制实施效果的研究结果。[2] 在针对医疗费用的 15 篇文章中，有 8 篇发现预付制降低了医疗费用，7 篇发现降低费用的作用不明显，可见，预付制对费用的控制作用是比较明显的。在针对医疗质量的 47 篇文章中，有 14 篇发现预付制没有导致质量下降，有 15 篇发现质量有所下降，另外的 18 篇则没有明确的发现，可见，预付制对医疗质量的影响存在不确定性，在有些情况下，的确导致了医疗质量的下降。与费用和质量密切相关的是住院天数这一指标，在 10 篇文章中，有 5 篇发现预付制减少了住院天数，5 篇未有明显的发现，由此可见，住院天数下降是预付制控制成本以及医疗质量可能有所降低的一个重要原因。针对预付保健的 10 篇文章中，7 篇发现预付制促进了预防保健的使用。在针对病人满意度的 11 篇文章中，有 8 篇发现采用预付制后病人满意度下降，可见，控制成本在很大程度上会导致患者不满。

8.9 标尺竞争理论

经济学家史莱弗提出的"标尺竞争理论"是医保支付方式改革的理论基础。

在垄断市场中，当具有垄断力量的企业将价格提高到竞争性市场水平之上时，产

---

[1] See Brekke, K. R., L. Siciliani and O. R. Straume, Hospital Competition and Quality with Regulated Prices, *The Scandinavian Journal of Economics*, 2011, (113), pp. 444-469; Eggleston, K., Risk Selection and Optimal Health Insurance-Provider Payment System, *The Journal of Risk and Insurance*, 2000, (67), pp. 173-196; Montefiori, M., Spatial Competition for Quality in the Market for Hospital Care, *European Journal of Health Economics*, 2005, (6), pp. 131-135.

[2] See Miller, R. H., H. S. Luft, HMO Plan Performance Update: An Analysis of The Literature (1997-2001), *Health Affairs*, 2002, 21 (4), p. 63.

量小于竞争时的水平,且这些垄断企业没有激励降低成本。一种干预方法是,政府按照平均成本定价,然而,这一方法虽然可以避免垄断定价造成的福利损失,但企业并没有激励降低成本,监管者也不知道合适的成本应该是多少。标尺竞争理论(yardstick competition)针对这一问题而提出。[1]

该理论的原理为,监管者通过比较同类企业的平均成本,确定一个成本水平,将价格与同类企业的平均成本相联系,而非某一个企业的平均成本。由此,可激励企业节约成本,相互竞争,其他同类企业的平均成本是标尺,某一企业只有将成本下降到此成本之下,方能获利。此时,监管者的目标是消费者剩余和企业利润之和最大,监管者选择成本、价格和提供补贴,提供的补贴为降低成本所需的费用。结果,市场上的企业通过投资削减成本,得到来自监管者的补贴,企业生产并按照监管者的定价销售。

图 8-7 为预付制下医院控制成本的内在激励示意图。医院面对的需求曲线为 D,其平均成本和边际成本是 C_0,在垄断的情况下,价格为 P_0,医院提供的服务数量为 Q_0。

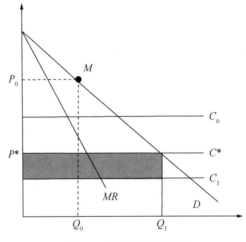

图 8-7 标尺竞争示意图

一种方法是采用监管措施降低垄断价格,比如规定价格不能超过平均成本,此时医院会把价格定在 C_0,相应地,其提供的服务数量会增加。但在这种监管措施下,医院并没有激励降低成本。

更为有效地控制成本的方法是采用标尺定价。标尺竞争的价格 P^* 是市场上多家医院的平均成本 C^*,并事先预付给医院。医院如果能够使得自己的成本下降到 C_1,那么就可以获得 $(C^* - C_1)Q_1$ 的利润,成本下降越多,利润越大。

---

[1] See Shleifer, A. A Theory of Yardstick Competition, *RAND Journal of Economics*, 1985, (16), pp. 319-327.

附录 医疗服务价格弹性估计的主要结果

表 8-3 关于医疗服务需求的价格弹性的早期研究[①]

研究对象	被解释变量	价格弹性
总费用		
Rosett and Huang (1973)	医院和医生服务费用	-1.5~-0.35^a
Manning et al. (1987)	总费用	-0.22~-0.17
医生服务		
Fuchs and Hahn (1990)	人均医生出诊	-0.2~-0.15
Newhouse and Phelps (1976)	诊所就诊	-0.08
Cromwell and Mitchell (1986)	手术服务	-0.18~-0.14
Wedig (1988)[b]		
健康感觉良好	医生出诊	-0.35
健康感觉较差	医生出诊	-0.16
医院服务		
Feldstein (1971)	人均住院次数	-0.63
Newhouse and Phelps (1976)	住院时间	-0.06
Manning et al. (1987)	住院次数	-0.17~-0.14
家庭护理		
Chiswick (1976)	老人日常家庭护理	-2.40~-0.69
Lamberton et al. (1986)	老年患者人均每天家庭护理	-0.76~-0.69

注：(1) 上标"a"表示价格弹性会随共付保险水平的变化而变化。弹性系数为共付保险率 80% 时的 -1.5 至共付保险率 20% 的 -0.35。(2) 上标"b"表示估计值源自国家医疗保健利用和支出问卷 (national medical care utilization and expenditure survey, NMCUES)，并将 5322 个观察值按照自我健康状况描述为成人子样本组。

---

① See Rosett, R. N. and Lien-fu Huang, The Effect of Health Insurance on the Demand for Medical Care, *Journal of Political Economy*, 1973, (81), pp. 281-305; Manning, W. G. et al., Health Insurance and the Demand for Medical Care: Evidence from a Randomized Experiment, *American Economic Review*, 1987, (77), pp. 251-277; Fuchs, V. R. and J. S. Hahn, How Does Canada Do It? A Comparison of Expenditures for Physicians' Services in the United States and Canada, *New England Journal of Medicine*, 1990, (323), pp. 884-890; Newhouse, J. P. and C. E. Phelps, New Estimates of Price and Income Elasticities of Medical Care Service, *The Role of Health Insurance in the Health Services Sector*, NBER, 1976, pp. 261-320; Wedig, G. J., Health Status and the Demand for Health: Results on Price Elasticities, *Journal of Health Economics*, 1988, (7), pp. 151-163; M. Feldstein, Hospital Cost Inflation: A Study of Nonprofit Price Dynamics, *American Economic Review*, 1971, (61), pp. 853-872; Chiswick, B. R., The Demand for Nursing Home Care: An Analysis of the Substitution between Institutional and Noninstitutional Care, *Journal of Human Resources*, 1976, (11), pp. 295-316; Lamberton, C. E., Ellington, W. D. and K. R. Spear, Factors Determining the Demand for Nursing Home Services, *Quarterly Review of Economics and Business*, 1986, (26), pp. 74-90; Cromwell, J. and J. B. Mitchell., Physician-induced Demand for Surgery, *Journal of Health Economics*, 1986, 5 (4), pp. 293-313.

对于不同研究间的差别要进一步区分。表8-3中的价格弹性是对单个消费者或者整个市场对价格变化反应的测量。也就是说，它们虽不是非常准确，却从总体上代表了对不同种类医疗服务的需求。

总体来看，相比于对整个医疗服务市场的需求，对单个医生的服务需求更具有弹性。这也非常容易解释，可以通过一个例子很形象地说明。假设某个患者患了抑郁症，他的患病情况越严重，那么他对医疗服务市场所给出的价格就越不敏感。但是，在他选择具体某一个医生进行治疗时，情况则会变得不一样。如果他知道每个医生的服务水平和价格，将选择在同等医术水平下，价格最低的那个医生。这个问题的核心在于，医生所提供的服务是没有替代品的，但是对于单个医生而言，却可以有许多替代品。

这一现象可以通过表8-4得到印证，表中分别汇报了来自医院层面需求的价格弹性和来自医生层面需求的价格弹性，从中可以发现来自医院层面需求的价格弹性明显更加小。

表8-4 医疗市场弹性和个人医生弹性的对比①

研究对象	被解释变量	价格弹性
医生服务		
Lee and Hadley (1981)	医生价格	-5.1——2.8
McCarthy (1985)	医生出诊	-3.3——3.1
医院服务		
Feldman and Dowd (1986)	住院天数	-0.8——0.7
	住院人数	-1.1
Gaynor and Vogt (2003)	出院人数	-4.9
家庭护理		
Mukamel and Spector (2002)	调整并发症后的天数	-3.9——3.5

---

① See Lee, R. H. and J. Hadley, Physicians' Fees and Public Medical Care Programs, *Health Services Research*, 1981, (16), pp. 185-203; McCarthy, T. R., The Competitive Nature of the Primary-Care Physician Services Market, *Journal of Health Economics*, 1985, (4), pp. 93-117; Feldman, R. and B. Dowd, Is There a Competitive Market for Hospital Services?, *Journal of Health Economics*, 1986, (5), pp. 277-292; Gaynor, M. and W. B. Vogt, Competition among Hospitals, *RAND Journal of Economics*, 2003, (34), pp. 764-785; Mukamel, D. B. and W. D. Spector, The Competitive Nature of the Nursing Home Industry: Price Mark Ups and Demand Elasticities, *Applied Economics*, 2002, (34), pp. 413-420.

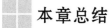
本章总结

- 医疗保险的事前道德风险是指，有医疗保险后，个体行为可能发生变化，相比没有保险时，预防保健方面的努力下降，使得疾病风险更容易发生。事前道德风险与工资水平和风险规避倾向有关，在风险规避倾向较强、工资水平较高时，医疗保险的引入或保障程度的提高反而会使得预防保健的努力程度提高。
- 事后道德风险指医疗保险带来医疗需求的增加，从而引起社会福利损失。医疗服务需求的价格弹性可以反映潜在道德风险的大小，对于需求弹性较小的医疗服务可以提供较高的保险。应当首先为需求缺乏弹性的服务提供保险，这类服务过度消费的可能性较小。
- 为了应对道德风险问题，医疗保险支付方式中会设定起付线（deductible）和共付率（copayment rate）。增加共付率会减少保险给消费者带来的福利，但同时也会减少无谓损失，因而最优共付率的选择需要权衡二者之间的关系。
- 医疗保险的引入还可能引起医疗服务价格上涨，导致医疗服务价格和对保险的需求量都高于没有保险的情况，尤其对未参保人的福利可能产生不利影响。
- 医疗服务市场的特殊性在于，医生和患者（病人）之间的关系既是医疗服务的供求关系，又是委托人和代理人的关系。医生凭借信息优势，有能力诱导消费者过度消费。但关于诱导需求背后的理论及其检验存在很多争议，到目前为止，研究者并不确定医生在作决策时的目标函数。
- 从20世纪80年代开始，各国医保控费的重点转移到对医疗供给方行为的引导上，"按病种付费""预付制""按人头付费"等形式的预付制，已经在世界各国广泛采用。医保机构通过支付方式改革，改变对医生的激励，医生从有激励多支出转为有激励节约医疗支出，可以一定程度上控制医疗费用。

讨论题

1. 在估计医疗保险事前道德风险时会遇到哪些挑战？
2. 设定起付线和共付率的目的是什么？为什么说补充商业医疗保险会加剧社会保险带来的无谓损失问题？（画图，不考虑起付线）
3. 假设医疗的市场需求函数和供给函数分别为：

$$Q_d = 100 - 2p$$
$$Q_s = 20 + 2p$$

（1）计算没有医疗保险时的市场均衡。

（2）假设存在医疗保险，医疗保险承担50%的医疗费用。计算新的均衡数量和价格。

（3）计算医疗保险导致的无谓损失。

4. 假设在下图中，$P_0=1$，$P_1=1.1$，$Q_0=100000$，$Q_1=110000$。

（1）保险报销比例扩大对总费用有什么影响？

（2）医疗服务价格的供给弹性是多少？

（3）假设初始的均衡点是（P_0，Q_0），但此时供给曲线弹性变大，那么报销比例扩大带来的总费用变化是多少？

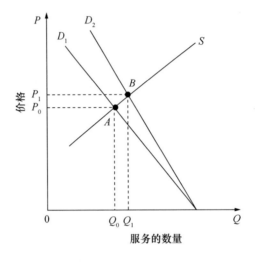

第 9 章

医疗保险中的逆向选择

医疗保险市场信息不对称的另一个后果是参保中出现逆向选择。诺奖得主阿克洛夫（George Akerlof）在其 1970 年的经典文章中以二手车市场为例，介绍了逆向选择带来的市场失灵。① 对于二手车的质量，卖方比买方有更多信息，买方根据市场中二手车的平均质量出价，导致较高质量的二手车因为价格过低而退出市场，由此导致市场很小，甚至不存在。这一理论也适用于存在信息不对称的其他市场，保险市场是典型的例子。保险市场中的投保人比保险人对于出险概率有更多的信息，保险人按照市场中平均的出险概率确定保单价格，风险较低的投保人退出市场，同样市场变得很小或不存在。

本章首先讲解医疗保险市场中逆向选择的表现；接着分析逆向选择和风险规避倾向同时存在的市场均衡结果；再分析引入强制性社会医疗保险后，对不同风险程度个体的福利影响和整个社会福利的改善；然后解释对于不同风险人群进行区分的分离均衡理论；最后介绍逆向选择的识别方法与经验证据。

9.1　保险市场的逆向选择

在经济学中存在市场失灵现象，而市场失灵现象中比较重要的一个原因是信息不对称。当交易中的一方拥有另一方所没有的信息时，就存在信息不对称。在医疗保险市场中，具有信息不对称问题的保单尤为严重。为了说明这一问题，下文我们使用一个例子进行说明，如表 9-1 所示。

对于投保人 1 来讲，他可以花 3000 元购买一份全额的保险。除了投保人 1，保险市场上还存在其他 9 个人，每个人都面临因生病而损失 3000 元的风险。在这些投保人中，一部分健康状态比较差（健康风险高），生病的概率是 20%；另一部分健康状态相对较好（健康风险低），生病的概率是 10%。同时，每个人都对自身的健康状态十分了解，知道自己是处于高风险状态还是低风险状态，但是保险公司却对这些情况一无所知。这在现实中也十分正常，因为只有个人对自己的家族病史、卫生习惯、工作压力等情况十分了解，保险公司却很难了解这些信息。

---

① See Akerlof, G. A., The Market for "Lemons": Quality Uncertainty and the Market Mechanism, *Quarterly Journal of Economics*, 1970, 84 (3), pp. 488-500.

表 9-1 信息不对称下的市场失灵

投保人	A 发病率	B 生病时的损失（元）	C 预期损失（元）	D 预期收益减保费（元）（保费＝3000）	E 预期收益减保费（元）（保费＝4500）
1	20%（高风险）	30000	6000	3000	1500
2	20%（高风险）	30000	6000	3000	1500
3	20%（高风险）	30000	6000	3000	1500
4	20%（高风险）	30000	6000	3000	1500
5	20%（高风险）	30000	6000	3000	1500
6	10%（低风险）	30000	3000	0	－1500
7	10%（低风险）	30000	3000	0	－1500
8	10%（低风险）	30000	3000	0	－1500
9	10%（低风险）	30000	3000	0	－1500
10	10%（低风险）	30000	3000	0	－1500
保险公司的净利润				－15000	0

我们进一步针对这一情形进行分析，表9-1中的前五个人属于高风险群体，后五个人属于低风险群体，但是他们生病时的损失却是一样的，这样我们就可以计算得到期望的损失了（用发病率乘以生病时的损失），即得到C列。可以发现，高风险人群的预期损失是6000元，低风险人群的预期损失是3000元。如果保险公司知道哪些人是高风险人群，哪些人是低风险人群，那么将会对高风险人群收取6000元的保费，对低风险人群收取3000元的保费。但事实上，保险公司很难识别出到底谁是高风险人群，因此只能向每个人收取相同的保费。

如果保险公司向他们收取了3000元保费（D列），对于高风险的人群，无疑是一件好事，因为他们预期的损失是6000元，但实际上他们仅为此支付了3000元，因此就会获得额外的3000元收益。对于低风险人群来讲，刚好达到保险精算平衡，他们的额外收益为0。但这样对于保险公司而言却是亏损的，保险公司预计全年净亏损额是15000元，因为它没有收取足够的保险来弥补自己预期的亏损，这样的保险公司是不可能长期经营下去的。

保险公司为了使自己能够持续地经营下去，不得不将自己的保费提高至4500元（E列），即市场上（10个投保人）的平均预期损失，这10个人支付的保费总额为45000元，预期赔付额也是45000元，因此，保险公司可以持续经营。但是，这样就会导致，对高风险人群而言，这项保险计划同样是有利可图的，即可以获得额外的收益1500元；但是对于低风险人群而言，他们的预期损失是3000元，但却为此支付了4500元。这样就会导致，低风险（健康状况更好）的人放弃购买保险。站在保险公司的角度看，正是由于这样的信息不对称，使得购买保险的群体都是高风险人群。我们把这种现象称为逆向选择（adverse selection）。一般，逆向选择是指保险公司基于人口的平均风险确定保费，这样会使低风险的人不购买保险，购买保险的都是高风险的人。

如果继续探讨这个问题的话，我们会发现，如果低风险的五个投保人被挤出市场，所留下的五个高风险的投保人，他们每人的预期损失是6000元，但是保险公司仅收取4500元，因此保险公司为了维持经营，必须继续提高保费。如果剩余的客户当中，风险仍旧存在高低差别的话，保险公司会提高费用，但仍旧会失去风险较低的那群人。总之，如果保险公司不能完全掌握客户的健康状况信息的话，按照平均风险程度收取保费，很可能不断地促使低风险的人离开市场，而保费继续提高的话，则相对低风险的人仍旧会不断离开，这样周而复始的循环，使得保险市场最终面临崩溃。

9.2 逆向选择、风险规避与市场均衡

为了进一步说明逆向选择带来的市场失灵问题，这里使用一个简单的模型。假设市场中存在许多保险公司，同时这个市场是竞争性市场。市场中也存在许多个体，他们的健康情况各不相同，患病的概率也高低不同。而保险价格是依据市场中消费者的期望损失来制定，由于在竞争性市场，保险公司可以自由进出，从而在市场均衡时始终获得零利润。

假设不同健康风险类型的消费者生病时的损失都为 $d=1$。个人生病的概率是 θ，不同的个体 θ 值不同，是私人信息。假设所有的值均匀分布在 0 和 1 之间，保险公司仅知道概率的分布。假定每个个体都是风险规避型的，这意味着他们为了抵御不确定支出的风险，愿意付出额外的保险溢价。对于不同风险类型的个人，愿意支付的最大保险价格可以表示为式（9-1）：

$$\pi(\theta) = [1+\alpha]\theta \tag{9-1}$$

其中，$\alpha>0$，表示个体对风险厌恶的程度。当 $\alpha=0$ 时，表明个体没有风险规避偏好。由式（9-1）可见，风险规避的个体愿意支付保费以避免不确定性，且愿意支付的保费大于没有风险规避偏好的个体。

现在假设保险公司仅提供单一的保险产品，按照平均风险和费用确定保费 π，只有愿意支付的保费超过保险公司确定的保费的人才会买保险。因此愿意购买这项保险的人将满足：

$$\pi(\theta) \geqslant \pi \tag{9-2}$$

由于保险市场是竞争性的，因此保险公司只会收取愿意购买保险群体的期望损失的保费，从而用公式可以表示为：

$$\pi = E(\theta : \pi(\theta) \geqslant \pi) \tag{9-3}$$

即保费等于愿意购买保险的人的期望损失。带入公式（9-1），（9-2）可以写为：

$$[1+\alpha]\theta \geqslant \pi \quad 或 \quad \theta \geqslant \frac{\pi}{1+\alpha}$$

由于 θ 是均匀分布，可以得到下式：

$$E(\theta:\pi(\theta) \geqslant \pi) = E\left(\theta:\frac{\pi}{1+\alpha} \leqslant \theta \leqslant 1\right) = \frac{1}{2}\left[\frac{\pi}{1+\alpha}+1\right] \tag{9-4}$$

因此，均衡的保费满足：

$$\pi = \frac{1}{2}\left[\frac{\pi}{1+\alpha}+1\right] \tag{9-5}$$

或者

$$\pi = \frac{1+\alpha}{1+2\alpha} \tag{9-6}$$

此时，市场规模为：

$$1-\theta^* = \frac{2\alpha}{1+2\alpha} \tag{9-7}$$

市场均衡如图 9-1 所示，均衡点位于直线（式（9-3））和 45 度线的交点处，即这个交点处满足保险公司的保费等于市场的期望损失，这时的均衡保费满足式（9-6）。这其中有两方面含义。

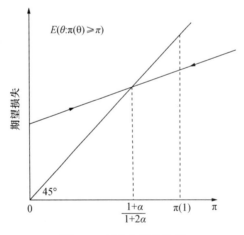

图 9-1 保险市场的均衡

第一，由于逆向选择，保险市场并未覆盖所有人。

从图 9-1 中可以发现，仅仅是高风险的个体购买保险，即购买保险的个体满足式（9-7），保险市场并未覆盖风险较低的人群。

$$\theta \geqslant \frac{1}{1+2\alpha} \tag{9-8}$$

然而，这个时候，其实仅有一部分高风险群体购买了保险，低风险群体由于价格太高，从而选择退出保险。很明显，这样的结果并不是有效的，最有效的结果应该是可以按照每个人的真实风险进行定价，那么任何一个人都愿意购买保险，保险覆盖所有个体。

这一市场的无效,主要是因为保险公司不能区分高风险和低风险的个人。当仅提供一个单一的保险价格时,高风险的消费者将会使得保险的价格不断上升,进而使得低风险的个体被挤出市场。

第二,由于投保人具有风险规避倾向,医疗保险市场并不会由于逆选择而消失。

从式(9-7)可以看到,如果投保人没有风险规避偏好,那么 $\alpha=0$,市场则不存在。但在 $\alpha>0$ 时,市场仍然存在,且风险规避系数越大,保险市场越大。

9.3 强制性社会医疗保险的福利效果

对于保险市场上由于逆向选择导致的市场失灵,一个简单的市场干预方式是强制所有人购买保险,即所谓的强制性社会医疗保险,强制保险将会使得市场上的每一个消费者都变得更好。

仍看 9.2 节中的例子,对于高风险的个体而言,由于强制保险的精算平衡保费是 1/2,小于式(9-6)的水平,因此他们可以从更低的保费中获得效用改善。

对于低风险的个体而言,他们所面临的强制保险的价格,仍小于仅给高风险人群提供保险时的保费价格,因此他们仍旧可以以一个更为合适的价格购得保险。

对于那些期望损失恰好在 1/2 附近的个体而言,由于他们支付了保费,获得了保险的保障,因此他们会从强制保险中获益。受损的可能是那些健康状态极好、风险极低的个体。

进一步,与 9.1 节中的竞争性保险相比,可以得到如图 9-2 所示的关系。根据 9.1 节的分析,竞争性市场中的均衡保费满足式(9-6),因此愿意购买保险的群体满足 $\theta \geqslant \dfrac{1}{1+2\alpha}$,而剩余群体则选择不参保。

对于强制保险市场而言,一共可以分为三部分群体,第一部分群体是在竞争市场中选择购买保险的群体,由于此时他们面临的保费是 1/2,因此低于他们在竞争市场上购得的保费,即满足式(9-6),从而获得了福利改善。第二部分群体位于 $\theta \in \left[\dfrac{1}{2+2\alpha}, \dfrac{1}{1+2\alpha}\right]$,这部分人在之前的均衡市场上不参加保险,但由于强制保险降低了保费,使得只要满足下式的人都愿意参保:

$$\pi(\theta) = [1+\alpha]\theta > \frac{1}{2} \quad \text{or} \quad \theta > \frac{1}{2+2\alpha}$$

而第三部分群体位于 $\theta \in \left[0, \dfrac{1}{2+2\alpha}\right]$,由于平均保费超出了他们的支付意愿,因此他们的福利下降。总体上看,强制性社会保险有助于改善逆向选择问题。

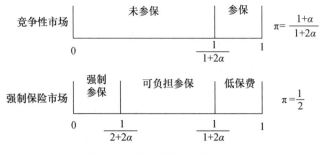

图 9-2 强制保险的福利分析

9.4 多维私人信息

到目前为止，我们在讨论逆向选择时依据的标准假设是：在保费既定的情况下，高风险人群更愿意购买保险。同时，那些相对厌恶风险的人群也更愿意购买保险。这类人群的疾病发生概率比较低，疾病发生后医疗费用也比较低，因为他们往往会避免如吸烟这种高风险行为。倘若如此，在保费既定的情况下，低成本的风险规避者则更倾向于购买保险。这种现象称为正向选择（advantageous selection）。

正向选择和逆向选择同时存在，正向选择抵消了高成本、高风险人群更有可能购买保险的逆向选择。最近的实证研究在保险市场中找到的证据表明，人们在承担风险的意愿上的确有差异，因为正向选择的存在，所以医保市场中的自选择问题可能没有像人们所担心的那么严重。[1]

对于医疗保险而言，不仅个人的健康状况（风险状况）是未知的信息，同时个人的风险厌恶程度也是未知信息。我们在 9.1 节中讨论的逆向选择，仅仅考虑保险公司对参保人的健康状况是未知的，传统的逆向选择存在的前提仅包括一个维度的私人信息。然而，其他私人信息，如风险偏好，会影响个人与健康相关的行为，如抽烟、喝酒、体育锻炼等，不仅会影响个人的健康状况，也会影响个人购买保险的意愿，因此不对称信息其实是多个维度的，即保险市场上存在多个维度的私人信息。有研究指出，医疗保险市场上可能存在的多维私人信息包括风险容忍程度、受教育水平、收入、认知能力等。[2]

---

[1] See Einav, L. & A. Finkelstein, Selection in Insurance Markets: Theory and Empirics in Pictures, *Journal of Economic Perspectives: A Journal of the American Economic Association*, 2011, 25 (1), p.115.

[2] See Fang, H., Keane, M. P. & S. Dan, Sources of Advantageous Selection: Evidence from the Medigap Insurance Market, *Journal of Political Economy*, 2008, 116 (2), pp.303-350.

估计方法需要对个人的效用函数形式和个人偏好作出特定的假设；同时，大部分文献的估计仅仅局限于某一特定的保险市场，其结论并不具有一般性。①

因此，利用政策特征区分逆向选择和道德风险也成为另一类重要的方法。其中，有研究通过比较雇主提供医保群体和自我选择购买医保群体的医疗消费差异，检验了美国补充医疗保险（medigap）市场中存在的逆向选择。② 也有学者利用美国哈佛大学为教职工提供的医疗保险发生变化这一政策实验，发现当参保平均缴费成本上升后，放弃保障程度最高保险计划的都是风险最低的那部分参保者，从而估计了逆向选择效应。③

> **专栏** ▶ **美国补充医疗保险市场中的正向选择现象**
>
> 有研究发现美国补充医疗保险市场存在正向选择现象。关于不对称信息的经典理论都认为，在保险市场上，购买保险的意愿和事后生病的概率存在正相关关系，即购买保险的人比不购买保险的人更加容易生病。
>
> 但是，在一些经验研究中发现，购买保险的意愿和事后生病的概率之间也可能存在不相关或者负相关关系。因此，一些理论研究认为，可能存在正向选择，特别是当个人存在多维度的私人信息，如风险偏好时，正如前文所述，可能会存在正向选择和逆向选择相互抵消的现象。
>
> 在这个研究中，他们发现控制补充医疗保险的价格后，那些选择购买补充医疗保险的人医疗花费要低于没有补充医疗保险的人，并且平均低大约4000美元；然而，一旦控制了个体健康状况后，有补充医疗保险的人的医疗费用就会比没有补充医疗保险的高。这说明，那些购买补充医保的人是健康状况更好的人，当未控制健康状况时，购买补充医保这一变量和医疗费用是负向关系。当控制健康状况后，排除了购买补充医保这一变量中健康的影响，此时补充医保对医疗费用有正向影响，反映出医疗保险本身对医疗消费的促进作用。
>
> 研究进一步发现，那些认知能力高的老年人，他们的健康状态更好，同时也更加愿意购买补充医疗保险；此外，研究也考察了风险偏好和健康状况以及参保意愿之间的关系，发现风险偏好并不是正向选择的一个重要来源。除了认知能力是正向选择很重要的因素之外，收入、受教育水平、对寿命的预期以及财务规划期限等都会导致这种正向选择现象的出现。
>
> **资料来源**：Fang, H., Keane, M. P. & S. Dan, Sources of Advantageous Selection: Evidence from the Medigap Insurance Market, *Journal of Political Economy*, 2008, 116 (2), pp.303-350。

---

① See Einav, L., Finkelstein, A. and M. R. Cullen, Estimating Welfare in Insurance Markets Using Variation in Prices, *The Quarterly Journal of Economics*, 2010, 125 (3), pp.877-921.

② See Ettner, S. L., Adverse Selection and the Purchase of Medigap Insurance by the Elderly, *Journal of Health Economics*, 1997, 16 (5), pp.543-562.

③ See Culter, D. M. and S. J. Reber, Paying for Health Insurance: The Trade-off between Competition and Adverse Selection, *Quarterly Journal of Economics*, 1998, 113 (2), pp.433-466.

附录　保险市场上的筛选行为

保险公司面临的消费者生病的概率并不相同，如果保险公司设计一种机制可以将高风险和低风险的群体筛选出来，这样就可以针对每一种类型的消费者分别进行定价，并且也可以避免保险市场崩溃，这种机制设计的过程就是一个筛选（screening）的过程。

罗斯柴尔德和斯蒂格利茨的模型考虑在筛选模型设定下的均衡，即利用市场机制使消费者自我选择保险类型，从而判断消费者的风险类型。[①] 其基本思想是，保险公司可以设计一系列不同的保险计划，让每种风险类型的消费者按照各自效用最大原则选择这些保险计划，均衡的结果将会是，高风险群体选择高保费的保单，提供全额保险，低风险群体选择低保费的保单，只能对风险提供部分保险（后文将进一步说明）。

如果在均衡时，不同类型的参保者购买了不同的保险计划，即称之为分离均衡（separating equilibrium）；如果在均衡时，所有消费者都购买相同的保险，即称之为混同均衡（pooling equilibrium）。

假设保险市场是竞争性的，即均衡时保险公司是零利润的；市场上仅存在两类消费者，一类是高风险消费者，另一类是低风险消费者，高风险消费者的患病概率为 P_h，低风险消费者的患病概率为 P_l，并且满足 $P_h > P_l$，其中高风险的个体占比为 λ，因此低风险个体的占比是 $1-\lambda$，两类人的收入是 W，其中生病时的损失为 d。他们所面临的保险合同为 $\alpha = (\alpha_1, \alpha_2)$，其中 α_1 是保费，α_2 是扣除保费后的赔付额，因此，在没有保险的情况下，参保人健康和生病收入状态为 $(W, W-d)$；在有保险的情况下，两种收入状态为 $(W-\alpha_1, W-d+\alpha_2)$。

假设消费者的效用函数是 $U(W)$，且消费者是风险规避型的，效用函数是凹函数，因此可以得到消费者的期望效用函数为：

$$\hat{V}(p, W_1, W_2) = (1-p)U(W_1) + pU(W_2) \tag{9-11}$$

因此，在购买保险的情况下，效用函数为：

$$V(p, \alpha) = \hat{V}(p, W-\alpha_1, W-d+\alpha_2) \tag{9-12}$$

消费者将选择使他们效用最大的保险合同。对于保险公司来讲，它们的目标是追求利润最大化，其利润为：

$$\pi(p, \alpha) = (1-p)\alpha_1 - p\alpha_2 = \alpha_1 - p(\alpha_1 + \alpha_2) \tag{9-13}$$

由于保险市场是竞争性的，即进入和退出是自由的；同时，假设保险公司有足够的资金用于提供可以使其产生利润的合同，那么保险市场的均衡就是在一系列合同的情况下，消费者选择了使其自身效用最大的合同。接下来分析在不同信息假设情况下市场均衡的结果。

[①] See Rothschild, M., & J. E. Stiglitz, In Competitive Insurance Markets: An Essay on the Economics of Imperfect Information, *The Quarterly Journal of Economics*, 1976, 90, pp. 629-649.

1. 完全信息市场

在完全信息市场假设下，保险公司可以观察到每个消费者的风险类型，即他们生病的概率。因此在完全信息市场情形下，可以通过图 9-3 进行说明。由于保险公司是完全竞争的，因此在均衡时一定满足零利润条件：

$$\pi(p,\alpha) = \alpha_1(1-p) - \alpha_2 p = 0 \qquad (9\text{-}14)$$

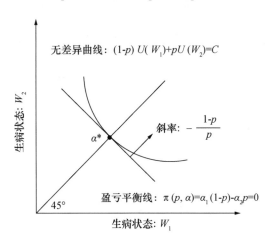

图 9-3 完全市场信息均衡

如图 9-3 中所示的盈亏平衡线，即为在均衡时企业所满足的零利润条件。图 9-3 中的 α^* 是最大化个人期望效用，并且同时满足企业零利润条件的均衡保险政策。图中均衡点为无差异曲线和盈亏平衡线的相切点，并且切点恰好在 45°线上。① 因此参加保险的情况下，健康状态和生病状态下收入是相等的，即满足：

$$W - \alpha_1 = W - d + \alpha_2 \qquad (9\text{-}15)$$

因此，在完全信息的情况下，存在唯一的均衡点，且这一均衡点为完全保险，无论是高风险者还是低风险者都可以得到完全保险。

2. 不完全信息市场

在不完全信息市场假设下，存在两类个体，即高风险和低风险个体，并且保险公司对其风险类型也是未知的。如果保险公司在设计保险时，针对低风险的群体设计一个更低保费的保险，那么这一保险必然会进一步吸引高风险的人群进入，这就产生了逆向选择问题，会导致保险计划亏损。因此，较为合理的保险计划应该满足，为低风险个体设计的保险计划，对高风险个体而言没有吸引力。那么，这个保险市场一定存在两种类型的均衡结果：混同均衡和分离均衡。

---

① 盈亏平衡线的斜率是 $-\dfrac{1-p}{p}$，而对无差异曲线全微分后可得：$\dfrac{dW_2}{dW_1} = -\dfrac{(1-p)}{p} \cdot \dfrac{U'(W_1)}{U'(W_2)}$。因此当二者相切时，必须满足 $U'(W_1)=U'(W_2)$，由于效用函数是凹函数，因此会满足 $W_1=W_2$。

所谓的混同均衡是指两类群体都购买相同的保险,而分离均衡是指不同类型的个体购买不同的保险。事实上,混同均衡是不存在的。如图9-4所示,E 点是所有消费者不购买保险时,两种状态下的收入。假设 α 是混同均衡的均衡保险,由于保险市场是竞争性的,因此必然满足,$\pi(\bar{p}, \alpha) = 0$,其中 $\bar{p} = \lambda p_h + (1-\lambda) p_l$ 为市场中的平均风险,并且 EF 的斜率为 $-\dfrac{1-\bar{p}}{\bar{p}}$。高风险和低风险群体的无差异曲线为:

$$(1 - p_{h(l)}) U^{H(L)}(W_1) + p_{h(l)} U^{H(L)}(W_2) = C \tag{9-16}$$

由此可知在 α 处,高风险和低风险群体无差异曲线的斜率分别为 $-\dfrac{1-p_h}{p_h}$ 和 $-\dfrac{1-p_l}{p_l}$,且满足 $\dfrac{1-p_l}{p_l} > \dfrac{1-p_h}{p_h}$,由此可以得到如图9-4所示的无差异曲线位置,高风险和低风险群体的无差异曲线相交于 α 处。假设存在如图所示的保险 β,与 α 相邻,对于高风险群体而言,他们仍然更加偏好保险 α,但是对于低风险群体而言,他们会更加偏好保险 β,并且保险公司销售保险 β,可以获得正的利润。因此,无论是保险公司还是低风险个体都更有动机偏离这一均衡,因此混同均衡 α 是不存在的。

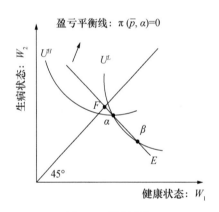

图 9-4 混同均衡

假设存在一种均衡状态,不同类型的群体会选择购买不同类型的保险。同样地,每种类型的保险在均衡时的利润都是 0。如图9-5所示,低风险群体的盈亏平衡线为 EL,斜率为 $\dfrac{1-p_l}{p_l}$;高风险的盈亏平衡线为 EH,斜率为 $\dfrac{1-p_h}{p_h}$。保险公司为了使得高风险和低风险的个体购买不同的保险,那么只能允许高风险的人得到完全的保险,给低风险个体提供的保险要足够差,以致高风险个体不会假装成低风险个体。

根据之前的内容,我们可以知道,高风险个体将被给予完全的保险,因此 α^H 高风险无差异曲线和盈亏平衡线的切点刚好在 45°线上。而保险公司将会给低风险群体继续提供一份保险,但是这份保险的保障程度必须足够差,以便高风险群体不会购买。同时,这份保险又必须满足保险仅能获取零利润的条件。如图9-5所示的保险 α^L 是保险公司为低风险群体提供的。此时,对于高风险群体而言,由于 α^H 和 α^L 是无差异的,因此没有动力偏离自己原有的保险选择。而对于低风险群体,α^L 是优于 α^H 的,因此会选择。

同时,这两个保险计划满足盈亏预算平衡(即零利润)。因此,在这一均衡下,低风险和高风险群体都选择了不同类型的保险,并且高风险群体面临全额参保,而低风险群体是部分参保。当然,分离均衡的结果有多个,此处的(α^H, α^L)仅是其中的一种均衡情况。

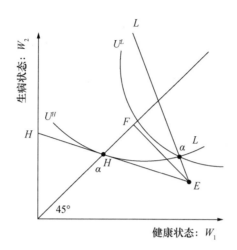

图9-5 分离均衡

从福利分析的角度而言,在不完全信息市场假设下,高风险个体对低风险个体有负的外部性。即由于无法区分高风险和低风险群体类型,只能通过损失一部分低风险群体的福利水平(部分保险),来弥补由于不完全信息带来的无效率,而高风险个体并未因为有低风险个体的存在而得到福利改善。在理想的情况下,要想使得经济达到有效率,那么只有高风险个体才会承认自己是高风险的,才能使得每一种类型的个体得到效用的改善。

本章总结

- 一方面,由于信息不对称,保险市场并未覆盖所有人,只有愿意支付的保费超过保险公司确定的保费的人才会买保险。这是保险市场中的逆向选择。另一方面,由于投保人具有风险规避倾向,医疗保险市场并不会由于逆向选择而消失。同时,风险规避系数越大,保险市场越大。
- 强制性保险影响三类群体,第一类群体是在竞争市场中选择购买保险的群体,由于他们的保费降低,从而获得了福利改善。第二类群体由于强制保险降低了保费,因而愿意参保。第三类群体由于平均保费超出了他们的支付意愿,从而使其福利下降。总体看,强制性社会保险可以改善社会福利。
- 在保费既定的情况下,低成本的风险规避者更倾向于购买保险,这种现象称为正向选择。风险规避倾向通常也是私人信息。因为正向选择的存在,医保市场中的自选择问题可能没有像人们所担心的那么严重。

- 由于逆向选择和道德风险有着相同的实证结果，因而很难对二者作出区分，它们对医疗支出的影响机制不同，区分这两者的影响具有很强的政策含义。

讨论题

1. 设医疗保险市场中保险人无法获知保险购买方（被保险人）的身体状况和可能发生的医疗费用等信息，将医疗费用设为1，被保险人的医疗费用发生概率各不相同，但服从 $[0,1]$ 的均匀分布。保险人可以知道这一分布。假设所有被保险人都具有相同的风险规避倾向。证明，市场中买方的风险规避倾向越强，均衡时保险市场规模越大，保费越低。

2. 多维私人信息的含义是什么？什么是医疗保险市场中的正向选择？

3. 为什么说强制性社会保险可以改善社会福利？

4. 用下面的方程考察估计系数 β 的大小和显著性，判断参保是否有逆向选择行为，会有什么问题？

$$\text{Risk}_i = \alpha + \beta \cdot \text{Insurance}_i + X_i \gamma + \varepsilon_i$$

其中，Risk_i 表示参保人的事后风险大小；Insurance_i 表示参保人选择不同保障程度的保险；X_i 是保险公司所能观测到的个人特征，或者用于制定保险价格的个人特征。

第 10 章

医疗保障体系的公平性

医疗保障体系是医疗筹资的主要渠道，是医疗体系的组成部分，医疗保险、医疗服务、医疗技术和药品等各部分共同为改善人们的健康作出努力。健康作为医疗服务的目标具有特殊性，健康是人们拥有的基本权力。维护健康的资源需要公平分配，医疗体系的公平性是政策关注的重要内容，因而几乎所有国家的医疗体系都有政府干预。本章附录中介绍了主要国家的医疗体系。

本章首先解释医疗服务供给和医疗筹资的公平性的含义，再介绍关于不平等程度的度量。各国医疗保障体系设计各有特点，所处的社会、文化及经济发展条件各不相同，但均面临医疗费用上涨的挑战。最后，本章回顾中国医疗保险体系的改革历程及未来改革所需解决的主要问题。

10.1 医疗公平性的含义

关于医疗保健公平性的讨论分为平均主义和自由主义两种理念。①

10.1.1 平均主义

平均主义观点认为，获得医疗保健是每个公民的权利，不应与收入和财富相关，"按需分配"原则是 20 世纪平均主义的重要组成部分。平均主义认为有些商品应该平均分配，如投票权、食品、住房、教育、医疗等。

10.1.2 自由主义

自由主义理论强调尊重人们的自然权利，其中两项重要的权利是生存权和拥有财产权。如果人们拥有或给予某种东西并不影响其他人的利益，则这种行为就是合理的，否则就触犯了自然权利。因而，自由主义不主张政府干预，认为税收应该控制在最低水平。在自由主义者看来，获得医疗保健被视为"社会回报体系的一部分"，至少

---

① 需要注意的是，在美国，"自由主义"一词早已改变了原意。哈耶克认为自由主意含义在美国的改变是从罗斯福任内开始的，罗斯福实行的新政在当时被贴上社会主义和左翼的卷标，由于担心这些标签的负面影响，罗斯福于是改称为自由主义者。自从那时开始，"自由主义"一词在美国改变了含义，与原本 18 世纪和 19 世纪的自由主义完全不同了。

在某种程度上，人们能够利用他们的收入和财富获得比同时代的人更多或更好的医疗保健。①

平均主义和自由主义指向完全不同的医疗保健系统。平均主义观点表明，通过公共财政建立的体系应占主导地位，医疗保健按照"需要"分配，并根据"支付能力"筹资。相反，自由主义观点指向一个主要由私人投资的医疗保健部门，医疗保健主要根据支付意愿和能力筹资，国家尽可能少地参与，公共财政仅限于为穷人提供最低标准的照顾。

实际上，大多数国家的医疗体系是这两种理念的结合，存在多种模式为医疗保障系统提供资金和服务。各国的医疗体系随着政府的更替而变化。总体上，欧洲国家更倾向于平均主义的观点，对医疗筹资更多按收入水平确定，而医疗服务的利用更多地按照需要分配。有些国家，如英国、斯堪的那维亚国家等不仅重视医疗服务利用的公平性，而且强调健康的平等是最终的目标。美国更倾向于自由主义的观点，政府只为老人和穷人提供基本医疗保障。

10.2　医疗服务供给的公平性

医疗服务供给的公平性涉及两个方面，一是医疗可及性，二是健康平等。

10.2.1　医疗可及性

平等的医疗可及性意味着机会平等，不论消费者偏好如何，在相同需要下可以接受的医疗服务都相同。对于平等的医疗可及性的解释有以下几种：②

第一种解释强调接受治疗方面的平等。是否获得治疗取决于个人的身体状况，而非支付能力。

第二种解释认为可及性和接受治疗是不同的概念。可及性指人们拥有的机会，接受治疗既指"机会是否存在"，也指"人们是否利用机会"。如果拥有的接受治疗的机会均等，那么就拥有平等的医疗可及性。

第三种解释认为平等的医疗可及性含义是，如果人们所花的时间和金钱一样，他们应该得到同样的服务，而不管其收入水平。

第四种解释认为可及性指在给定收入水平下可获得的最大的医疗消费，此时人们的医疗可及性与其收入有关。③。

---

① See Williams, A. H., Equity in Health Care: The Role of Ideology, E. van Doorslaer, A. Wagstaff and F. Rutten (eds.), *Equity in the Finance and Delivery of Health Care*, Oxford University Press, 1993.

② See Wagstaff, A., E. V. Doorslaer, Equity in Health Care Finance and Delivery, *Handbook of Health Economics*, 2000, 1, pp. 1803-1862.

③ See Olsen, E. O., D. L. Rogers, The Welfare Economics of Equal Access, *Journal of Public Economics*, 1991, 45 (1), pp. 91-105.

与机会平等的含义相关，经济学诺贝尔奖获得者阿马蒂亚·森区分了人类行动中的功能（functioning）和能力（capabilities）。良好的健康是一种功能，其他功能还包括较好的营养、拥有自尊和参与社区生活。能力是一系列可能的选择，如获得医疗服务的能力，人们通过选择能力获得一定的功能。健康的公平性并不代表每个人拥有同样的健康水平，更准确地说是拥有获得良好的健康的公平机会。人们在能力方面应该有公平的待遇，即人们应该有相同的选择集，有些人不参加社区生活，有些人吃垃圾食品，但每个人拥有的可选择的能力是没有区别的。①

10.2.2 健康平等

什么使健康变得特别？为什么它的最优分配是平等分配呢？亚里士多德等传统道德哲学家认为，健康的特殊之处在于，它对于个体的"蓬勃发展"是必要的。只要医疗对于身体健康是必需的，就有强烈的道德理由去关注医疗的分配。个人发展最终都指向追求健康平等。

"需求"（demand）和"需要"（need）在健康方面的区别值得重视。需求是主观愿望，受到消费者收入和偏好等影响；需要是按客观标准决定的要求，通常以是否生病、是否需要医疗服务为标准。但对于需要的界定难以精确，按需要分配医疗资源更多的是一种理念，难以有明确的标准。有一种建议是将"需要"定义为使得人们从医疗服务中可获得正的收益所需的最少资源，如果人们不能从医疗服务中获益，那么对医疗服务的需要即为零。②

10.3 医疗筹资的公平性

医疗筹资的公平性是指人们应该根据支付能力负担医疗费用，社会医疗保险是医疗筹资的一个方面，此外还包括个人自付费用、政府补贴、商业医疗保险等。

10.3.1 支付能力原则

根据支付能力为医疗保健提供资金的一个理由是，根据支付能力为医疗筹资能够促进医疗服务利用的平等。将医疗服务利用与支付相联系会阻碍人们使用医疗设施，从而降低健康的平等程度。有助于将支付能力与医疗服务利用脱钩的一种措施是，通过一次性税收为医疗保健提供资金。

---

① See Sen, A. K. (ed.), *Inequality Reexamined*, Clarendon Press, 1992.
② See Culyer, A. J., and A. Wagstaff, Equity and Equality in Health and Health Care, *Journal of Health Economics*, 1993, 12 (4), pp. 431-457.

10.3.2 医疗保险筹资的公平性

社会保险通过一定的保险费或社会保险税筹集保险资金,一般采用累进的保险费率;也可以在收入水平较低时采用累进的保险费率,比如对穷人或退休的人可以免缴保险费,而收入水平比较高时,采用累退的保险费率,比如对于缴纳保险费的基数设定一个上限。由于社会保险根据收入多少筹资,而医疗支出和收入不相关,所以社会保险可以有收入的再分配功能。医疗保险对不同收入群体的人而言,其减轻医疗负担的程度也不一样。

另一方面,社会保险按照平均发病率确定保费或补偿额,实际上是发病率低的人补偿发病率高的人。对世界各国的研究大多证明,收入和健康之间存在正相关关系,即收入低的人同时也是生病概率大的人,这样社会保险可以起到富人补贴穷人的作用。

如果将医疗费用占收入的比重定义为医疗负担,可以发现在许多国家,医疗负担随着收入的增加而减少,呈累退趋势。在有多种筹资渠道的情况下,不同的筹资方式有不同的累进程度,医疗筹资总的累进程度取决于各种方式的累进程度之和。

10.4 不平等的度量

10.4.1 集中度曲线

集中度曲线(concentration curve)衡量不同社会经济群体之间由于收入或社会地位不同导致的不平等。这一度量方法可适用于任何社会经济状况指标,前提是可以明确地将个人的收入或社会经济地位从低到高进行排名。集中度曲线常用于衡量在医疗中的不平等。这一曲线的原理与度量收入不平等的洛伦茨曲线(Lorenz curve)类似。

图 10-1 为医疗支出集中度曲线 $L_M(R)$ 示意图,绘制了按收入或社会经济地位从低到高排序后,人口累积占比与医疗支出累积占比的关系。如果集中度曲线与对角线一致,则社会经济完全平等。如果曲线位于对角线的下方(上方),则某一资源的分配不利于社会经济地位低(高)的人群,社会资源分配存在不平等。[①]

图 10-1 中,$L_N(R)$ 为对医疗需要(即健康状况)的集中度曲线,在对角线的上方,表示收入较低群体的医疗需要累积占比超过其人口累积占比,医疗需要的分布是偏向穷人的,穷人的健康状况更差。

---

① See Wagstaff, A. & E. van Doorslaer, Measuring and Testing for Inequity in the Delivery of Health Care, *Journal of Human Resources*, 2000a, 35 (4), pp. 716-733.

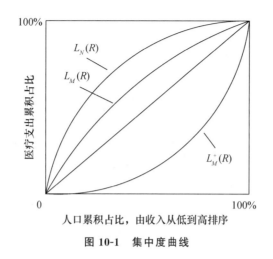

图 10-1 集中度曲线

10.4.2 集中度指数

集中度曲线和对角线之间的距离表示不公平程度。用集中度指数（CI）计算，类似于度量收入不平等的基尼系数。集中度指数为集中度曲线和对角线之间的面积的两倍。具体的计算方法见本章附录 1。

集中度指数 CI 介于 1 和 -1 之间。当集中度为正值时，曲线位于对角线下方，意味着此时是有利于富人的不平等。反之，当集中度为负值时，曲线位于对角线上方，意味着此时是有利于穷人的不平等。除此之外，集中度曲线正好是对角线。CI 为 0 时，也可能存在社会经济不平等，因为分布的不同部分朝向不同的方向并且完全相互补偿。

10.5 医疗筹资的累进程度

在集中度曲线和集中度指数基础上，我们进一步引入医疗筹资的累进程度的度量。医疗筹资分为税收、社会保险缴费、个人自付等多种渠道。累进程度是体现税收或筹资垂直公平（vertical equity）的主要指标。垂直公平是指，不同收入水平的人承担的税赋负担应该有所不同。在医疗筹资中体现为，按照收入组计算医疗筹资水平。不同收入组的筹资水平应该不同。

筹资水平和收入的关系分为累进、累退和成比例三种性质。如果筹资水平占收入的比随着收入的增加而提高，则这一体系具有累进性；如果筹资水平占收入的比随着收入的增加而降低，则这一体系是累退的；如果这一比例不随收入变化而变化，则这一体系是比例税体系。

累进指数（progressivity indices）用于度量筹资的累进程度，即筹资的累进性（或累退性）和比例税的差距。这一差距越大，说明累进程度越高。累进指数有多种形式，这里介绍较为常用的 Kakwani 指数（由 Nanak Kakwani 教授提出并以他的姓命名）。①

下面介绍 Kakwani 指数的计算及含义。图 10-2 中，$L_{pre}(p)$ 为缴费前（比如医保缴费或缴税）收入的洛伦兹曲线，$L_{pay}(p)$ 为缴费（或医疗支出）的集中度曲线。如果缴费占收入的比随着收入的增加而提高，则 $L_{pay}(p)$ 在 $L_{pre}(p)$ 的下方，反之，$L_{pay}(p)$ 在 $L_{pre}(p)$ 的上方。累进程度用这两条曲线之间的面积度量（即 Kakwani 指数，用 K 表示）。

$$K = C_{pay} - G_{pre}$$

其中，C_{pay} 为缴费的集中度指数，取值在 -1 到 1 之间，$C_{pay}=-1$，则全部的缴费由最穷的人承担；$C_{pay}=1$，则全部的缴费由最富的人承担。G_{pre} 为缴费前收入的基尼系数，取值在 0 到 1 之间。

如果缴费是累进的，则 $K>0$；如果体系是累退的，则 $K<0$。K 的取值范围在 $-(1+G_{pre})$ 到 $(1-G_{pre})$ 之间，数值越大，累进性越强，收入越高的人缴费负担越重。

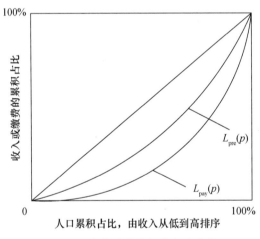

图 10-2 洛伦兹曲线与集中度曲线

表 10-1 根据上述方法计算了各国不同医疗筹资渠道的累进程度。税收和社会保险这两种公共筹资模式在大多数国家都是累进的，只有德国和荷兰的社会保险是累退的（第（1）（2）（3）栏），这是因为在这两个国家，收入很高的一部分人被排除在社会医疗保险之外，此外对医疗保险报销额有上限规定。

在个人筹资方面，个人自付医疗支出在所有国家都具有较高程度的累退性，美国、瑞士、法国、葡萄牙都属于累退程度较高的国家。即使考虑到有商业医疗保险，私人筹资依然具有累退性（第（4）（5）（6）栏）。

可见，如果没有公共筹资，则低收入者必须承受更高的医疗负担，体现出筹资方

---

① See Kakwani, N. C., Measurement of Tax Progressivity: An International Comparison, *Economic Journal*, 1977, 87 (345), pp. 71-80.

面的不公平。公共筹资的存在较大程度地提高了医疗筹资的公平性（第（7）栏），在英国、法国、意大利、芬兰等欧洲国家医疗筹资为累进的，在美国等国家，虽然总的筹资是累退的，但其程度已经远远小于私人筹资的累退程度。

表 10-1 各国医疗筹资的累进程度

国家	一般税收（1）	社会保险（2）	公共筹资合计（3）	商业保险（4）	自付费用（5）	私人筹资合计（6）	医疗筹资合计（7）
丹麦(1987)	0.0372	—	0.0372	0.0313	−0.2654	−0.2363	−0.0047
芬兰(1990)	0.0555	0.0937	0.0604	0.0000	−0.2419	−0.2419	0.0181
法国(1989)	—	0.1112	0.1112	−0.1956	−0.3396	−0.3054	0.0012
德国(1989)	0.1100	−0.0977	−0.0533	0.1219	−0.0963	−0.0067	−0.0452
意大利(1991)	0.0343	0.1072	0.0712	0.1705	−0.0807	−0.0612	0.0413
荷兰(1992)	0.0714	−0.1286	−0.1003	0.0833	−0.0377	0.0434	−0.0703
葡萄牙(1990)	0.0601	0.1845	0.0723	0.1371	−0.2424	−0.2287	−0.0445
西班牙(1990)	0.0486	0.0615	0.0509	−0.0224	−0.1801	−0.1627	0.0004
瑞典(1990)	0.0371	0.0100	0.0100	—	−0.2402	−0.2402	−0.0158
瑞士(1992)	0.1590	0.0551	0.1389	−0.2548	−0.3619	−0.2945	−0.1402
英国(1993)	0.0456	0.1867	0.0792	0.0766	−0.2229	−0.0919	0.0518
美国(1987)	0.1487	0.0181	0.1060	−0.2374	−0.3874	−0.3168	−0.1303

注：正数表示累进，且数字越大，累进程度越高；负数表示累退，且绝对值越大，累退程度越高。

资料来源：Wagstaff, A. and Eddy van Doorslaer, Chapter 34 Equity in Health Care Firanceard Delivery, *Handbook of Health Economic*, 2000, 1, pp. 1803-1862.

专栏 中国城市医疗筹资的公平性探讨

有研究利用中国健康与营养调查（CHNS）数据，对我国医疗筹资系统再分配效应及筹资的累积性进行分析。其结果如表 10-2 所示，表明商业医疗保险、社会医疗保险、自付支出的 Kakwani 指数（医疗筹资集中度与基尼系数的差值）为负，说明这三种卫生筹资方式都是累退的，医疗筹资的不平等体现为穷人的支出在医疗筹资中占比相对于其收入占比而言更高。

表 10-2 2006 年城市医疗筹资再分配效应的分解（部分）

项目	商业医疗保险	税收支出	社会医疗保险	自付支出	全部医疗支出
筹资前的基尼系数	0.482299	0.482299	0.482299	0.482299	0.482299
筹资后的基尼系数	0.48368	0.464117	0.496443	0.71814	0.747168
Kakwani 指数	−0.11428	0.375634	−0.16163	−0.33923	−0.15914

通过集中度曲线和洛伦兹曲线的关系图,可以发现自付支出在洛伦兹曲线的内部,表明自付支出筹资是累退的,自付支出出现累退性的原因可能在于穷人的患病率更高,医疗花费更多。

在中低收入以下的人群中,社会医疗保险以及商业医疗保险的集中度曲线与洛伦兹曲线近乎重合,说明二者为等比例分布,具有相对公平性。

而在高收入人群中,社会医疗保险以及商业医疗保险的集中度曲线处于洛伦兹曲线的内部,有累退性,因为对于高收入的人群,社会医疗保险的缴费部分无法以其真实的收入水平为基准,使得高收入阶层以较低缴费基数参保。此外,高收入的部分人群甚至没有参加基本医疗保险,故导致相对公平的社会医疗保险筹资方式在高收入分位出现累退趋势,进而可能影响城市整体社会医疗保险筹资的Kakwani指数的正负号。

商业医疗保险的缴费与收入负相关,原因在于穷人的健康状况较差,所以商业医疗保险筹资可能出现累退趋势。

资料来源:解垩:《中国卫生筹资的再分配效应》,载《人口与发展》2010年第4期,第38—46页。

10.6 中国医疗保障制度及其改革

10.6.1 中国医疗体系的筹资

2003—2012年间,我国卫生总费用中的政府卫生支出占比一直在提高,到2012年为30%,2012年开始取消药品加成后,政府卫生支出占比基本未提高,一直保持在30%左右。与之相对应的是社会卫生支出占比的提高,这其中主要是社会医疗保险支出,从2012年的35.67%上升到2016年的41.21%,个人支出已经下降到30%以下(如图10-3所示)。这表明,医保基金在医疗筹资中的作用日益加强。[①]

10.6.2 多种制度并存的医保体系

我国医疗保险存在多种制度,其中主要包括城镇职工基本医疗保险(城职保)、城镇居民医疗保险(城居保)以及新型农村合作医疗保险(新农合)三类,如表10-2所示。城职保主要覆盖的人群是城镇就业人员,实行强制参保原则,采用个人和单位共同缴费并建立医疗保险基金形式。城职保也可自愿参保,即灵活就业人员可以根据自身的实际

---

① 卫生总费用指一个国家或地区在一定时期内,为开展卫生服务活动从全社会筹集的卫生资源的货币总额,按来源法核算。卫生总费用不仅包含医疗总费用,而且还包含医药卫生行政费用和公卫支出,主要是国家卫计委、地方卫计局以及国家食药总局、地方食药局、各级疾控中心等由财政负担的人员工资、办公经费等。

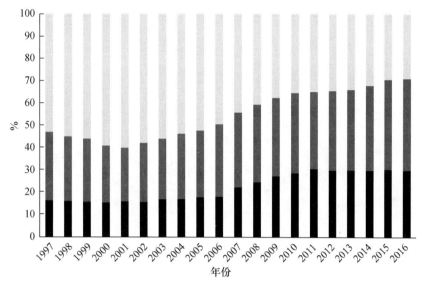

图 10-3 中国卫生总费用结构变化

数据来源：国家卫生和计划生育委员会编的《中国卫生和计划生育统计年鉴》(2013—2017 年)；中国卫生部编的《中国卫生统计年鉴》(2008—2012 年)。

情况,选择参加城职保。[①]

城居保主要覆盖的人群是城镇地区非就业人员,城居保制度从 2007 年 10 月起,开始在全国各地陆续开展试点工作,截至 2011 年年末在全国各个地区实现了制度全覆盖;与城职保不同,城居保采取个人或家庭自愿参保形式,并且以家庭缴费为主,政府适当补贴。

新农合主要覆盖的人群是农村居民,仍采用个人或家庭自愿的方式,并且采取个人缴费、集体扶持和政府补贴的方式筹集资金。2016 年,整合城镇居民基本医疗保险和新型农村合作医疗两项制度,从而建立统一的城乡居民基本医疗保险制度,合并后的居民医保政策所覆盖的对象为城镇以及乡村灵活就业或无业人员。[②]

由表 10-3 可见,这三类医保政策在缴费标准和待遇水平上存在显著的差异。总体上看,城职保的筹资水平和待遇水平都要高于城居保和新农合的水平。

---

① 2010 年颁布的《社会保险法》(主席令第三十五号)中第三章第 23 条规定:无雇工的个体工商户、未在用人单位参加职工基本医疗保险的非全日制从业人员以及其他灵活就业人员可以参加职工基本医疗保险,由个人按照国家规定缴纳基本医疗保险费。

② 2016 年 1 月发布的《国务院关于整合城乡居民基本医疗保险制度的意见》(国发[2016]3 号)提出六个统一的思路,即统一覆盖范围,统一筹资政策,统一保障待遇,统一医保目录,统一定点管理,统一基金管理。2017 年,已经建立统一的城乡居民医保制度,基本实现符合转诊规定的异地就医住院费用直接结算。

表 10-3 各项医疗保险制度比较

	城职保	城乡居民医疗保险	
		新农合	城居保
建立时间	1998 年	2003 年	2007 年
覆盖人群	城镇职工	农村居民	城镇居民、自雇及灵活就业人群
筹资渠道和水平	雇主和雇员共同缴费（雇主缴费率为6%，雇员缴费率为2%），2015年人均缴费4223元	政府补贴（约80%）和个人缴费（约20%），2017年人均筹资180元，各级财政补贴450元	政府补贴（约70%）和个人缴费（约30%），2017年人均筹资515元，各级财政补贴403元
住院报销比例（2014，目录内）	80%	75%	70%
报销门诊费用的县的数量（2013）	100	79	58
报销门诊大病和慢病的县的数量（2013）	100	89	83
目录内药品种类（2013）	2300	800	2300
报销封顶线	本市职工社会平均工资的6倍	当地农民人均纯收入的6倍	当地人均可支配收入的6倍
人均基金支出（2014）	2367	393	457
是否强制	是	否	否

资料来源：由作者根据相关政策资料自行整理。

我国医保覆盖面迅速扩大，基本实现全覆盖。如图10-4所示，2005年时城职保加新农合总共只覆盖了3.2亿人，到2017年，城职保、城居保和新农合已经覆盖了13.14亿人。尽管如此，普通医保的最高报销额度有限，通常不超过3—10万，大病负担依然严重。全球著名的医学杂志《柳叶刀》2012年的一篇文章指出，2011年，我国发生灾难性医疗支出的家庭比例为13%，农村家庭发生比例为14%。为应对大病医疗负担，2012年由国家发改委牵头六部委联合下发了开展大病医疗保险的指导意见，建立大病保险制度，对重大疾病导致的高额医疗费用进行再次报销或提高报销比例，大病医保报销比例不低于50%。到2017年，大病保险制度基本建立。

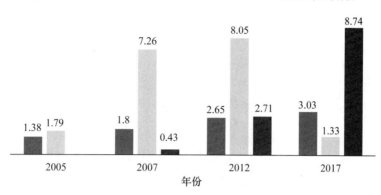

图 10-4　各项医疗保险参保人数（亿人）

数据来源：国家卫生和计划生育委员会编的《中国卫生和计划生育统计年鉴》（2013—2017 年）；中国卫生部编的《中国卫生统计年鉴》（2008—2012 年）。

10.6.3　中国医保制度面临的挑战

10.6.3.1　人口老龄化加重医保负担

我国城职保制度是以在职职工缴费赡养退休职工，基金的可持续运行首先受到人口老龄化的影响。一方面，在生命周期中，老年时期是医疗支出较多的时期，随着退休人员的增加，基金支出通常会增加。另一方面，缴费人口增长下降，导致基金收入增速小于基金支出增速。截至 2017 年年底，3 亿城职保参保人员中在岗职工参保人数为 2.2 亿人，退休参保人数为 0.8 亿人。[①] 近年来，两类参保群体人数都在稳步上升，但退休参保人数增长更快，从图 10-5 可见，职退比（参保职工/退休人员）从 2012 年起就一直下行，2012 年为 3.02，2017 年下降至 2.75，即 1 个退休人员的支出平均由 2.75 个在职人员的缴费负担。从全国层面的城镇职工医疗保险基金收支情况来看，基金收入和支出每年均保持一定的增长，增速基本趋同，但大部分年份中基金支出增速都超过了收入增速，按此趋势，基金收支平衡将面临较大压力。[②]

---

① 数据来源：中国人力资源和社会保障部发布的《2017 年度人力资源和社会保障事业发展统计公报》。

② 医疗保险基金收入中包含缴费收入和政府补贴，不过，政府补贴占比较小，占基金收入的 1% 左右。

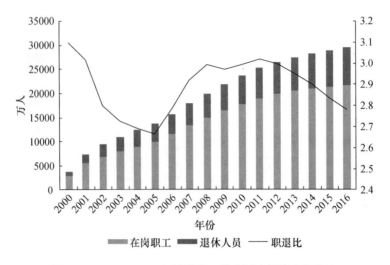

图 10-5　2010—2017 年城镇职工基本医疗保险参保情况

数据来源：中国人力资源和社会保障部发布的《2017 年度人力资源和社会保障事业发展统计公报》；国家统计局人口和就业统计司、人力资源和社会保障部规划财务司编：《2017 年中国劳动统计年鉴》，中国统计出版社 2018 年版。

10.6.3.2　医保基金支出增长迅速

从医保基金运行情况看，我国医保基金遵循"以收定支"的原则，但基金支出增速仍然大于基金收入增速。随着医保覆盖面的扩大和医保保障程度的逐步提高，医保基金平衡的压力不断增加。人均基金支出增长迅速，2008 年之后增速明显加快，以城职保为例，2016 年人均基金支出为 2806 元，为当年城镇居民人均消费支出的 16%，比 2004 年增长了 3 倍（如图 10-6 所示）。根据人社部社会保险事业管理中心发布的《2016 年全国医疗生育保险运行分析报告》，城镇职工医疗保险当期收不抵支的统筹区达 100 个，累

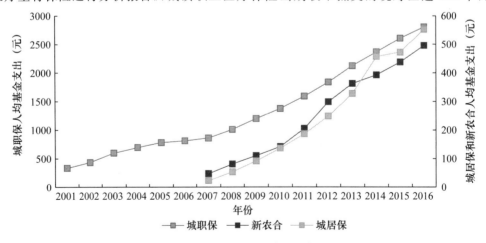

图 10-6　医疗保险人均基金支出变化

数据来源：国家卫生和计划生育委员会编的《中国卫生和计划生育统计年鉴》（2013—2017 年）；中国卫生部编的《中国卫生统计年鉴》（2008—2012 年）。

计收不抵支的统筹区达 28 个。居民医保当期收不抵支的统筹区达 111 个,累计收不抵支的统筹区为 4 个。

10.6.3.3 医药行业技术进步对医保支出需求日益增长

与医保基金压力相对应的是技术进步带来的需求增长,美国在 1940—1990 年 50 年间,大约有 25%—50% 的医疗费用增长被认为来自于医疗技术(包括新药)创新。这一规律在其他国家也不会例外,随着收入水平的提高,人们的健康需求增加,对新技术、新药的需求必然上升,医疗成本和医疗费用也会随之提升,对医保在减轻医疗负担方面将有更多的需求。

尽管医保覆盖面扩大,但我国贫困人口中因病致贫的比例近几年却在上升,2015 年底因病致贫、因病返贫的贫困人口占整个贫困人口的 44.1%,涉及近 2000 万人。2018 年开始实施抗癌药降税等政策,医保有责任发挥更大作用,包括推进第三方对医疗机构的支付方式改革、发挥战略性购买者的价格谈判能力等。推进医保目录内抗癌药集中采购、对目录外推进医保准入谈判、加快境外已上市新药在境内上市审批等已经提上工作日程。[①]

10.6.3.4 医保统筹层次低

统筹层次低带来两方面的不利影响:一是医保基金风险分担能力和抗风险能力较弱。一般而言,根据医保基金运行遵循大数法则,统筹层次越高,基金抗风险能力越强,同时医疗保障程度可能得以提高。通常,随着统筹层次的提高,医保管理成本会下降,也会促进医疗基金使用效率的提高。长期以来,我国医保基金管理在县市一级,城职保和城居保在市层面统筹,分别有 333 个统筹单位。新农合基金在县层面统筹,有 2852 个县统筹单位,平均每个统筹单位人数约 30 万。另一方面,较低的统筹层次进一步加剧了各地区医保缴费和待遇规定的差异。由于医保基金结余情况各不相同,结余多的地区会提高待遇水平,收不抵支的地区会进一步收紧医保支付,由此导致地区间在待遇方面的差异扩大,如此动态演变更不利于医保基金统筹层次的提高。二是劳动力流动受到影响,我国存在大量异地就医情况,由于统筹基金之间的分割,异地报销十分困难,手续复杂,材料繁多,带来诸多额外成本。有研究发现,参加新农合使农村留守劳动力转移到城镇的概率明显且较大幅度下降,使农村劳动力转移到本乡镇以外的概率下降的幅度更大,对中老年人的影响高于对青年人的影响。异地就医的困难还增加了农民工返乡概率,一定程度上阻碍了农村转移劳动力真正转化为产业工人的进程。

10.6.3.5 公立医院资产负债率增加导致医保控费难度加大

2012 年,公立医院补偿机制开始改革,由原来的服务收费、药品加成收入、财政补助

---

① 国务院 2018 年 8 月发布的《深化医药卫生体制改革 2018 年下半年重点工作任务》中明确提出:配合抗癌药降税政策,推进各省(自治区、直辖市)开展医保目录内抗癌药集中采购,对医保目录外的独家抗癌药推进医保准入谈判;开展国家药品集中采购试点,明显降低药品价格;有序加快境外已上市新药在境内上市审批。(国家医保局、国家卫生健康委、国家药监局负责)

三个渠道改为服务收费和财政补助两个渠道。考察医院医疗收入增长情况及与经济增长之间的关系发现,从医院收入增长看,2012 年到 2016 年各项收入增长幅度有所下降,医院总收入增长幅度由 2012 年的 20.98% 下降到 2016 年的 11.27%,其中医疗收入(包括挂号、床位、诊察、检查、化验、治疗、手术、卫生材料、药品、药事服务费、护理和其他收入等)增长幅度由 18.5% 下降到 11.14%,财政补助收入增幅由 18.59% 下降到 12.03%。

尽管医疗费用增幅开始下降,但我国医疗机构面临的债务负担却在加剧,从而经营成本难以下降,对医疗费用控制有不利的影响。以资产负债率衡量医院的债务负担,资产负债率即总负债与总资产的比率。医院资产负债率自 2012 年有一个明显的上涨,从 2011 年的 33% 跳跃到 2012 年的 40%,之后几年缓慢增长,2016 年为 42%。医院负债增加,意味着资金成本上升,医院经营成本随之上升,一定程度上导致医疗费用上涨,例如,我国医院设备检查费用快速上升,基本上以每年 20% 的速度递增;而且医院通过负债追求规模扩大,势必需要更多病人利用这些病床,由此不可避免产生诱导需求,也将导致医疗费用上涨。

10.6.4 医疗保险可持续运行展望

10.6.4.1 推进支付方式改革

从其他国家的发展过程看,医保支付方式改革是在人口老龄化、医疗技术进步、经济放缓的背景下推出,在 20 世纪 70 年代全球经济衰退之后,政府和消费者都迫切需要削减医疗支出,按人头收费和 DRG 支付系统由此发展起来,成为控制医疗费用增长的主要措施。

相比按病种付费,总额预付制下医保对医疗费用有更强的控制能力。按病种付费只是规定了某一次发病的费用,医院仍然可以通过增加病人数量或增加住院次数等获得更多收入。总额预付制下,医院通常无法从医保获得更多收入,既要控制单次费用,又要控制病人数量。总额控制仍是有必要的支付方式改革。

我国总额预付制的费用控制效果不够好,这和我国总额预算确定规则有关。大多数地方医保部门是根据上一年度的实际医保支付额确定预算,这样医疗机构为下一年度争取到更多预算,节约费用的动力不足,而且还有不断扩大医院规模的动力。我国市场中虽有多家医院,但相对于病人数量,每家医院的服务还是供不应求,医院可以选择病人的空间较大,不用担心病人流失,此时难以产生竞争,所以市场份额分配制度在我国并不合适。

总额控制不能体现不同病种、不同患者情况的差异,导致一些病人的需求不能得到满足。对于住院患者可采用按病种付费这一必要的支付方式,能更好地兼顾患者利益和费用控制。这种方式对于医保管理工作提出很高的要求,可以借鉴我国台湾地区的点数法。点数法巧妙地将按病种付费和医保基金总额控制联系起来。

10.6.4.2 推行医保就诊合约制度

我国当前医保费用控制压力较大的一个很重要的原因是对于患者的就诊选择没有

限制。在一定区域内,患者可以到多家医院就诊,不可避免地造成重复检查。未来通过合约制度可改善这一状况,一方面,医保和消费者签约,对其就诊行为有所限制;另一方面,患者和医院或家庭医生签约,同时医保和医院或医生之间也有合约,由医保按签约人数支付费用。这样不仅可以避免对患者的重复检查,而且签约医院和医生有激励去做好患者的日常保健工作,以减少住院等费用较高的服务。

根据医疗机构服务的人群数量、年龄结构、通货膨胀率、医疗技术发展、收入增长等因素调整每年的预算。在人们可以去多家医疗机构就诊的医疗市场体系中,对某一家医疗机构进行总额预付就有很大难度,难以根据覆盖的人群分配预算。我国大多数地区都采取根据上一年度发生的实际医疗支出进行分配的做法,由此反而助长了医院竞相增加支出。

10.6.4.3 改革退休人员医保报销政策

目前,我国各地区的城职保对退休人员在医保报销比例上均有不同程度的提升。在人口老龄化压力日益加大的背景下,这一政策可能需要调整。在退休的同时提高医保待遇是我国特有的制度设计。少数一些经济体在医疗保险制度设计中,会对老年人有一定的待遇优惠,但大部分经济体医保待遇提高的年龄相对退休年龄较高。退休效应本身会对个人医疗行为产生影响,有一些研究发现退休后时间充裕,利用医疗服务的机会成本下降,促进了医疗消费。在退休时提高医保待遇,将退休效应与价格效应同期叠加,更容易导致过度消费,产生成本大于收益的结果。

10.6.4.4 推进医疗卫生体系综合改革

值得重视的是,医保改革还需与医疗服务体系改革、药品价格形成机制改革等相配套。我国医疗费用中的药占比一直居高不下,到2014年仍高于40%,而经济合作与发展组织国家医疗费用中的药占比在20%左右,折射出我国在医疗管理体制、医药生产流通体制和卫生人力资源管理等方面存在诸多弊端,这些弊端加剧了医保运行面临的困境。

为完善统一的城乡居民基本医疗保险制度和大病保险制度,不断提高医疗保障水平,确保医保资金合理使用、安全可控,统筹推进医疗、医保、医药"三医联动"改革,更好地保障病有所医,2018年3月发布的国务院机构改革方案提出,将人力资源和社会保障部的城镇职工和城镇居民基本医疗保险、生育保险职责,国家卫生和计划生育委员会的新型农村合作医疗职责,国家发展和改革委员会的药品和医疗服务价格管理职责,民政部的医疗救助职责整合,组建国家医疗保障局,作为国务院直属机构。

10.6.4.5 多方面拓展医疗卫生体系的筹资渠道

自20世纪80年代中期以来,一些国家或者联邦制国家的州政府开始采取将部分税收收入特定用作促进健康的政府支出,这些税种主要是包含烟酒在内的一些"罪恶税"(sin tax)。烟酒消费导致疾病多发,使得医疗卫生费用增加,对烟酒征税补充政府卫生支出具有合理性。从各国实践经验来看,越来越多的政府利用烟酒税收或者烟酒提税后获得的额外收入支持各种烟酒控制活动或其他增进健康工作,还有些政府利用这些收入为本国卫生保健系统提供部分资金。例如2016年,基于财政收入与医疗卫生支出的双重压力,美国加利福尼亚州通过了《将烟草税用于医疗、研究与预防法案》(第56号提案),再次大幅提高了卷烟和烟草制品的消费税税率,并于 2017 年生效实施。2016 年,新一轮烟草消费税提税法案通过之后,加利福尼亚州政府当时预计 2016 年烟草消费税为 11.6 亿美元,2017 年达 20.9 亿美元,占到 2017 年加利福尼亚州总税收的 1.2%,仅比社会保险税(占 1.3%)少 0.1 个百分点,成为卫生健康支出的有利保障。通过对 42 个国家提升 40% 的税率进行测算之后发现,对于酒类消费税而言,尽管提税后消费量有所下降,但消费税却反而相应增加。①

2010 年到 2014 年,我国烟酒消费税占国内税收总额的比例基本保持在 4% 的水平,2015 年卷烟批发环节提税后烟草消费税大约为 5360 亿元。根据世界卫生组织中国模型计算,2015 年卷烟消费税调整后一年内,我国吸烟人群减少 510 万人,未来归因于吸烟的死亡人数将减少 113 万人。我国目前烟酒消费税相对于其他国家较低,操作空间大而政策阻力小,未来有提升的空间,具有双赢的效果,一方面增加了医疗体系的筹资,一方面起到了促进公共卫生健康的作用。

附录1 集中度指数的计算

在离散的情况下,对于 n 个个体可以得到的集中度指数为:

$$CI(\gamma) = \frac{1}{n\mu(\gamma)} \sum_{i=1}^{n} \left[\gamma_i \left(2r_i^I - \frac{n+1}{n} \right) \right]$$

其中,$\mu(\gamma)$ 是 γ_i 的平均值,r_i^I 是 I 分布中个体 i 的分数排序等级。这种方法可以用于衡量社会经济中的医疗健康不平等(h)。但这种不平等并不一定是不公平,例如,穷人消费相对较多的医疗保健,可能是由于他们健康状况更差,而不一定是不公平的。

文献中已提出两种方法对健康状况差异进行校正。假设医疗保健是关于需要 N 和社会 SES 地位的函数,即 $hc_i = f(N_i, \text{SES}_i)$。第一种方法是直接标准化,计算在样本平均需求下,能够得到的医疗,即 $hc_i^+ = f(\bar{N}, \text{SES}_i)$,其中 $\bar{N}$ 是所有样本中的平均需求。然后,利用标准化后的医疗水平 hc^+ 构建图 10-1 中的集中度曲线 $L_M^+(R)$,并计算相应的集中度指数 $C^{\text{DIR}}(hc) = C(hc^+)$。

第二种方法是间接标准化。每个具有相同需要特征的人接受一样的医疗护理,即 $f(N_i, \overline{\text{SES}})$,其中 $\overline{\text{SES}}$ 是样本中的平均 SES。故个体 i 所遭受的"不公平"为 $f(N_i, \overline{\text{SES}}) - f(N_i, \text{SES}_i)$。就集中度曲线而言,总体评价基于 $L_M(R)$ 与需要集中度曲线 $L_N(R)$ 的比较(如图 10-1 所示),其中后者是间接标准化时的集中度曲线。

---

① See Stenberg, K., R. Elovainio and D. Chisholm, Responding to the Challenge of Resource Mobilization-mechanisms for Raising Additional Domestic Resources for Health, World Health Organization, 2010.

附录 2　不同国家医疗体系比较

1. 加拿大

加拿大医疗保险系统采用单一付款人制度,名为"medicare",由 13 个省和地区独立管理。每个公民和永久居民都会自动获得保障。截至 2012 年,加拿大将约 11% 的 GDP 用于医疗保健支出。除 medicare 保险外,大多数雇主提供私人补充保险作为吸引优质员工的福利。

medicare 涵盖的所有服务在每个服务点都是免费的,因此该系统的医疗支出主要通过一般税收来支付,或提供补贴,但每个省或地区都需额外投入,确保提供医疗保健服务。

在大多数省份,消费者不限于任何特定的提供者网络。然而,使用守门人模式可使消费者必须从他们的家庭医生那里获得推荐才能看专家,按项目付费。每个省或地区都设定自己的费用表。少数省份(例如,安大略省)使用捆绑式 DRG 方式分配资金给医院。

2. 德国

德国政府为所有人提供强制的万能险,包括居住在德国的临时工。德国的主要保险制度是一种社会医疗保险制度,覆盖 90% 的人口,并且有 200 个竞争性健康计划(称为"疾病基金"),其余人口(主要是高收入消费者)购买私人保险替代医疗保险制度。2009 年,德国在医疗保健方面的支出约占 GDP 的 12%。

德国的医疗支出主要由雇主和雇员缴费提供资金。缴费是收入的 10%—15%,且视年龄而定,无论个人参加哪种健康计划,缴费均由员工和雇主平均分配。德国人在 65 岁退休时仍需缴纳保费。

为应对医疗保健成本的快速增加,德国实施了各种措施削减成本。比如,使用非价格分配方法,如为了看专科医生,患者必须首先接受作为"守门人"的医生的转诊。

德国使用总额预付系统控制年度医疗保健支出,通过给予特定专科的总支付额等于一年内该专科的总预算,实现目标支出。联邦卫生部制定费用表,以点数法分配医疗投入,以每年每个区域的专科总支出除以该区域专科的"点数",计算每点的价格,并且该专科的每位医生根据累积的点数支付,直到季度和年度额度的上限。

通过这些基金提供的基本保险在欧洲覆盖范围广泛,包括医生、牙医、脊椎按摩师、物理治疗、处方、临终关怀、健康俱乐部,甚至是温泉治疗,还有单独的强制性事故和长期护理保险计划。大多数消费者还购买私人保险公司的补充保险,补充保险通常为患者提供牙科保险和私人医院服务。

3. 日本

日本实行强制性保险制度,包括为受薪雇员提供保险,为无保险、自保和低收入人群提供国家健康保险,以及为老年人提供单独的保险计划。在就业为基础的基本保险计划中,雇主作为赞助者发挥着重要作用。以就业为基础的保险有两种,与公司规模大小相关。医保公司为拥有超过 5 名但少于 300 名员工的公司的员工提供雇主为基础的医疗保险,覆盖近 30% 的人口。大型雇主(另外 30% 的人口)通过一系列按行业和职业组织的社会管理计划来赞助员工保险。以雇主为基础的健康保险范围必须包括配偶和家属。

国家公共健康保险计划涵盖那些不符合雇主保险条件的人,包括农民、自营职业者、失业者、退休人员和孕妇,他们共占人口的 34%。老年人健康保险涵盖老年人和残疾人并为其提供额外福利。最后,任何低于政府确定的贫困线的家庭都有资格获得福利支持。总的来说,日本在医疗保健方面的支出约占 GDP 的 9.3%(2011 年)。

日本的医疗保险支出包括雇主和雇员共同支付的工资税以及自营职业者支付的保费。政府根据价格表在全国范围内对医疗工作者和机构收取的费用进行了标准化。日本医疗护理主要是通过对个人用户和雇主征收的强制性保费来筹集的。保费因收入和支付能力而不同。

雇主几乎没有改变保费水平的空间,保险水平从工资基数的 5.8% 到 9.5% 不等。保费在雇员和雇主之间平均分配。保险比例为医院费用的 80% 和门诊治疗的 70%。基于雇主的保险进一步细分为社会管理计划、政府管理计划和互助协会。患者可以选择自己的全科医生和专科医生,可以自由地去看医生,没有守门人系统。

所有医院和医生诊所都是非营利性的,尽管 80% 的医院和 94% 的医生诊所都是私人经营的。日本的入院率相对较低,但一旦入院,患者会在医院度过相对较长的时间。在日本,平均住院时间为 36 晚,而美国仅为 6 晚。

日本医疗保险制度覆盖的服务包括门诊和住院护理、延长护理、大多数牙科护理和处方药,但不包括堕胎、整容手术、大多数中医治疗(包括针灸)、某些医院设施、一些高科技手术和分娩等项目。

4. 美国

美国医保制度的核心是以就业为基础的医疗保险制度,雇主作为缴费者在其中发挥关键作用。据统计,在美国有超过 1200 家私人保险公司提供医疗保险,这些保险公司主要由 50 个州政府而不是联邦政府监管。这些公司提供数以万计的不同医疗保险计划,每个计划都有自己的保费、承保服务列表和成本分摊功能。除了这个私人系统,还有许多重叠的公共特定保险计划,包括旨在覆盖老年人、残疾人或患有晚期肾病的医疗照顾方案(medicare program),以及覆盖贫困且具有医疗需求的人群、儿童、退伍军人和自营职业者的医疗救助项目(edicaid)。截至 2012 年,约有 17% 的美国人口没有基本保险,尽管很多人实际上有资格获得,但自己却没有意识去参保。美国将近 18% 的 GDP 用于医疗保健,是所有发达国家中最高的。

2010 年的《平价医疗法案》(ACA)极大地改变了美国医疗保健系统的许多特征,并且大大减少了没有医疗保险的美国人的数量。从 2014 年开始,没有医疗保险的消费者将不得不支付税款,超过一定规模的雇主将必须向其全职员工提供保险或支付罚款。该体系下还需要建立保险交易所,以覆盖在美国最难获得保险的自雇人士和小雇主。ACA 对控制费用增长的作用较小,但确实有助于扩大保险覆盖范围。

在美国,医疗成本控制是一个巨大的问题。通常,患者需要共同支付,设置起付线、承保最高限额和分层付款都是控制需求的手段。许多健康计划使用对供给方进行控制的方法,例如 DRG 支付体系。最近的创新包括建立责任关怀组织(ACO)和重组初级护理、以患者为中心的医疗家庭支付(PCMH)系统。绩效支付系统和电子医疗记录同时也在进行测试。

美国公共保险计划——medicare、medicaid、退伍军人事务部,也有自己的支付系统和成本控制措施。这些计划有着大量的创新,其他国家可以从中学习。美国医保系统的一个积极特征是探索各种支付方式,以试图控制成本。美国的个人医疗保健数据全面,有关医生、医院和健康计划的信息,消费者都可以获得,并可能在消费者选择中发挥作用。

除了新加坡之外,美国的医疗保健系统可以说是最不公平的医疗保健系统,患有慢性病的贫困消费者或患病的消费者的医疗支出占收入的比例很高。医疗保健支出是个人破产的常见来源。

5. 新加坡

新加坡有着独特的医疗保健体系,其中主要的保险形式是由储蓄支持的强制性自我保险。值得注意的是,尽管 2011 年人均国内生产总值约为 60000 美元,但新加坡的医疗保健支出仅占国内生产总值的 4%(2012 年)。医疗体系的核心是强制性的基于收入的个人储蓄计划,称为"medisave",要求消费者将其收入的 6% 至 9%(考虑年龄,最高为每年 41000 美元)存入健康储蓄帐户(HSA)。该 HSA 可用于消费者的任何医疗保健服务,包括购买医疗保险的保费。健康账户上未使用的资金可用于支付未来的医疗费用以及其他亲属或朋友的医疗费用,如果超过 65 岁,则可以兑现用作额外收入,但有一些限制。

新加坡还有一项名为"medishield"的补充保险计划,可用于支付因长期住院治疗或针对特定慢性疾病延长门诊治疗而产生的费用,但不覆盖先天性疾病、已有严重疾病者和 85 岁以上的患者。

截至 2011 年,medishield 计划覆盖了大约 65% 的人口。政府还支持第二个免费的灾难性支出保险计划,称为"medifund",旨在帮助保障 medisave 和 medishield 范围之外的医疗消费。消费者可以从这个灾难性保险基金中索取的金额取决于他们的财务状况和社会地位。

新加坡的医保系统还包括一个私人可选的保险计划,涵盖长期护理服务,称为"eldershield"。消费者一旦达到 40 岁就会自动注册 eldershield,但他们可以自愿选择退出。大多数医疗服务都可以获得补贴,但在补贴之外,消费者也必须为几乎所有服务自掏腰包。补贴取决于消费者的收入,消费者通常可以选择不同的覆盖水平。

新加坡医疗服务有公共和私人两个部分,公共部门服务于大多数住院、门诊和急诊,私营部门服务于大多数初级和预防性护理。新加坡的医疗保健体系因其医疗保健支出占 GDP 比例较低而获得了积极的宣传,但其他国家难以复制。该系统更有利于高收入家庭,因为他们有更多的资金存于健康储蓄账户。

6. 英国

英国的国家卫生服务系统(NHS)建立于 1948 年,对所有的英国居民提供卫生保健服务。主要通过税收(75%),少部分通过国家医疗保险(20%)和使用者付费(5%)进行筹资。该计划以人头为基础向全科医生支付费用,而医院医生则主要以工资为基础。除了 NHS,英国还存在一个私人卫生服务系统,大约 11% 的英国人购买私人医疗保险。

全科医生(GP)是医疗保健系统的守门人。全科医生不是政府雇员,而是自营职业者,从按人头付费的合同中获得大约一半的收入。全科医生通常治疗常规病症并将患者转诊至医院以获得更专业的护理。一旦到达医院,患者便由专科医生(顾问)照顾,医院为他们配备床位,初级医务人员在专科医生的指导下工作。

英国提供全民医疗保健服务的同时,其医疗保健支出占比并不高。虽然患者可以相对容易地获得基本服务和急诊护理,但是专科服务则需要排长队,等候时间很长,同时对新技术的利用也有所限制。

尽管在英国实现了全民医疗服务覆盖,但在筹资和卫生服务利用方面存在相当大的地区差异。1991 年,撒切尔对 NHS 进行改革,将医疗服务购买者和提供者分离,把预算基金分配给卫生服务的"购买者"——卫生当局,让其来购买服务。这样,提供者之间就会产生竞争,以便能与购买者签订合同,由此提高效率,创造激励机制。但自 2000 年以来,NHS 出现了两个主要问题:第一个问题涉及能力限制——医生和护士短缺,以及急性病床数未知。第二个问题是,养老院病床的短缺意味着难以将老年患者从医院转出,妨碍医院接受新的入院患者。

NHS 在成本控制方面的经验是显而易见的。即使医疗系统改革后医疗费用支出增加,但是英国的总支出仍远低于欧盟和美国。

本章总结

- 关于医疗保健公平性的讨论分为平均主义和自由主义两种观点。平均主义观点认为,获得医疗保健是每个公民的权利,不应与收入和财富相关。自由主义观点不主张政府干预,获得医疗保健被视为"社会回报体系的一部分"。大多数国家的医疗体系是这两种观点的结合。

- 社会保险按照平均发病率确定保费或补偿,社会保险根据收入多少筹资,而医疗支出和收入不相关,所以社会保险有收入的再分配功能。对世界各国的研究大多证明,收入和健康之间存在正相关关系。即收入低的人同时也是生病概率大的人,这样社会保险可以起到富人补贴穷人的作用。

- 集中度曲线衡量不同社会经济群体之间由于收入或社会地位不同导致的不平等。这一度量方法可适用于任何社会经济状况指标,前提是可以明确地将个人的收入或社会经济地位从低到高进行排名。集中度指数CI介于1和-1之间。当集中度为正值时,曲线位于对角线下方,意味着此时是有利于富人的不平等。反之,当集中度为负值时,曲线位于对角线上方,意味着此时是有利于穷人的不平等。
- 累进程度是体现税收或筹资垂直公平的主要指标。垂直公平是指不同收入水平的人承担的税赋负担应该有所不同,在医疗筹资中体现为按照收入组计算医疗筹资水平,不同收入组的筹资水平应该不同。累进指数用于度量筹资的累进程度,即筹资的累进性(或累退性)和比例税的差距。这一差距越大,说明累进程度越高。

讨论题

1. 医疗公平性中的平均主义和自由主义的含义是什么?
2. 集中度曲线的含义是什么?如果我们看到医疗支出的集中度曲线在对角线上方,此时医疗支出分布和收入之间是什么关系?
3. 医疗融资累进性指数的计算、取值区间及其含义是什么?
4. 下图为各国医疗支出的集中度指数和Kakwani指数,在发展中国家或地区,医疗筹资的累进性比发达国家或地区更高,这其中的原因是什么?累进指数在此对发展中国家或地区和发达国家或地区有何不同的含义?

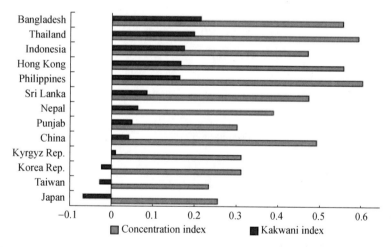

资料来源:O'Donnell, *et al.*, Who Pays for Health Care in Asia, *Journal of Health Economics*, 2008, 27(2), pp. 460-475。

5. 我国医疗费用上涨的主要原因有哪些?

第11章

失业保险

失业将使人们的收入受到严重且持久的影响,失业保险是对失业期间收入损失的补偿,帮助人们平滑消费。失业保险面临严重的市场失灵,只有政府才会提供,根据国际劳工组织(ILO)2016年的统计,198个成员国中有72个国家有失业保险项目,大多是高收入和中等收入国家。

本章首先明确失业的定义和种类,之后讲解失业保险的主要功能和各国失业保险制度的主要内容,分析失业保险政策对劳动力市场的影响,还将讲解最优失业保险理论及相关研究,最后介绍我国失业保险制度的发展。

11.1 失业和失业率概述

11.1.1 失业的定义

根据国际通行的定义,失业人口是指在劳动年龄以内有劳动能力但在调查时期内(通常为一周)没有超过1小时有收入的劳动力。按照国际劳工组织的统计标准,凡是在规定年龄内一定期间(如一周或一天)属于下列情况的均属于失业人口:

(1) 没有工作,即在调查期间内没有从事有报酬的劳动或自我雇佣;

(2) 当前可以工作,即当前如果有就业机会,则可以工作;

(3) 正在寻找工作,即在最近期间采取了具体寻找工作的步骤,例如,到公共的或私人的就业服务机构登记、到企业求职或刊登求职广告等。

各国会根据自己本国的情况对失业作出定义。

11.1.2 失业率的定义

失业率是指一定时期希望就业的劳动力人口中未有工作的人数比例,旨在衡量闲置中的劳动力资源,是反映一个国家或地区失业状况的主要指标。

$$失业率 = 失业人数 / (劳动年龄人口 \times 劳动参与率)$$

11.1.3 失业的种类

11.1.3.1 摩擦性失业

劳动力市场处于不断变化中。一些劳动者辞掉了工作,另一些劳动者被解雇了;一些公司正在削减规模,还有些公司正处于规模扩张期。因此,在任何时候都有许多劳动者在频繁更换工作。如果寻找工作的劳动者和寻找劳动者的公司可以立即找到对方,就不会有失业。摩擦失业的产生正是由于劳动者和公司都需要时间对工作信息进行匹配。摩擦性失业的存在并不表明经济中存在基本的结构性问题,例如,正在寻找工作的劳动者数量和市场提供的工作数量之间的不平衡。因此,政府部门无需太过关注摩擦性失业,摩擦性失业只是短暂性的失业。此外,摩擦性失业是"有成效的"失业,因为劳动者和企业的搜索活动改善了资源的分配。有一些简单的政策解决方案可以减少摩擦性失业,例如,向劳动者提供有关职位空缺的信息,并向公司提供有关失业工人的信息。

11.1.3.2 季节性失业

许多劳动者也经历季节性失业。季节性失业的持续时间通常是容易预测的。因此,季节性失业和摩擦性失业一样,并不属于政策关注的失业问题。毕竟,一旦就业季开始,大多数失业工人将返回其原来的雇主那里。

11.1.3.3 结构性失业

引起最大关注的失业类型是结构性失业。结构性失业的产生是由于劳动者所掌握的技能与企业要求的技能不匹配所致。假设寻找工作的劳动者数量等于可获得的工作数量,那么劳动力市场上总供给等于总需求。如果寻找工作的劳动者不能"适应"市场提供的工作,结构性失业就出现了。一些经济部门正处于发展期,而另一些经济部门在衰退。如果技能可以完全跨部门转移,那么失业人员可以迅速转向处于发展期的经济部门。然而,技能可能与劳动者的工作或行业有关,而失业人员缺乏扩张部门所需的技能。

结构性失业可能会持续很长时间,因为失业者必须重新掌握新的技能。由此可见,解决结构性失业的方法与减少摩擦性和季节性失业的方法完全不同。结构性失业面临的关键问题是劳动者所拥有的技能不再适用于市场提供的新岗位。因此,为了减少这种类型的失业,政府必须为失业人员提供技能培训,以便使失业人员掌握新岗位所需要的技能。

11.1.3.4 周期性失业

即使技能在各个部门都是适用的,劳动力市场的供给和需求也可能存在结构性不平衡。当经济陷入衰退时,这种不平衡就可能出现。经济衰退时产品市场需求减少,企业需要较少的劳动力就可以满足市场需求,于是企业开始解雇员工,导致周期性失业。由于工资是具有黏性的,不能向下调整,因此劳动供给过剩,劳动力市场不能出清。我们可以看到,工会主导的工资增长或由政府规定的最低工资将刚性工资引入劳动力市场,从而阻止市场出清。经济学家的研究也发现,即使在没有最低工资和工会的情况下也会产生黏性工资和失业。政府通过帮助劳动者找工作或给劳动者提供技能培训并不能解决周期性失业。为了减少这种类型的失业,政府必须刺激总需求并在黏性工资上重新建立市场均衡。[①]

---

① See Borjas, G. J., *Labor Economics*, 6th edition, McGraw-Hill, 2013, pp. 499-537.

11.1.3.5 自然失业率

充分就业的社会并非指任何时候都没有失业,自然失业率指充分就业下的失业率。从整个经济来看,任何时候都会有一些正在寻找工作的人,此时的失业率是指劳动力市场处于供求稳定状态的失业率。

11.2 失业保险制度的主要内容

失业保险的功能体现在两个方面,一方面可以为失业人员提供保险金,但这属于消极政策,可能会导致失业增加,存在道德风险;另一方面可以为失业人员提供培训,属于积极政策。如日本1987年将《失业保险法》改为《雇佣保险法》,明确失业保险的功能为"增加就业"。美国在20世纪90年代制定了《再就业法案》,促进失业者得到所需的培训。

各国失业保险内容很相似,除了失业期间的收入补偿安排,还包括积极的劳动力市场政策,失业保险的另一个目标是帮助失业者找到工作。根据各国政策安排,失业保险制度主要包含以下一些基本内容(详细规定见本章附录1):

11.2.1 覆盖人群

失业保险覆盖人群指有资格参保的人群,在很多国家只覆盖正规就业部门的雇员,而且具有强制性。

11.2.2 筹资

失业保险筹资的内容包括失业保险基金来源及缴费率规定,大多数国家失业保险筹资来源于雇主和雇员缴费。企业按雇员工资总额的某一比例缴纳失业保险税。按照缴纳失业保险税的不同比例,失业保险制度分为两种,一种是固定费率的失业保险制度;另一种是等级费率的失业保险制度,又称"经历评估机制"(experience rating)。

失业保险中的经历评估机制是在企业工资总额基础上,按照企业解雇员工的历史制定不同的税率。解雇人数较多的企业适用较高的税率等级;反之,适用较低的税率等级。美国是采用这一制度的典型国家,几乎所有的理论和实证研究工作都是围绕美国相关情况展开的。该制度的设计原则和目的是企业需要承担前雇员获得的失业保险金,从而抑制企业解雇劳动者的随意性,降低经济中的失业率。

然而,这一目的在现实中受到制约。这是因为,一方面,失业保险税率有最低等级和最高等级的限制;低于或者超过限制的企业,其解雇劳动者的人数与失业保险税的税率不再有任何关系。另一方面,许多研究已证实,在失业保险税率随解雇人数增加而上升时,多数情况是企业和雇员共同缴费,企业缴费只是失业保险缴费的一部分,对企业带来的影响并不大。

11.2.3 待遇

失业保险的待遇水平通常与工作时的工资和失业者的家庭结构相关,在有些国家,失业者所要负担的家庭成员数量越多,失业保险金越高。

11.2.4 享受期限

为鼓励失业者积极寻找工作,防止道德风险,各国通常都会规定失业保险金领取的最长时间。

11.2.5 领取条件

应明确领取失业保险金的资格,通常需要具备一些条件方可领取,例如,参保需达到一定时间,失业后到劳动部门进行失业登记,提出申请等。

11.3 失业保险与失业持续期

11.3.1 失业保险替代率的影响

失业保险替代率是指失业保险金对工作时工资的替代程度,即二者的比率。一般而言,失业保险替代率对于低工资劳动者而言相对较高,对高工资劳动者而言相对较低。理论上,失业保险替代率与失业持续期之间存在正相关关系,因为当替代率较高时,工作搜寻的机会成本降低,会降低失业者寻找工作的努力。对欧洲进行跨国比较发现,失业保险待遇比较好的国家,如德国、法国,其失业持续期比失业保险待遇较低的国家如意大利和希腊长。

利用美国数据进行估计发现,失业保险待遇提高10%,停留在失业状态的概率增加8%,即弹性约为0.8。后继研究用不同数据也得到类似的结果。总体而言,现有文献估计的失业保险替代率弹性为0.5左右。

值得注意的是,由于低工资劳动者的失业保险替代率高于高工资劳动者的替代率,所以失业保险制度为低收入劳动者的搜索活动提供了大量补贴,这些劳动者将拥有较长的失业持续期。因此,我们观察到低技能劳动者的失业时间较长,但这并不意味着这些劳动者在寻找新工作时特别困难。

失业保险除了对失业持续期有影响外,还可能对失业再就业的工资和工作稳定性产生影响。研究证实了失业保险会对失业再就业后的工资产生积极影响,失业保险金降低了搜寻成本,从而可以找到匹配程度更高的工作,由此,工资也就比较高。[1] 但并不是所有国家的失业保险均有这种效应,有文献认为失业保险对再就业工资的影响很小。[2]

---

[1] See Ehrenberg, R. G. and R. L. Oaxaca, Unemployment Insurance, Duration of Unemployment and Subsequent Wage Gain, *American Economic Review*, 1976, 66(5), pp. 754-776.

[2] See Addison, J. T. and M. L. Blackburn, The Effects of Unemployment Insurance on Postunemployment Earnings, *Labour Economics*, 2000, 7, pp. 21-53.

在没有失业保险的情况下,失业者可能会接受不合适的工作。失业保险提高了工人和工作的匹配程度,降低了被解雇的概率,进而对再就业后的工作稳定性有好的影响。① 但慷慨的失业保险会使失业者对工作过分挑剔,也可能使得失业者拒绝接受合适的工作。

另一个需要提及的影响是,失业保险可能提高了企业裁员的可能性,从而影响员工的就业。对于具有需求波动和特定人力资本的公司而言,公司的最优策略是解雇具有高失业保险的雇员,并在失业保险金的享受期限将要结束时重新雇用这些雇员。②

11.3.2 失业保险金领取期限的影响

失业保险对失业持续期的影响还体现在失业保险金领取期限上。失业保险金享受期限快要结束的失业者,他们的保留工资水平迅速下降,即将丧失的失业保险金会激励他们努力寻找工作,其失业时间会因此而缩短。因而,我们可能观察到,当失业保险金领取期限快要结束时,失业者结束失业状态的概率会极大提高。

美国的数据提供了明显的证据。美国失业保险金领取期限是 26 周,领取时间超过 26 周后,失业人员再无可能获得失业保险金。可以预期,失业期越接近 26 周,失业者找到工作的概率会越高。图 11-1 说明失业人员找到新工作的概率取决于福利用尽前剩余的周数。当领取期限还剩余 5 周到 10 周时,失业者找到工作的概率约为 3%。等到领取期限时,找到工作的概率有一个跳升,达到近 8%。

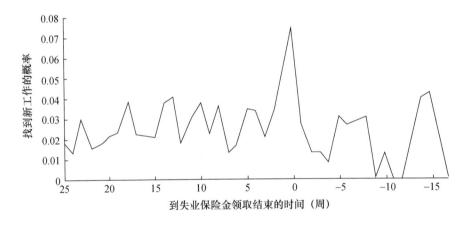

图 11-1 寻到工作的概率和失业保险金之间的关系

资料来源:Lawrence F. Katz and Bruce D. Meyer, Unemployment Insurance, Recall Expectations, and Unemployment Outcomes, *Quarterly Journal of Economics*,1990,105,pp. 973-1002。

---

① See Burdett, K., Unemployment Insurance Payments as a Search Subsidy: A Theoretical Analysis, *Economic Inquiry*,1979,42, pp. 333-343.

② See Feldstein, M. S., Temporary Layoffs in the Theory of Unemployment, *Journal of Political Economy*,1976,84, pp. 837-857.

> **专栏** ▶ **失业保险的福利效果**
>
> 大多数研究失业保险影响的实证文献都集中在该制度的扭曲效应上,即失业保险制度导致失业持续期增加,劳动者搜索或等待工作的时间更长,因为失业保险降低了搜索成本。相比之下,很少有研究衡量失业保险提供的保险金带来的积极影响。事实上,为失业者提供失业救济金的目的是平滑失业期间的消费水平。失业的劳动者不必担心失业会完全破坏他们的财务状况,他们仍然可以支付账单及供养家人。事实证明,失业保险制度在帮助失业者实现这一目标方面做得非常好。
>
> 一项研究发现,在没有失业保险的情况下,当户主失业时家庭消费将下降约22%。失业保险补贴大大缓解了消费量的大幅下降。替代率每增加10%,就会使消费量少下降3%。一般情况下,替代率约为0.4,这意味着失业保险将家庭的消费损失从22%降低到10%左右。在失业期间,替代率约为80%时将完全可以平滑消费。
>
> 这些结果表明,失业保险制度大大改善了目标家庭的福利。因此,对该制度的完整评估需要将失业保险带来的扭曲效应与失业保险赋予失业者的潜在利益进行对比。
>
> 资料来源:Jonathan Gruber, The Consumption Smoothing Benefits of Unemployment Insurance, American Economic Review, 1997, 87, pp. 192-205; Robert Shimer and Ivan Werning, Reservation Wages and Unemployment Insurance, Quarterly Journal of Economics, 2007, 122, pp. 1145-1185。

11.4 最优失业保险

从各国失业保险理论与实践来看,过高的失业保险水平会导致失业者工作搜寻强度下降,失业持续期延长,再就业率降低。因此,失业保险制度既要能够保障失业者的基本生活,又必须能够降低这种负激励作用,促使失业者积极再就业,即在保障和效率之间达到均衡,这是最优失业保险的内在逻辑。

我们可以使用失业保险替代率(失业保险金与失业前的工资收入比率)度量失业保险的水平。从各国实践看,失业保险替代率一般设定在50%—80%之间。判断这样的水平是否合理,需采用最优失业保险模型的分析框架。

失业保险水平会改变失业者工作搜寻努力程度,影响失业持续期。从宏观层面看,失业保险导致失业持续期延长,从而迫使失业保险缴费率增加,产出减少,带来更多的失业。失业保险中存在的道德风险表明,个人按照对自己收入的影响而非对社会产出的影响决定失业期,失业保险使得个人降低工作搜寻努力程度,对工作更加挑剔。另外,失业保险降低了人们的收入风险,有平滑消费的作用。最优失业保险模型就是要权衡两方面的效应,使保险的边际收益等于保险的边际成本。

巴利模型(Baily model),是分析最优失业保险的基本模型。它将最优的失业保险水平确定在失业保险平滑消费的福利效应和延长失业持续期的产出损失之间的平衡点上(详细的推导见本章附录2)。①

一方面,失业保险对社会福利有改善作用。它降低了人们的消费对就业的依赖程度。尽管人们能够依靠储蓄渡过失业困难时期,但是失业毕竟是一种不确定的风险。为了应付失业风险进行储蓄,实际上是以牺牲现期消费和福利为代价的。同时,储蓄受到人们的当期收入和"短视"行为的制约,因此,个人储蓄无法完全替代失业保险。

另一方面,较高的失业保险水平很有可能促使劳动者选择"自愿"失业行为,造成总产量下降,因此失业保险金应当只是部分地保障劳动者在失业期间的消费。

巴利模型中最优的失业保险水平由以下三个因素决定:劳动者的风险规避倾向、劳动者在失业期间消费支出下滑的幅度以及失业保险金对失业持续期的影响程度。其关系是,劳动者越是偏好平稳的消费路径,失业导致的消费支出下降幅度越大以及平均失业持续时间越长,最优的失业保险金替代率就应当越高。反之,则越低。

由此,需要对模型中的相关参数进行估计。其中一个重要的参数就是前文已提及的失业保险金对失业持续期的影响程度。失业保险对失业持续期影响的弹性越大,最优失业保险水平越低。

另一参数是失业保险对消费的影响。利用美国不同州失业保险水平的差异和家庭食品消费进行估计表明,没有失业保险时,失业会使得消费下降24%,在失业保险金替代率为50%的平均失业保险水平下,失业使得消费下降约10%。②

有研究将资本市场的完善程度与失业保险制度联系起来。如果一国资本市场越完善,失业者就可以利用借款等越多的资源应付生活和寻找工作。此时,最优失业保险金水平应当越低;反之,政府应当提供更高的失业保险金才更为合理。数据模拟结果表明,在完全资本市场的条件下,最优失业保险金替代率不到20%,而没有资本市场的国家的最优失业保险金替代率达到70%。③

之后的研究讨论储蓄和信贷同时存在的情况下失业保险金的最优水平。现实的信贷市场是不完善的,劳动者或多或少会受到流动性约束。受到严格流动性约束的失业者在没有足够的资金应付生活或寻找工作时,他会急于寻找工作,从而降低失业保险的道德风险成本,失业保险平滑消费的优势得以充分发挥,因此政府提高失业保险金替代率是合适的。储蓄取决于利息率,且与劳动者对消费的时间偏好紧密联系。劳动者年龄越大,越看重未来的消费,其储蓄成本越低,也就有越强的养老储蓄动机。一旦劳动

---

① See Baily, M. N., Some Aspects of Optimal Unemployment Insurance, *Journal of Public Economics*, 1978, 10(3), pp. 379-402.

② See Gruber, J., The Consumption Smoothing Benefits of Unemployment Insurance, *American Economic Review*, 1997, 87(1), pp. 192-205.

③ See Flemming, J., Aspects of Optimal Unemployment Insurance: Search, Leisure, Savings and Capital Market Imperfections, *Journal of Public Economics*, 1978, 10(3), pp. 403-425.

者失业,这部分储蓄还能够帮助缓解对消费造成的冲击,因此失业保险金替代率应随之降低。反之,失业保险金替代率应当提高。由于养老保障制度会对人们的养老储蓄动机产生影响,政府必须配合养老保障制度来制定最优的失业保险金水平。①

11.5 中国失业保险的发展

中国失业率包括登记失业率和调查失业率,其中登记失业率由国家统计局与劳动和社会保障部共同收集与发布,官方公布的失业率数字为城镇登记失业率。在城镇登记失业率中,作为分子的登记失业人员必须符合以下条件:

(1) 非农业户口;
(2) 在一定年龄内(男性 15—60 岁,女性 15—55 岁);
(3) 有劳动能力;
(4) 无业而要求就业,并在当地就业服务机构进行求职登记。

作为分母的城镇劳动人口包括:

(1) 城镇单位从业人员(去除使用的农村劳动力、聘用的离退休人员、我国港澳台地区及外方人员);
(2) 城镇单位中的不在岗职工;
(3) 城镇私营业主、个体户主;
(4) 城镇私营企业和个体从业人员;
(5) 城镇失业人员。

2013—2017 年,我国登记失业率分别为 4.05%、4.09%、4.05%、4.02%、3.90%,常年稳定在 4% 的区间(如图 11-2 所示)。登记失业率自 20 世纪 80 年代建立,当时名为"待业登记",同计划经济体制密切相关。1994 年后,将"待业登记"更名为"失业登记",城镇登记失业率的概念也由此开始使用。

自 1996 年,我国国家统计局就开始进行有关劳动力的抽样调查。该调查每年进行三次,由此搜集了调查失业率,但一直到 2018 年 3 月国家统计局才开始公布调查失业率的数据。调查失业率高于登记失业率,例如,2018 年 7—9 月,全国城镇调查失业率分别为 5.1%、5.0% 和 4.9%,除 7 月份与上年持平外,8、9 月份均比上年同期低 0.1%。其中,25—59 岁的主要就业人群城镇调查失业率持续稳定在 4.3%—4.4% 的较低水平。环比看,7 月份受高校毕业生集中毕业影响,失业率有所升高,随后逐月走低。

---

① See Crossley, T. F. & H. W. Low, Borrowing Constraints, the Cost of Precautionary Saving and Unemployment Insurance, *International Tax & Public Finance*, 2011, 18(6), pp. 658-687.

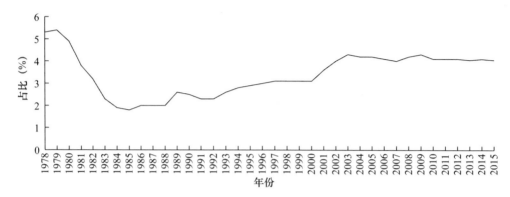

图 11-2 我国城镇登记失业率

1986年7月,国务院颁布《国营企业职工待业保险暂行规定》,标志着失业保险制度的初步建立。由企业按照职工工资的1%缴费,失业人员可以领取每月40元的待业金,为平均工资的25%。1999年1月,国务院颁布《失业保险条例》,有着标志性意义:将"待业保险"正式更名为"失业保险";覆盖所有城镇职工;企业缴费2%,个人缴费1%(2015年,企业缴费下降1%,各城市有差异);待遇低于最低工资,高于生活保障线。

我国《失业保险条例》第1条明确规定了失业保险的宗旨:"保障失业人员失业期间的基本生活,促进其再就业"。失业保险最根本的目的在于为失业人员提供收入保险。因为当雇员处于失业状态时,无法获得工资收入,在没有别的替代收入来源时,其消费水平将下降。为了保证失业者的生活水平不至于下降太多,让失业者能"平滑"地过渡到再就业,政府安排的失业保险将向失业者支付失业保险金。

参加失业保险的城镇企业事业单位职工失业后要领取失业保险金,必须符合一定的条件:一是按照规定参加失业保险,所在单位和本人已按规定履行缴费义务满1年。这是最主要的条件。按照规定参加失业保险,是指失业人员原来在城镇企业事业单位工作,并非新生劳动力,如不是刚毕业的学生。参加失业保险,必须按规定履行缴费义务,即按规定的缴费基数、费率和缴费时间缴纳失业保险费。二是非因本人意愿中断就业。一般来讲,中断就业的原因分为两种:非自愿中断就业,即失业人员不愿意中断就业,但因本人无法控制的原因而被迫中断就业;自愿中断就业,即失业人员因自愿离职而导致失业。国际通行做法是将自愿中断就业的人员排除在享受失业保险待遇的范围之外。

根据我国现行的《失业保险条例》,失业保险金在给付期限上划分为三个层次,即依据失业前缴费时间的长短划分为12个月、18个月和24个月,最长不超过24个月。

2016年,全国各地贯彻落实党的十八届三中全会提出的"增强失业保险制度预防失业、促进就业功能"的要求,结合修订《失业保险条例》,建立健全失业保险稳定就业、促进就业政策体系,用于预防失业、促进就业方面的支出明显增加;调整失业保险费率,降低企业用工成本,加强失业保险扩面征缴工作,基本完成基金征缴收入预算,为落实稳定岗位政策发挥积极作用;健全完善失业保险金标准调整和物价上涨挂钩联动机制,深入落实领取失业保险金人员参加职工基本医疗保险政策,失业保险待遇水平不断提高;进一步强化基金预算执行和基金管理,基金收支预算的完成情况总体良好,基金支出结构更趋合理,基金结余稳定增加,支撑能力增强,基金运行平稳可持续。

11.5.1 参保情况

截至 2016 年年底,全国参加失业保险人数为 18089 万人,比上年年末增加 763 万人,增长 4.4%;比 2011 年增加 3772 万人,年平均增长 4.8%。

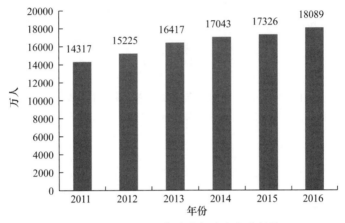

图 11-3 2011—2016 年失业保险参保人数情况

从参保人员构成来看,截至 2016 年年底,全国企业单位参保人数为 14925 万人,占总参保人数的 82.5%,比上年增加 692 万人;全国事业单位参保人数为 2530 万人,占总参保人数的 14.0%,比上年增加 37 万人;全国其他单位参保人数为 634 万人,占总参保人数的 3.5%,比上年增加 34 万人。

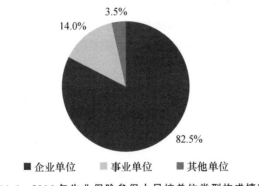

图 11-4 2016 年失业保险参保人员按单位类型构成情况

11.5.2 享受待遇情况

2017 年末,全国领取失业保险金人数为 220 万人,比上年末减少 10 万人;比 2011 年增加 23 万人。2017 年,全国领取失业保险金人员月人均领取水平为 1111 元,比上年增加 60 元,增长 5.7%;比 2011 年增加 495 元,年平均增长 10.3%。

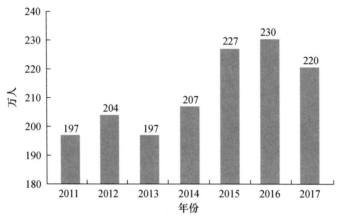

图 11-5 2011—2017 年末领取失业保险金人数情况

数据来源:根据人力资源和社会保障事业发展统计公报(各年)整理。

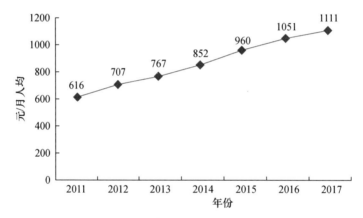

图 11-6 2011—2016 年失业保险月人均领取水平情况

数据来源:根据人力资源和社会保障事业发展统计公报(各年)整理。

附录 1 各国失业保险制度

1. 德国

德国的强制性失业保险几乎涵盖所有就业人口(公务员和雇主除外),保险费由劳资折半负担,享受的给付标准为本人失业前三个月平均工资的 63%,领取期限根据工作年限(1 年以上和 10 年以上),最短为 6 个月,最长为 32 个月。

但是,如果失业者在规定的失业保险给付期间仍然未能找到工作而发生生活困难时,当事人不是被归入社会公共救济系统,而是被归入领发失业救济金之列。当然,当事人必须符合失业救济的某些条件,并接受劳工局对其及家庭进行的调查,被确认后,再经过半年的过渡期方能领取失业救济金。由于失业救济金来自国家财政,因此失业者不承担缴费义务,其待遇水平也要低于失业保险给付额水平(约低10%),期限亦短(1年),这一方面体现了失业救济与失业保险在性质和权益上的不同,同时又考虑到救济对象是失业者(而非社会贫困者),其待遇水平要比社会救济高些,目的仍是促进当事人的再就业。

失业保险与失业救济的衔接,为失业人员提供了一个新的保障,使部分失业者避免因未能及时再就业而陷入难以维生的贫困境地。

2. 美国

美国的强制性失业保险虽然因州而异,但根据美国联邦政府颁布的《社会保险法》,其失业保险的覆盖面还是很广的,除一般雇员外,公务员和家佣也被包括在内。失业保险所需费用主要由雇主承担,给付标准较低,各州通常都将保险给付限制在原工资的50%以下。

例如,为了不使失业者及其家庭的基本生活受到严重影响,从1955年起,美国福特汽车公司就率先在企业内实施"补充失业津贴"制度,并逐渐延伸到行业内其他企业乃至其他行业。享受"企业补充失业津贴"的条件是:获得领取法定失业保险金的资格;企业工龄一年以上。"企业补充失业津贴"的费用由雇主和工会共同承担,津贴标准约为本人失业前工资收入的30%左右,领取期限为1年。"企业补充失业津贴"制度的建立,无疑是对法定失业保险的较好补充,它减缓了失业对失业者及其家庭的冲击,同时也为降低法定失业保险的给付水平创造了条件。目前,这种"企业补充失业津贴"在大企业比较普及,企业效益仍是实行这种补充手段的前提。

3. 瑞典

瑞典是欧洲高福利国家的典型代表之一,理论上,高福利会对一国的劳动力市场产生负面影响,然而,瑞典的失业率长期处于较低水平,经济始终平稳运行。由此可见,瑞典的失业保险制度扮演了重要的角色。20世纪30年代,瑞典初步建立了失业保险制度;60年代,瑞典经济的高速发展为失业保险制度的完善打下了坚实的物质基础;1997年,瑞典通过了《失业保险法》,标志着失业保险制度走向成熟。

进入21世纪后,瑞典的社会保险制度不断进行调整和改革,多次提高失业保险金的领取条件,并降低失业保险金的待遇水平。第一,既要努力扩大失业保险制度的覆盖范围,又要适时调整待遇水平,在保障失业人员基本生活的同时,避免待遇过高削弱其再就业的积极性。瑞典领取失业保险金同样采取小时标准,要求保险金申领主体在失业之前的12个月里,至少6个月每月工作不少于80小时,或者之前连续6个月工作不少于480小时且每月工作至少50小时,该标准使得瑞典参与失业保险的门槛较低,覆盖范围较广。同时,瑞典在考虑通货膨胀和经济增长因素的基础上调整失业津贴水平,有效控制了失业率增长。第二,既要保障临时失业人员的基本生活,又要大力促进再就业,实现由消极政策向积极政策的转变。瑞典《失业保险法》规定,失业人员在领取保险金的过程中,需要在相关就业服务机构的指导下制订个人活动计划,积极寻找工作,否则失业保险金水平将会降低甚至受益中止,该项政策使得临时失业者难以"偷懒",有利于完善劳动力市场。第三,既要保证政府在失业保险制度实行中的职能发挥,又要调动多方力量,协同推进失业保险制度改革。瑞典的工会在稳定失业水平上扮演了重要的角色,员工一旦加入工会便可加入社会保险项目,并且工会密度一直维持在较高水平,所以瑞典的失业保险覆盖范围一直很广。

4. 加拿大

加拿大是一个兼备高收入与高福利的发达国家,其失业保险制度自建立以来进行了多次改革。1940年,加拿大颁布了《失业保险法案》,成为加拿大第一部社会保险法律;1955年,新的《失业保险法案》出台,将失业保险给付期限由原来的51周缩短至36周,覆盖范围扩大至全部劳动力的75%;1970年,再次修订《失业保险法案》,将覆盖范围扩大到96%,待遇水平提高至参保人平均工资的2/3;1996年,加拿大政府将《失业保险法案》更名为《就业保险法案》,实现了失业保险制度向就业保险制度转化的重大改革。第一,改革领取失业保险金的资格标准。加拿大将周标准改为小时标准,在原有资格标准下,从事流动性大或者兼职工作的劳动者难以达到标准,这项改革有利于将这类群体纳入失业保险的覆盖范围之内。第二,延长领取失业保险金的最短工作时间要求,缩短受益期限。现行法案要求申领主体在申领保险金之前必须至少工作420—700小时并持续缴纳保险费,给付期限由50周削减至45周,这有利于激发劳动者就业与失业后再就业的积极性。第三,实施更多促进失业者再就业的项目计划,如就业援助服务、专项工资拨款、自主创业计划、技能发展计划等。这项改革的目的是积极推动劳动力市场的发展,很大程度上提高了临时失业者的再就业能力,缩短了失业持续时间。

5. 日本

虽然日本的失业保险制度不如西方发达国家起步早,但其发展与完善的程度、保障的力度均已赶超许多发达国家。1947年,日本颁布了《失业保险法》,之后因考虑到"失业保险"这一名称有刺激失业人员的可能,因此在1974改为《雇佣保险法》,"失业保险"正式更名为"雇佣保险"并沿用至今。

日本雇佣保险制度由失业保障和失业预防两部分组成。失业保障是对失业人员给予一定的补偿,保障其基本生活;失业预防是从企业和员工两个角度控制失业规模,一方面提高企业稳定就业的能力,另一方面提高员工的工作技能,预防失业并降低再就业的难度。第一,细化给付对象,丰富待遇标准。日本失业保险制度将给付对象分为一般失业者、高龄失业者、短期就业失业者和日工失业者四类,并根据不同对象实际需求的不同设置了不同的待遇标准。如对年轻失业者不仅提供基本的失业保险金,还对其技能学习的费用给予一定的补偿,对因病暂时无法寻找工作的失业者提供伤病补助等。该政策在保障失业者基本生活的基础上,有效形成了对其再就业的激励作用。第二,加强技能培训,有效预防失业。日本政府为了提高劳动者应对失业风险的能力,扶持企业设立各种内部技能培训机构,这样既能帮助企业节约培训成本,防止经济下行时大量裁员,又能增强就业人员的职业技能,提高其应对失业风险的能力。第三,丰富扶助手段,提高再就业效率。日本政府在促进再就业的过程中,不仅聘请相关专业教师进行技能培训,还会对培训中表现突出的雇员予以奖励,同时对雇用优秀雇员的雇主进行资助,可谓三管齐下,大大提高了再就业的效率。

附录2 最优失业保险模型

采用静态模型,假设存在两种状况:就业(h),失业(l)。w_h为就业时的个人收入,w_l为失业时的个人收入,$w_h > w_l$。A为个人财富,c_h为就业时的消费,c_l为失业时的消费。

失业时,个体可以选择找工作的努力程度e,由此产生的成本为$\varphi(e)$。道德风险是最优失业保险中要考虑的关键问题,这一努力程度用于刻画失业保险中的道德风险问题。设$e \in [0,1]$,就业的概率为$p(e)=e$。

失业保险(UI)支付失业金b给失业者。失业保险缴费为$t(b)$。失业保险基金平衡条件为:$e\tau(b)=(1-e)b$。

个体效用函数为$u(c)$。个体的最优化问题可以写成:

$$\max_e V(e) = ev(c_h) + (1-e)u(c_l) - \psi(e) \tag{11-1}$$

在给定t和b下,个体选择努力程度e,则

$$v(c_h) - u(c_l) = \psi'(e) \tag{11-2}$$

政府的最优化问题为:

$$\max_b W(b) = ev(A+w_h-\tau(b)) + (1-e)u(A+w_l+b) - \psi(e)$$

s.t. $$e(b)\tau = (1-e(b))b \tag{11-3}$$

方程(11-3)对b求导,利用(11-2)的结果,可以得到:

$$\frac{dW(b)}{db} = (1-e)u'(c_l) - \frac{d\tau}{db}ev'(c_h)$$

$$= (1-e)\left\{u'(c_l) - \left(1+\frac{\varepsilon_{1-e,b}}{e}\right)v'(c_h)\right\} \tag{11-4}$$

其中,$\varepsilon_{1-e,b} = \frac{d(1-e)}{db}\frac{b}{1-e}$,为失业保险待遇对处于失业状态影响的弹性(也是对找工作努力程度影响的弹性)。

最优失业保险的水平b^*要满足下式,即失业保险金的边际收益等于边际成本:

$$\frac{u'(c_l) - v'(c_h)}{v'(c_h)} = \frac{\varepsilon_{1-e,b}}{e} \tag{11-5}$$

左式为失业保险带来的边际收益:将1单位货币从就业状态转移给失业状态时边际效用的增加(平滑消费带来的效用)。右式为失业保险带来的边际成本:1单位失业保险待遇对个人行为影响带来的损失。但上式并不能直接得到最优失业保险水平,需要对右式的参数进行估计。失业保险水平可以用替代率表示,即

我们介绍一种估计最优失业保险水平的方法。

按照二阶泰勒展开有：
$$u'(c_l) - u'(c_h) \approx u''(c_h)(c_l - c_h)$$

设相对风险规避系数为：
$$\gamma = \frac{-u''(c)c}{u'(c)}$$

则有：
$$\frac{u'(c_l) - u'(c_h)}{u'(c_h)} \approx \gamma \frac{-c}{c}$$

利用美国不同州失业保险水平的差异和家庭食品消费作如下估计，得到估计的系数值：[①]

$$\frac{-c}{c} = \beta_1 + \beta_2 \frac{b}{w}$$

$$\beta_1 = 0.24, \quad \beta_2 = -0.28$$

在没有失业保险时，失业会使得消费下降 24%，在平均失业保险水平下（$b/w = 0.5$），失业使得消费下降约 10%。

最优失业保险水平与风险规避倾向有关，风险规避倾向越高，最优失业保险替代率越高。根据计算，最优失业保险水平如下表所示：

表 11-1 最优失业保险水平

γ	1	2	3	4	5	10
b/w	0	0.05	0.31	0.45	0.53	0.7

资料来源：Auerbach, A. J., Chetty, R., Feldstein, M. and E. Saez, *Handbook of Public Economics*, North Holland, 2013。

▪▪ 本章总结

- 失业保险的功能体现在两个方面，一方面可以为失业人员提供保险金，但这属于消极政策，可能会导致失业增加，存在道德风险；另一方面可以为失业人员提供培训，属于积极政策。

- 失业保险替代率是指失业保险金对工作时工资的替代程度，即二者的比率，一般而言，失业保险替代率对于低工资收入者而言相对较高，对高工资收入者而言相对较低。理论上，失业保险替代率与失业持续期之间存在正相关关系。对欧洲进行跨国比较发现，失业保险待遇比较好的国家，如德国、法国，其失业持续期比失业保险待遇较低

---

① See Gruber, J., The Consumption Smoothing Benefits of Unemployment Insurance, *American Economic Review*, 1997, 87(1), pp.192-205.

的国家长,比如意大利和希腊。
- 失业保险除了对失业持续期有影响外,还可能对失业再就业的工资和工作稳定性产生影响。研究证实了失业保险会对失业再就业后的工资产生积极的影响。
- 失业保险中存在的道德风险表明,个人按照对自己收入的影响而非对社会产出的影响决定失业期,失业保险使得个人降低搜寻努力程度,对工作更加挑剔。另一方面,失业保险降低了人们的收入风险,有平滑消费的作用。最优失业保险模型就是要权衡两方面的效应,使保险的边际收益等于保险的边际成本。

讨论题

1. 失业的种类有哪些?对于结构性失业和周期性失业,政府的应对政策有何差异?
2. 失业保险对失业持续时间和再就业工资水平有何影响?
3. 最优失业保险水平与哪些因素有关?
4. 某一行业支付给工人比其他行业更高的工资(效率工资),以减少工人的偷懒行为。若政府提高失业保险待遇,这一举措对该行业的工资和失业率有什么影响?

第 12 章

工 伤 保 险

在大多数国家,社会医疗保险并不覆盖在工作中受伤导致的医疗费用,一是因为医疗保险的保费并未考虑到工伤发生率,二是因为大多数国家采用专门的工伤保险补偿工伤带来的损失。根据国际劳工组织《社会保障公约》(1952 年第 102 号公约),工伤保险为与工作相关的疾病和伤残提供保险,①包括疾病、暂时丧失劳动能力、部分或全部丧失获得收入的能力、家庭主要劳动力受伤对其家属造成的损失。工伤保险的补偿形式包括,医疗支出、丧失劳动能力期间的收入补偿、丧失获得收入能力的伤残养老金以及给家属的生存养老金等。各国大多强制企业参加工伤保险,但各国工伤保险的补偿内容有差异。

本章首先介绍工伤保险制度的一些基本要素,同时指出,在工伤出现率较高的行业,其工资水平存在补偿工资效应,最后介绍我国工伤保险的发展。

12.1 工伤保险的功能和发展

工伤保险法的原型由德国总理俾斯麦推动,并由雇主提供资金。工伤保险旨在应对以严峻的工作条件和缺乏劳动保护措施为特征的快速工业化进程中不断增加的工业风险。漫长的工作时间、夜间和危险环境中的工作、童工以及非熟练工人使用危险机械是导致许多工厂死亡率高和工作事故普遍的主要原因。工伤保险制度涵盖了工作场所的伤害、事故和疾病。

随着德国颁布第一部社会保险法,19 世纪末,国际领域开始关注工伤和职业病。1889 年,瑞士政府提出召开国际劳工大会,得到德国和其他西欧国家的积极回应。根据德国政府的建议,第一次国际劳工大会在柏林举行。1900 年,经过相互合作与协调,法国政府在巴黎召开另一次劳务保护国际会议。这次会议的关键议程是建立了第一个国际劳工保护组织:国际劳工立法协会(IALL)。②

国际工伤事故大会(ICAW,首次于 1889 年在巴黎举行)将德国关于工伤保险和职业病的管理及技术经验传播到其他欧洲国家。在 ICAW 的几次会议上,德国政府试图

---

① 工伤保险的英文为 employment injury benefit 或 work-related injury insurance。
② See Tao Liu, Occupational Safety and Health as a Global Challenge: From Transnational Social Movements to a World Social Policy, *Transnational Social Review*, 2018, 8(1), pp. 50-63.

说服其他欧洲国家采取"强制性社会保险",这是工伤事故的最佳解决方案,比雇主的责任制更能保护产业工人。

自第二次世界大战结束,特别是自20世纪70年代以来,欧盟通过建立欧洲工伤和职业病保险论坛,促进欧盟国家在冷战结束后转让技术和专业知识。由于德国法定意外保险制度具有全球意义,德国体系的载体——德国保险协会(DGUV)认证——在全球工伤保险框架中扮演着重要的角色。DGUV与国际劳工组织、国际社会保障协会和欧盟等主要国际组织密切相关,这些组织以及人员之间的交流有利于模仿、学习和组织同构。例如,所有这些参与者(国际劳工组织、欧盟、国际社会保障协会、DGUV)优先考虑的都是旨在预防工作场所事故和职业病的综合预防机制。

所有这些国际参与者都主张在全世界范围内推广和采用涵盖工伤和职业病等风险的强制性社会意外保险制度,强调工伤保险三方面功能的结合,即预防、补偿和康复。

12.2 工伤保险费率的确定

工伤保险费率是指社会保险经办机构在一定时期计算和征收工伤保险费(税)的比率。工伤保险费率的确定应把握以下原则:第一,以支定收、收支平衡。工伤保险基金实行现收现付制,也就是当期征缴的工伤保险费用于支付当期的各项工伤保险待遇及其他合法支出。工伤保险费率的确定,应该保证各项工伤保险待遇及各项合法项目的支出,同时又不使基金有过多积累。

第二,实行行业差别费率。为了使用人单位的缴费与所属行业风险挂钩,工伤保险费实行行业差别费率的制度,根据不同行业的工伤保险费使用、工伤发生率等情况,确定不同行业类别的费率,并且在同一行业内设定不同的费率档次。风险程度高的行业,费率相应较高,反之则低。

第三,实行费率浮动机制。行业的差别费率及费率档次确定后,根据每个用人单位上一年工伤保险费的使用、工伤发生率等情况,由统筹地区经办机构确定企业工伤保险费率。用人单位在同行业中工伤保险工作做得越好,其具体适用的费率档次就越低;反之,就有可能调高其适用的费率档次。

大部分国家的工伤保险费都是以企业前一年职工工资总额为基数,按照一定比例缴纳的。工伤保险费率是工伤保险基金筹集的核心问题。工伤保险费用的征缴、调节和支付都要求确定一个合理的费率。合理的费率可以促进工伤保险事业的发展,改进企业的安全生产状况。在缴费率的确定方面,主要有以下三种方式:

12.2.1 差别费率

工伤保险在统筹基金时往往要确定一个平均收缴水平,这就是毛保险率。但实际上,征收还要对某一行业或单个企业单独确定工伤保险的缴费比例,体现出对不同工伤事故和职业病发生率的行业或企业实行差别性负担,以保证该行业或企业工伤保险基金的收支平衡。世界上大部分国家采用的都是差别费率,我国目前实行的也是这种费率。

差别费率的确定主要以企业或行业的工伤事故风险水平为依据。风险越大,费率越高,这是保险业的一般规则。实行差别费率可以促进行业或企业提高安全技术和管理水平,降低生产风险,从而减少工伤赔偿所需支付的成本。各个行业或企业因生产操作要求、地理布局、机器设备新旧、工人熟练程度和经验以及生产环境等方面的不同,发生工伤事故的频率各不相同。比如,煤矿采掘业比起玩具制造业,发生工伤事故的频率就要大得多;反之,在玩具、农业、商业、生活服务等行业,工伤事故发生的频率要小得多。如果对具有不同事故发生率的企业统一实行同一个费率就是不合理的,这会损害工伤频率小的企业,使它们不再关心减少工伤的危险,也会使工伤频率大的企业不关心如何减少工伤风险和生产安全。

由于工伤保险金是赔付给因工死亡和伤残、患职业病的职工,因此,发生工伤事故和患职业病频率显然成为确定差别费率的主要依据。而在实际操作中,工伤事故的统计数据和资料比较容易获得,它们直观且有历史积累。世界各国基本都依据工伤统计结果,按照不同行业工伤事故率分别确定不同的费率。如在日本,7个行业中实行53种费率,最低的为0.5%,最高的为14.5%。

12.2.2 浮动费率

浮动费率是在差别费率的基础上,每年对各行业或企业的安全生产状况和工伤保险费用支出状况进行分析评价,根据评价结果,由工伤保险管理机构决定该行业或企业的工伤保险费率上浮或下浮。一般做法是在差别费率实施3—5年后,通过合理的评价确定调控指标,开始实行费率浮动。浮动费率也是国际上一种通用的做法,我国规定调整的幅度为本行业标准费率的5%—40%。

浮动费率的实施是工伤保险促进安全生产机制的具体体现。对那些安全生产情况好的企业,在达到一定的标准后,工伤保险管理机构可以将企业应缴纳的工伤保险费率降低,以达到奖励的作用。而对于那些安全生产状况差、工伤事故多,特别是社会保险机构对其安全生产现状进行评价并提出警示后,仍然对事故隐患不予改正,导致事故发生的企业,则以提高工伤保险费率的办法来达到惩罚的目的。

12.2.3 统一费率

统一费率是按照法定统筹范围内预测开支的需求,与相同范围内用人单位的工资总额相比较,求出一个总的工伤保险费率,所有用人单位按同一比例缴费。这种方式不考虑用人单位工伤实际风险的差别,但可以在最大可能的范围内平均分散工伤风险。

12.3 工伤风险与补偿工资

风险较高的工作除了受到工伤保险的保护之外,其工资在相同条件下也会更高,称为"补偿工资"。现实中,在不同企业,工人面临的伤残风险是不一样的(如表12-1所示),那么会产生如下几个问题:第一,企业如何选择其提供的工作的安全程度,即工伤风险的出险率是如何决定的?第二,工人是否愿意做工伤风险比较大的工作?第三,对于工伤风险比较大的工作,是否存在补偿工资,以补偿潜在的工伤损害?

表 12-1 美国不同工作的风险程度

行业	死亡数(每100000人)	致残人数(每100000人)
总体	2.9	3200
农业	29.0	60
采矿业	21.1	10
建筑业	8.9	260
制造业	2.3	390
批发贸易	3.8	80
零售业	0.9	380
运输和仓储业	13.0	160
公用事业	4.0	20
信息通信业	1.0	30
金融业	0.6	70
商业服务业	2.2	150
教育和健康服务业	0.5	510
休闲和餐旅业	0.9	270
其他服务业	1.8	110
政府	1.8	700

资料来源:U. S. Department of Commerce, Statistical Abstract of the United States, Government Printing Office, 2011, Table 656; Cf. Borjas, George J., *Labor Economics*, 6th edition, McGraw-Hill, 2012。

12.3.1 企业如何选择其提供的工作的安全程度

企业决定是否为其雇员提供有风险或安全的工作环境,这一选择将取决于利润最大化的目标。假设企业生产产品的价格由市场决定,那么企业的收益取决于其产出。企业提供不安全的工作环境时其产出比较高,这是因为安全的工作环境并不是免费的,公司必须进行资本和劳动配置,才能获利。例如,使建筑物抗震,需要很多资源,而这些资源可以用于生产更多的产出。请注意,如果处于安全环境的公司的劳动边际产量确实更高,我们就不会观察到任何人在危险的环境中工作。

企业的利润取决于产出与劳动力成本的差异。吸引工人在不安全的环境中工作,需要支付额外的劳动力成本,这一成本等于工资乘以劳动力数量。企业的收入和成本都受到其是提供安全还是高风险工作环境的决定的影响。风险较高的公司有更多的收入(因为有更多的产出),但也会产生更高的成本(因为它必须支付更高的工资来吸引工人)。因而,企业提供的工作的安全程度源于对二者的权衡。

当公司从安全环境转变为有风险环境时,劳动者生产的产品的边际价值不同。如前所述，工作风险增加，劳动者边际产品产出增加。如果付给劳动者工资的增加大于这一边际产品价值的增加，则选择提供安全的工作环境。反之，则选择提供不安全的工作环境。

不同的公司拥有不同的生产技术，这意味着从不安全到安全，企业的边际产出下降的程度不同。例如，大学不必为提供安全的工作环境投入太多资源，因而提供安全环境带来的产出的边际价值下降很少。相比之下，煤矿行业提供安全工作环境要困难得多，提供安全环境带来的产出的边际价值下降很大。因而，煤矿行业的工伤概率远大于教师行业。

12.3.2 工人是否愿意做工伤风险比较大的工作

假设劳动力市场中只有两种类型的工作：有些工作提供了一个完全的环境，这些工作中受伤的概率等于零。其他工作提供了固有的风险环境，这些工作中受伤的概率等于1。我们假设劳动者拥有与每项工作相关的风险等级的完整信息。换句话说，劳动者知道他从事的是安全工作还是有风险的工作。这是一个重要的假设，因为某些风险可能经过很久才被大家所意识到。例如，在20世纪60年代之前，石棉产品经常被用于隔离建筑物，但很少有人知道持续接触石棉（如许多建筑工人面临的暴露）会对健康产生不利影响。事实上，石棉纤维与众多健康问题之间关系的科学证据需要很长时间才能广为人知。

风险规避程度越大的劳动者，在其他条件相同的情况下，越不可能接受风险较高的工作。若社会中存在不同风险规避程度的劳动者，那么可能的情况是劳动者和工作之间存在匹配和分类，即不喜欢高风险工作的劳动者主要从事安全性的工作，而对工作风险不敏感的劳动者主要从事较高风险的工作。

12.3.3 对于工伤风险比较大的工作，是否存在补偿工资

事实上，大多数劳动者是具有风险规避倾向的，工作环境越不安全，所要求的工资越高。劳动者关心的是他们从事的是有风险的工作还是安全工作，而且也关心在工作中获得的工资。为方便见，我们假设劳动者厌恶风险。然而，不同的劳动者不喜欢风险的程度不同。假设三个不同劳动者 A、B 和 C 的无差异曲线，其效用分别为 U_A、U_B 和 U_C。不同的公司有不同的等利润曲线。劳动力市场将不喜欢风险的工人（如工人 A）与易于提供安全环境的公司（如公司 X）结合在一起；将那些不介意风险的工人（如工人 C）与那些难以提供安全环境的公司（如公司 Z）结合在一起。观察到的工资与工作特征之间的关系称为特征工资方程（或称为"Hedonic 工资函数"）。

图12-1说明了三家公司的零利润等利润曲线：π_x、π_y 和 π_z。如图所示，公司 X（可能生产计算机软件）可提供相对较低水平的风险，而 Z 公司（可能是建立实验性战斗机的公司）则几乎不可能提供安全的工作环境。劳动者通过匹配工资和风险最大化效用，使他们处于最高的无差异曲线上。劳动者 A 最不喜欢风险，在 P_A 点效用最大，因此最终在 X 公司工作，这恰好是最容易提供安全工作环境的公司。相比之下，劳动者 C 最

不在乎风险,在 P_C 点效用最大,最终在 Z 公司工作,而公司也很难提供安全的工作环境。因此,对劳动者和公司进行了非随机分类,安全公司与爱好安全的劳动者相匹配,风险较高的公司与不在乎风险的劳动者相匹配。图 12-1 中的点 P_A、P_B 和 P_C 给出了在劳动力市场中实际观察到的工资—风险组合。如果我们连接这些点,就会产生特征工资方程,它总结了劳动者获得工资和工作特征之间的关系。

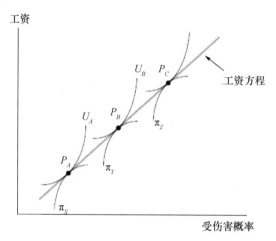

图 12-1 特征工资方程

资料来源:Borjas, G. J. (ed.), *Labor Economics*, 6th edition, McGraw-Hill, 2012, pp. 215-217。

专栏 生命的价值是多少?

许多研究估计了工资和工伤概率之间的特征工资方程(即 Hedonic 函数)。这些研究在调整了可能影响工资差异的其他因素(如工人的技能、工作地点等)之后,估算了提供不同风险概率的工作中存在的工资差异。许多实证研究证实,无论如何定义危险或不安全的工作环境,工资与危险或不安全工作条件之间都具有正向关系。

也许最有趣的实证结果与工资和致命工伤概率之间的关系有关。面临致命工伤概率高的劳动者可以获得更多工资。尽管估计的影响系数存在很大差异,有调查显示,致命工伤的概率增加 0.001 个百分点,可能会使年收入增加约 7600 美元(以 2007 年美元为基数)。这些相关性使我们能够计算"生命的价值"。为了理解计算的机制,让我们比较两个工作。在 X 公司工作的劳动者面临致命工伤的概率等于 ρ_x 并且每年赚取 w_x 美元。在 Y 公司工作的劳动者面临致命工伤的概率超过 X 公司 0.001 个百分点,证据表明,这个风险较高的工作平均多付 7600 美元。假设公司 X 和 Y 各雇用 1000 名劳动者。由于 Y 公司的致命工伤概率超过 X 公司 0.001 个百分点,因此在任何一年中,都可能有劳动者在 Y 公司死亡。Y 公司的劳动者愿意接受这种额外的风险,因为每个人的赔偿金额为 7600 美元。

特征工资方程与劳动者的无差异曲线相切。因此,致命工伤概率增加 0.001 个百分点所导致的工资变化使得 Y 公司的劳动者接受风险较高的工作并保持其效用不变。换句话说,这是劳动者的保留价格。对数据的这种解释表明,Y 公司的每个劳动者都愿意每年放弃 7600 美元,以使工作中致命工伤的概率降低 0.001 个百分点。换句话说,Y 公司雇用的 1000 名劳动者愿意放弃 760 万美元以挽救一名劳动者的生命,而这名劳动者几乎肯定会在任何一年中死亡。因此,Y 公司的劳动者的生命价值为 760 万美元。

假设劳动者事先知道 1000 人中的某人会在那一年遭受致命工伤,我们要问那个不幸的人他愿意支付多少钱以避免这样的命运,我们当然得不到答案。我们的计算给出了劳动者愿意共同支付的金额,以减少其中一人在任何一年中遭受致命工伤的可能性。换句话说,它是统计上的生命价值。

值得注意的是,工资与致命工伤概率之间的相关性估计存在很大差异。因此,统计上的"真实"价值存在很大的不确定性。部分问题的产生是因为 0.001 个百分点致命工伤概率的增加对工资的影响,取决于我们分析的劳动者类型。致命工伤概率从 0.001 个百分点的工作切换到 0.002 个百分点的工作,或者从 0.050 个百分点的工作切换到 0.051 个百分点的工作,最终从事"低风险"工作的劳动者类型(即概率为 0.001 个百分点或 0.002 个百分点的工作岗位)显然与最终从事"高风险"工作的劳动者类型(概率为 0.050 个百分点和 0.051 个百分点的工作岗位)大不相同。

尽管存在这种方法上的问题,统计生命价值的概念仍对政府管理危险工作环境的成本和效益的评估产生了深远的影响。例如,在作出施工决策时,公路部门通常将更安全的公路设计的成本与更少的死亡率相关的美元节省进行比较。2004 年,加州交通部(Caltrans)和美国交通部使用了约 300 万美元的统计数据来指导他们的决策。环境保护局(EPA)在评估环境健康和安全风险监管成本时也经常使用这一概念。

资料来源:Borjas, G. J. (ed.), *Labor Economics*, 6th edition, McGraw-Hill, 2012, pp. 215-217。

12.4 中国工伤保险的发展

中华人民共和国成立后不久便建立了工伤保险制度。1996 年 8 月劳动部颁布的《企业职工工伤保险试行办法》是我国首次尝试编纂的工伤保险相关事宜的法律。2003 年 4 月,国务院出台了《工伤保险条例》,制定了一套全面的工伤规则。《社会保险法》于 2010 年 10 月颁布。《社会保险法》第四章为"工伤保险",并对其他规则进行了改进。2010 年 12 月,国务院发布了关于修改《工伤保险条例》的决定。《社会保险法》和修订后的《工伤保险条例》代表了工伤保险制度的不断进步。

12.4.1 参保要求

修订后的《工伤保险条例》第 2 条规定,所有雇用员工的企业、事业单位、社会团体、民办非企业单位、基金会、律师事务所、会计师事务所和个体工商户应当参加工伤保险并为其员工缴纳工伤保险费。因此,工伤保险的范围几乎涵盖了除政府机构以外的所有雇员。《工伤保险条例》不适用于政府机构雇用的公务员。工伤指工作中发生的意外事故或职业病。因此,工伤的基本必要条件是必须"与工作有关"。《社会保险法》和《工伤保险条例》对"工作相关"没有明确的定义,而是采用属性列表和排除组合的方法来界定工伤的范围。

12.4.2　工伤定义与分类

在我国,根据 2010 年《工伤保险条例》第 14 条的规定,职工有下列情形之一的,应当认定为工伤:

（1）在工作时间和工作场所内,因工作原因受到事故伤害的;

（2）工作时间前后在工作场所内,从事与工作有关的预备性或者收尾性工作受到事故伤害的;

（3）在工作时间和工作场所内,因履行工作职责受到暴力等意外伤害的;

（4）患职业病的;

（5）因工外出期间,由于工作原因受到伤害或者发生事故下落不明的;

（6）在上下班途中,受到非本人主要责任的交通事故或者城市轨道交通、客运轮渡、火车事故伤害的;

（7）法律、行政法规规定应当认定为工伤的其他情形。

可见,工伤认定标准在三个方面提到"工作":它们必须在"工作时间"发生,必须在"工作场所"进行,并且必须由于"与工作有关的原因",最后一个是关键。在这七种情况中,第一种是最典型的;第三种也是与工作有关的事故造成的,但来自外因;第五种提供了符合条件的工伤事故的空间和时间范围的延伸。因此,对于第一种、第三种和第五种类型的伤害,通常与工作有关。对于第二种类型的伤害,即在工作时间前后在工作场所内,从事预备性或收尾性工作发生的事故,可以认为是在工作时间内发生的,并且因此被视为工伤。第四种情况,即职业病,根据《职业病防治法》第 2 条的规定,是指员工在从事职业活动或接触粉尘、放射性物质或其他有毒有害物质时遭受的疾病,职业病在时间、地点和原因方面满足所有三个与工作相关的条件,因此应认定为工伤。

严格来说,上下班途中因意外事故造成的伤害不符合"工作时间"和"工作场所"的要求。但由于通勤与工作有一定关系,因此,在通勤期间发生的事故是否与工伤有关,这是社会政策的问题。例如,日本在 1973 年修订《工伤事故补偿保险法》之前,通勤期间发生的伤害不被视为工伤,因为它们在工作过程中没有发生。但由于上下班途中受伤的风险有所增加,政府认为有必要为上下班途中受伤的人提供同样的保护。因此,在 1973 年修订的《工伤事故补偿保险法》中列入通勤期间受伤的情况。

美国注重"在工作过程中"发生的工伤,因此在上下班期间受伤通常不被认为是与工作有关的伤害。员工只能对其在工作场所工作时发生的伤害提出工伤赔偿要求。[1]

我国 2003 年《工伤保险条例》规定,工伤仅限于在通勤期间因"机动车辆"事故造成的伤害。这被认为对某些受害者不公平,其合理性受到质疑。2010 年修订后的《工伤保险条例》第 14 条规定,通勤期间的工伤将包括员工不负主要责任的交通事故造成的伤害,或者涉及城市公共交通、客运渡轮、火车事故造成的伤害。值得注意的是,虽然修订扩大了工伤的范围,但仅限于"员工不负主要责任的事故"的伤害似乎对受伤员工过于严格。

2010 年《工伤保险条例》第 15 条规定,职工有下列情形之一的,视同工伤:

(1) 在工作时间和工作岗位,突发疾病死亡或者在 48 小时之内经抢救无效死亡的;

(2) 在抢险救灾等维护国家利益、公共利益活动中受到伤害的;

(3) 职工原在军队服役,因战、因公负伤致残,已取得革命伤残军人证,到用人单位后旧伤复发的。

我国 2003 年《工伤保险条例》第 16 条规定,职工有下列情形之一的,不得认定为工伤或者视同工伤:

(1) 因犯罪或者违反治安管理伤亡的;

(2) 醉酒导致伤亡的;

(3) 自残或者自杀的。

2010 年《社会保险法》修订了该条例的某些条款,有两个主要修订:首先,违反治安管理不再被视为排除的理由。其次,过失犯罪不再被视为排除的理由。《社会保险法》第 37 条规定,职工因下列情形之一导致本人在工作中伤亡的,不认定为工伤:

(1) 故意犯罪;

(2) 醉酒或者吸毒;

(3) 自残或者自杀;

(4) 法律、行政法规规定的其他情形。

12.4.3　工伤保险补偿

根据 2010 年《工伤保险条例》的规定,当员工因事故或者被诊断患有职业病时,用人单位应当在事故发生之日起 30 日内向劳动行政管理机关提出赔偿申请。如果雇主没有直接提交申请,受伤雇员或者其直系亲属、所在工会可以在事故或诊断后一年内提交申请。如果在治疗和病情稳定之后,伤害导致残疾影响员工继续工作的能力,则应进行评估以确定员工是否适合在同一岗位上工作。

在 2010 年修订《工伤保险条例》之前,申请工伤赔偿的程序过于烦琐。员工必须向劳动行政管理机构申请工伤认证,并提供与雇主劳动关系的证明。在许多情况下,雇主会否认存在劳动关系,在这种情况下,雇员应首先要求仲裁以确定是否存在这种关系。员工可能需要经过仲裁和法院裁决,这需要很长时间。如果员工或员工的直系亲属或雇主对决定伤害是否与工作有关的裁决不满意,可以申请行政复议;如果对行政复议结

---

[1] See Zengyi, X., *Labor Law in China*, Springer, 2015, pp. 109-122.

果不满意,可以依法提起行政诉讼。因此,员工可能需要进行行政审查以及行政诉讼的第一次和第二次听证会,以确定伤害是否与工作有关。整个过程可能非常耗时。

本次修订中的三项主要修订旨在帮助简化程序:第一,第 20 条增加了一项关于核实工伤的明确规定。当相关事实、权利和责任明确时,应在提交赔偿申请后的 15 天内进行工伤鉴定。第二,第 25 条和第 29 条规定了对员工是否适合继续工作进行评估的时间上限。第三,第 55 条废除了行政复议的要求,并且在所有与工伤有关的纠纷中,无论是涉及验证请求、验证结果、赔偿还是雇主的付款,雇主或员工都可以依法申请行政复议,也可以直接向法院提起行政诉讼。

一旦认定为工伤,员工有权获得与工伤相关的赔偿。根据《社会保险法》和 2010 年《工伤保险条例》,补偿的某些部分应来自工伤保险基金,雇主应承担部分费用。这条规定有很多中国特色。在大多数国家,法律要求赔偿来自工伤保险基金,而不是来自雇主。中国模式有自己的优势。一方面,如果雇主在工伤的情况下根本不需要支付任何费用,他们就会缺乏认真对待工作场所安全和事故预防的动力。另一方面,不要求雇主在工伤事故中支付赔偿金也是有道理的,因为这样做可能会阻碍雇主为其雇员缴纳工伤保险费。因此,让工伤保险基金和雇主分担与工伤有关的责任似乎是一种最佳解决方案。

我国工伤保险补偿的范围与许多国家非常相似。例如,在美国的大多数州,补偿包括医疗补偿、残疾补偿和死亡抚恤金。在日本,根据《工伤赔偿保险法》,工伤保险福利包括医疗补偿、治疗期间的福利待遇、残疾补偿、幸存者补贴、丧葬补贴、伤害补贴和护理津贴。当然,不同国家和地区的计算标准以及不同类型的补偿之间的关系比例也各不相同。不同类型的补偿在各国之间或多或少相同。

我国《社会保险法》通过扩大工伤保险基金的支付份额和减少雇主的支付份额,对保险福利作出了一些调整。《社会保险法》要求工伤保险基金支付住院伙食补助费,以及到统筹地区以外就医的交通食宿费。支付这些支出的责任曾经落在雇主身上。在因工伤终止或解除合同时,还应按照第 38 条的规定从工伤保险基金中支付医疗救助。根据《社会保险法》第 39 条的规定,因工伤发生的下列费用,按照国家规定由用人单位支付:

(1) 治疗工伤期间的工资福利;

(2) 五级、六级伤残职工按月领取的伤残津贴;

(3) 终止或者解除劳动合同时,应当享受的一次性伤残就业补助金。

但是,五级、六级伤残职工的伤残津贴,以及五级至十级伤害或残疾的雇员的一次性伤残就业补助金数额可能相当大,雇主对受伤雇员的责任仍然是相当繁重。

2010 年《工伤保险条例》增加了工伤补偿金额的规定,例如因工伤造成的一次性工亡补助金,之前规定的补助金额太低,仅补贴 48—60 个月的上一年当地平均工资,本次修订将一次性工亡补助金标准改为上一年度全国城镇居民人均可支配收入的 20 倍。这一比率在各国统一适用,反映了平等和公平的原则。

与此同时,为了避免工亡和工伤之间存在不合理的巨大差距,本次修订还根据以下伤残等级增加了一次性伤残津贴。患有一级至四级残疾的劳动者,增加的幅度是三个月的工资;患有五级至六级残疾的劳动者,增加的幅度是两个月的工资;患有七级至十级残疾的劳动者,增加的幅度是一个月的工资。根据修订后的条例,一、二、三、四级伤残的一次性伤残津贴分别为27、25、23、21个月的工资;五级和六级伤残的一次性伤残津贴分别为18、16个月的工资;七、八、九、十级伤残的一次性伤残津贴分别为13、11、9、7个月的工资。这些在修订后的条例第35条至第37条中有详细说明。

12.4.4 工伤保险的发展情况

截止到2016年年底,工伤保险参保人数为21889万人,比上年增加457万人,增长2.1%;比2011年增加4193万人,年平均增长4.3%。

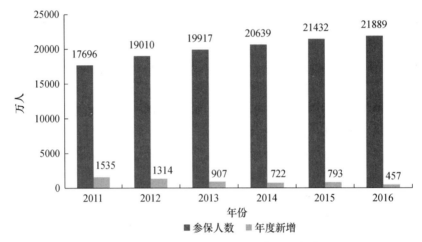

图12-1 2011—2016年工伤保险参保人数情况

从参保人员构成来看,企业单位参保18344万人,占总参保人数的83.8%,比上年增加236万人,增长1.3%。事业单位参保2880万人,占总参保人数的13.2%,比上年增加90万人,增长3.2%。有雇工的个体工商户参保161万人,占总参保人数的0.7%,比上年增加10万人,增长6.6%。其他单位参保504万人,占总参保人数的2.3%,比上年增加121万人,增长31.6%。

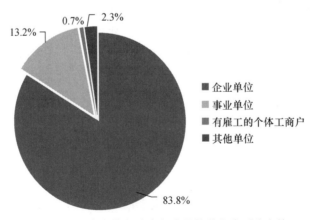

图12-2 2016年工伤保险参保人员按单位类型分布情况

2016年,享受工伤保险待遇196万人,比上年减少6万人,下降3.0%;比2011年增加33万人,年平均增长3.8%。

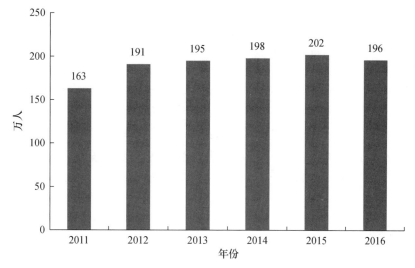

图12-3　2011—2016年享受工伤保险待遇人数情况

2016年,享受伤残待遇共计162.8万人,比上年减少8.6万人,下降5.0%;比2011年增加22.4万人,年平均增长3.0%。因工死亡(工伤认定为因工死亡,当年由工伤保险基金支付待遇)2.2万人,比上年减少0.1万人;比2011年增加0.2万人,年平均增长1.9%。供养亲属人数31.0万人,比上年增加2.7万人,增长9.5%;比2011年增加10.4万人,年平均增长8.5%。

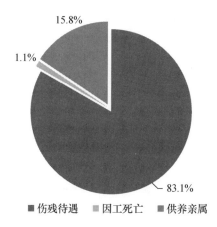

图12-4　2016年享受工伤保险待遇人员构成情况

本章总结

- 工伤保险费率制定的原则有三点:第一,以支定收、收支平衡。第二,实行行业差别费率。第三,实行费率浮动机制。工伤保险的补偿形式包括医疗支出、丧失劳动能力期间的收入补偿、丧失获得收入能力的伤残养老金以及给家属的生存养老金等。

- 风险较高的工作除了受到工伤保险的保护之外,其工资在相同条件下也会更高,称为"补偿工资"。大多数劳动者是具有风险规避倾向的,工作环境越不安全,所要求的工资越高。

- 企业决定是否为其雇员提供有风险或安全的工作环境,这一选择将取决于利润最大化的目标。不同的公司拥有不同的生产技术,这意味从不安全到安全,企业的边际产出下降的程度不同。因而,不同行业的工伤风险有很大差异。

讨论题

1. 工伤保险费率如何确定?
2. 工伤保险的待遇包含哪些内容?
3. 什么是补偿工资?为什么工人愿意从事工伤风险比较大的工作?

第 13 章

生 育 保 险

生育保险是国家通过立法规定,在劳动妇女因生育子女而暂时中断劳动时,由国家和社会对生育的职工妇女给予必要的物质帮助和生活保障的一项社会保险制度。国家通过建立生育保险制度为生育妇女提供生育津贴、医疗服务和产假待遇,保障其身体健康,并为婴儿的哺育和成长创造良好的条件。截止到 2016 年,全球有 125 个国家提供强制性生育保险。

本章介绍生育保险的功能、内容,特别给出生育保险对女性职业发展影响的分析框架,最后介绍我国的生育保险制度。

13.1 生育保险的功能

关于男性和女性在劳动力市场中的差异有两种视角:一是女性视角,二是性别视角。女性视角将性别差异归因于男女性生理构造上的不同,如女性有怀孕和生育行为,对女性就业和工资有不利影响。性别视角则把性别差异归因为社会规范以及文化、社会和家庭赋予男性和女性角色、地位和权力不同,如家庭资源分配中的男性偏好、劳动力市场中的性别歧视等。不论哪种视角,其结果都是造成女性在受教育机会以及劳动力市场所受待遇方面与男性相比存在一定的劣势。

生育保险则在一定程度上缓解了女性在劳动力市场中的劣势地位,其功能主要分为以下几点:

13.1.1 使女性享有和男性平等的就业权利

对于劳动女性,一旦选择生育,则意味着企业在女性生育期间不仅减少了现有劳动力,降低了企业生产效率,同时还需要支付女性一定的工资,这也就意味着企业雇用相同生产效率的女性的成本比雇用男性的成本要高,因此女性这种潜在生育的可能性会造成女性就业权利上的劣势。生育保险从立法上禁止企业解雇怀孕和生育的女性雇员。

13.1.2 保障女性健康

女性在生育过程中身体上往往会更虚弱,如果女性在生育过程中没有得到基本的生活保障,则会造成女性生育过后体力难以再生和恢复。生育保险往往会赋予所保障的女性带薪休假的权利,让她们在生育期间不必因为担心基本生活得不到保障从而影响自身劳动力的恢复。

13.1.3 避免女性由于生育行为而导致其本人或其家庭生活水平下降

全球约30%的家庭收入主要依靠妇女,在欧洲和美国分别有59%和55%的女性的工资报酬占家庭收入的50%。① 这说明女性收入在家庭收入中占据不可忽视的比重,如果女性由于生育而丧失在生育阶段的工资,则会对整体家庭收入造成较大影响,从而导致社会稳定性受到影响。

13.1.4 提高生育质量

女性生育体力消耗大,同时需要补充较多营养并得到精心呵护,而在这个过程中如果女性不能有足够的收入来源来保证自身的物质需要以及医疗健康检查需要,一方面可能会造成女性自身劳动力再生缓慢,另一方面还会影响下一代的生育质量,而下一代的生育质量是关系到一国经济未来发展的关键因素,因此大部分国家都推出了生育保险。

13.2 生育保险的主要内容

生育保险与医疗保险同时出现,德国1883年颁布的《疾病社会保险法》中就包含对生育保险的相关规定,这部法律的出台也标志着生育保险的出现。

生育保险一般包括生育津贴、医疗护理、幼儿补贴、生育休假等几项内容。

13.2.1 生育津贴

生育保险在法定的生育休假期间对生育者的工资收入损失给予经济补偿。例如,德国对所有已参保的生育孩子的母亲或者被保险人家属发放生育补助金;丹麦对育有一个孩子以上的产妇还有相应的产妇津贴;法国绝大部分家庭都能够享受生育补助金。

13.2.2 医疗护理

生育保险承担与生育有关的医护费用。大多数国家通过生育保险支付相关医疗费用。例如,法国生育保险覆盖全体职工(包括自雇),由职工自愿决定是否参保,生育过程中发生的医疗费用由生育保险承担。但有些国家将生育保险和医疗保险合并管理,以医疗保险支付生育过程中的医疗费用。例如,德国和日本均采用生育保险与医疗保险合并管理的模式。

13.2.3 生育休假

生育休假包括产假、陪产假(母亲产假期间的父亲育婴假)和育婴假(母亲产假后父母双亲任何一方的育婴假)。例如,丹麦生育保险的覆盖范围是在休产假前13周工作

---

① 参见潘锦棠:《生育保险中的女性利益、企业利益、国家利益》,载《中国社会保障》2001年第3期。

达到 120 个小时的女性员工，产假规定为 22 周的带薪假期，陪产假为 2 周的带薪休假，育婴假为 32 周的带薪休假，且在孩子 2 周岁之前都可以享受。法国产假规定为一胎和二胎享有 16 周的带薪休假，三胎及以上为 24 周的带薪休假，薪资支付水平为 100%，陪产假为 2 周的带薪休假，育婴假会根据家庭孩子数量的多少进行调整，在孩子年满 3 周岁之前，父母共享有 12 个月的带薪休假。德国生育保险的支付范围覆盖所有参加保险的在职女工（不包括自雇），产假为 14 周的带薪休假，育婴假为 10 个月的带薪休假，在婴儿年满 3 周岁以前均可享受。同时还提供家庭津贴，为有年龄在 18 岁以下孩子的家庭提供子女津贴。日本覆盖范围为参加医疗保险的在职女性（不包括自雇和兼职），产假规定为 14 周的非全额带薪休假，育婴假则可以休到孩子年满 12 个月。

相比之下，美国的生育保险福利要差一些。美国生育保险的覆盖范围是在超过 50 个人的公司工作，并且该公司目前的主营业务已经超过 12 个月，同时在过去 12 个月的工作时间需要达到 1250 个小时的女性，产假规定为 12 周的无薪产假（包括法定产假和育婴假）。对于陪产假，目前仅有加州、新泽西、纽约、罗得岛推行带薪陪产假，其他地方允许休无薪陪产假。

13.3 生育对女性职业发展的影响

生育后代是女性的一种天然权利，这对于大多数女性而言都是不可避免的一段经历，但是在目前女性参与工作的比例越来越高的情况下，生育行为与女性自身的职业发展相互影响，会有一定的抑制作用。[1] 图 13-1 显示了世界各国生育率下降的趋势。

生育对女性的职业发展主要有两个方面的影响：一是生育前影响。女性在生育前考虑到未来的生育，会在教育投入少些或者选择更为家庭考虑的职业路径规划。另一种则是生育后影响。女性在生育之后，会调整他们的工作时间、职业或者是所在公司。同时，生育对女性职业发展的影响是可以叠加的，这意味着生育越多的女性，其职业发展所受到的阻碍越大。

许多经典的研究发现，生育孩子会显著减少女性的劳动参与。女性工资存在"生育惩罚"，即生育导致女性劳动时间减少，工资下降。文献用生育率外生变动（即工具变量法）识别出生育和女性劳动参与或工资之间的因果关系，发现生育率下降显著提升了女性的劳动参与和劳动时间。例如，采用美国各州关于堕胎的法律规定的变化，或采用不同国家关于堕胎的法律规定的变化，作为生育率外生变动的影响因素。也有采用 20 世纪 60 年代开始美国各州关于合法使用避孕药的法律的变化作为外生变动的影响因素。[2] 丹麦

---

[1] See Angrist & Evans, Children and Their Parents's Labor Supply: Evidence from Exogenous Variation in Family Size, *American Economic Review*, 1998, 88(3), pp. 450-477.

[2] See Angrist, J. D. and W. N. Evans, Schooling and Labor Market Consequences of the 1970 State Abortion Reform, *NBER Working Papers*, 1996, (5406); Bloom, D. E., Canning, D., G. Fink, et al., Fertility, Female Labor Force ParticipAation, and the Demographic Dividend, *Journal of Economic Growth*, 2009, 14(2), pp. 79-101; Bailey, M. J., More Power to the Pill: the Impact of Contraceptive Freedom on Women's Life Cycle Labor Supply, *Quarterly Journal of Economics*, 2006, 121(1), pp. 289-320.

以不育女性采用体外试管婴儿的成功率的差异作为生育率外生变动的影响因素,发现生育对女性的工资产生明显且长久的负面影响。① 对中国的研究也发现生育对女性工资率有显著负向影响,利用中国健康与营养调查追踪数据(CHNS),发现每生育一个孩子会造成女性工资率约7%的下降,并且这种影响在受教育程度高、于国有企业工作的女性中更为显著。②

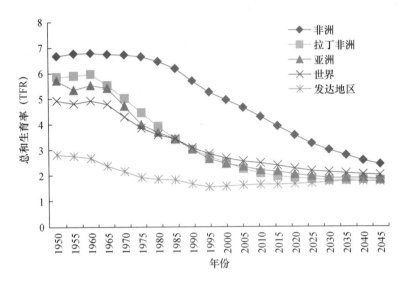

图 13-1　1950—2045 年世界各地区生育率趋势

注:总和生育率指女性一生平均生孩子数。
数据来源:维基百科。

专栏　家庭照料对工资的影响——以丹麦为例

丹麦学者利用丹麦1980—2013年全部人口的管理数据进行分析,发现男女性工资之间的差异大部分是由于生孩子所造成的。采用事件分析法(event study),跟踪女性和男性在第一个孩子出生前5年和后10年的工资收入,并与相近年龄未生育孩子的同性别者的工资对照,发现对于女性而言,在孩子出生前,生育组和未生育组的工资水平和增长率基本一致,但孩子出生前后一段时间,生育组女性的工资大幅下降,之后一直低于未生育组。与此对照,男性生育组和未生育组的工资水平和增长率并无差异(如图13-2所示)。他们发现,孩子的出生大约会导致女性长期工资相比于男性下降20%,这种差异主要体现在劳动参与率、工资以及工作时间等方面。

---

① See Lundborg,P.,Plug,E.,and A. W. Rasmussen,Can Women Have Children and a Career? IV Evidence from IVF Treatments,*American Economic Review*,2017,107(6),pp.1611-1637.
② 参见於嘉、谢宇:《生育对我国女性工资率的影响》,载《人口研究》2014年第1期。

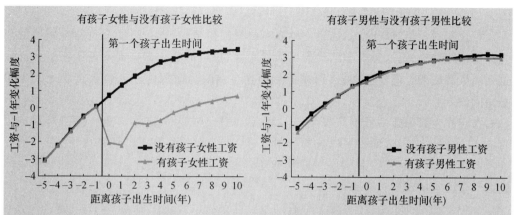

图 13-2 生育对男女性工资差异的影响

对于具体的作用机制,学者认为在第一个孩子出生后,女性对于工作的积极性会下降,也就是女性不会那么努力地争取职位提升或者是薪酬提升;在就业单位的选择方面,她们会更多地选择去家庭友好型的公司(指的是能够为父母提供弹性工作时间,或者有年轻孩子的女性员工比例比较高的公司)上班。

尽管各国政府在尽力推行各种缩小男女性别差距的政策,比如工作机会平等立法、幼儿照护政策以及产假政策,但是从现实表现来看,这种生育惩罚依然持续存在。存在这种现象的主要原因在于导致生育惩罚的观念往往是代际相传的,如果父母的观念认为女性应该承担照顾家庭与孩子的责任,那么,这些父母往往会教育女儿将来更多地照顾家庭与孩子。

学者通过实证研究也的确发现,女性的生育惩罚现象与这些女性父母的劳动供给情况相关。在母亲比父亲工作时间少很多的家庭,女儿生育孩子后出现生育惩罚的可能性比其他家庭要大。这也就是说,女性的职业偏好在她幼儿时期的父母性别角色中已经形成。

资料来源:Kleven, H., Landais, C., Jakob Egholt Søgaard, Children and Gender Inequality: Evidence from Denmark, *NBER Working Paper*, 2018,(24219)。

13.4 生育保险与女性就业

13.4.1 强制性产假的影响

强制性产假对于女性就业有积极影响,也有负面影响。产假最初设立的目的是给母亲提供一段时间能够照顾新生儿,WHO 经研究认为,女性应该至少有 16 个星期的假期来恢复身体健康。除此之外,产假的设立还能够改善女性在劳动力市场的角色,主要体现在能够消减生育对女性职业生涯连续性的阻断,减少女性工作经验和人力资本的流失。①

在没有设立生育保险时,如果女性雇员符合岗位要求,雇主可能会自愿为她提供产假以留住该劳动力,这种类型的产假可能是带薪,也可能是无薪。而女性则在继续待在这个岗位和跳槽之间作选择,区别在于是接受当前较为微薄的收入还是接受未来不够稳定的收入。

在存在生育保险的强制产假规定时,女性职工不必因为雇主不为其提供产假在生育前退出劳动力市场,而是可以选择继续工作,也就意味着有了产假制度后,会激励女性产前参与工作,从而生育期女性处于劳动力市场的比例会上升,而且女性职业生涯的连续性受生育的影响也会降低。

无论产假时间长短,生育政策都有助于女性孕后以及孕中劳动参与率的提升,削弱生育惩罚力度。主要有两种方式:第一种方式是实施生育保险后,那些为了既能够照顾孩子又同时保证工作的女性会更多地选择继续在原岗位工作,而不是完全退出劳动力市场;第二种是如果产假时间较短,女性出于照顾孩子的考虑,可能会选择放弃原有工作,转而选择时间更为灵活的兼职工作,而如果产假时间足够长的话,女性职工则会继续在原有岗位任职。

然而,强制性产假的负面影响也不容忽视,产假过长不仅会导致雇主在雇用或培训女性时考虑到其产假因素,从而减少对其培训的投资,从而导致更加严重的劳动力市场性别歧视,②并且还会导致女性劳动力技能丧失,从而在劳动力市场表现更差。由女性自我选择产假时间的产假制度则能够避免这一现象的发生。法国就是很好的例子。法国设立了一个 APE 产假福利制度,家长可自行选择领取该补助的比例,领取全额补助则要求完全停止工作,领取补助的份额越高,要求工作时间比例越低。③ 可见,全额的 APE 可以认为是女性的工资,但这种补助只有在家中最小的孩子达到三岁以前可享受,这一弹性产假制度导致那些劳动力技能高的女性继续保持工作,而那些劳动力技能低的女性则退出工作,因为这部分劳动技能低的女性即使工作也是选择一些具有不确定性以及低薪的工作,因此她们会更多选择退出劳动力市场从而领取全额产假补助。④

---

① See Baker, M., & K. Milligan, How Does Job-protected Maternity Leave Affect Mothers' Employment?, *Journal of Labor Economics*, 2008, 26(4), pp. 655-691; Del Boca, D., Aaberge, R., Colombino, U., et al., Labour? Market Participation of Women and Fertility: The Effect of Social Policies, Boeri, T., Del Boca, D. and Pissarides (eds.), *Labor Market Participation and Fertility of Women: The Effect of Social Policies*, Oxford University Press, 2005, pp. 121-264.

② See Mandel, H., & M. Semyonov, Family Policy, Wage Structures, and Gender Gaps: Sources of Earning Inequity in 20 Countries, *American Sociological Review*, 2005, pp. 949-67.

③ 参见法国家庭育儿补助(Allocation Parentale d'Education)。

④ See Del Boca, D., Aaberge, R., Colombino, U., et al., Labour Market Participation of Women and Fertility: The Effect of Social Policies, Boeri, T., Del Boca, D. and Pissarides (eds.), *Labour Market Participation and Fertility of Women: The Effect of Social Policies*, Oxford University Press, 2005, pp. 121-264.

总体而言,强制性产假对女性总就业的影响仍然是积极的,但随着产假时间的增加,这种积极影响会逐渐变小,甚至转为消极影响。文献研究发现,适宜时间长度的产假能够使女性劳动参与率提高,但如果产假超出一年则可能对女性的工作时间和劳动参与率产生消极影响。① 研究还发现,有资格享受较长假期的母亲在返回工作岗位时获得的薪酬明显低于有资格享受较短假期的母亲。② 同时还发现,每多休一年产假,在返回工作岗位时,母亲的工资就减少3%到5.7%。而这种工资的消极影响在高级职业女性中的比例会加大。③

13.4.2 对女性劳动参与的具体影响

生育保险包括产假、增加兼职工作、生育津贴和医疗服务、托幼服务等多项具体政策。

产假能够对女性生育经济成本进行分担,降低女性的生育成本,从而减少孕中和孕后女性的职业中断率。同时使女性有更长的哺乳期,降低第一年幼儿事故发生率,有利于女性有充足的时间进行产后身心调养,以更佳的状态投入劳动力市场。

医疗服务、生育津贴则能够补偿女性因为生育而暂时丧失的经济收入并提供相应的医疗保障,有利于女性尽快恢复劳动力。

除此之外,社会服务支持中质高价廉的托幼服务也能够化解女性在劳动参与与幼儿照料之间的冲突。育婴假制度能够在一定程度上提高男性照顾婴幼儿的比例,缓解女性由于生育在劳动力市场受到的歧视,但也会对男性的工资产生较大影响。北欧国家生育女性劳动力市场的活跃程度位居世界前列,很大一部分原因是这些国家设置了慷慨的育婴假制度,包括分娩前劳动力市场的保障和职业安全。

国家也会通过增加兼职机会提高女性生育率,有些国家已将增加兼职机会作为生育保险的内容之一。在兼职机会少的国家,已婚女性需要在全职工作和不工作中选择,但不论哪一项都不是她们的最优选择。由于拥有孩子的女性相比于无孩子的女性会更多地选择不工作或者是从事兼职工作,因此如果提供更多的兼职机会,拥有孩子的女性能够有更多机会参与兼职工作,而不是直接选择不工作,这能够减少女性的生育成本,从而提高生育率。根据现实数据,荷兰、丹麦、英国和瑞典这些兼职机会较多的国家生育率也相对较高。但不可否认的是,如果女性过多地参与兼职工作,那么其工资和职业

---

① See Ruhm, C. J, *The Economic Consequences of Parental Leave Mandates: Lessons form Europe*, Oxford University Press, 1998, pp. 285-317.
② See Brügger, B., Lalive, R., Josef Zweimüller, Does Culture Affect Unemployment? Evidence from the Röstigraben, CEPR Discussion Papers, 2009.
③ See Ejrnaes, M., A. Kunze, Work and Wage Dynamics around Childbirth, *Scandinavian Journal of Economics*, 2013, 115(3), pp. 856-877.

前景就会在一定程度上被削弱。①

13.5 中国生育保险的发展

13.5.1 发展历程

我国在1951年参照苏联的劳动保障制度制定了生育保险政策,为劳动女性提供了56天的带薪产假,同时生育期间的医疗费用也由国家拨款。《劳动保险条例》是我国历史上第一个与生育保险有关的政策,当时的生育保险主要是基于企业缴费的企业保险,而非由社会保险基金资助的社会保险。

我国在1971年加入联合国后,各项政策受到国际化冲击自然也大一些。受当时各种国际组织或者非国际组织的影响,我国签订了一系列保护女性权利的协议,之后制定了相关的法律,如《妇女权益保障法》《母婴健康法》《女职工特殊劳动保护条例》。

我国的法律体系观念一直力求与世界法律体系观念接轨,都强调保护女性权利以及追求男女性平等。1992年发布的《妇女权益保障法》被认为是我国生育保护的里程碑。该法第28条认为,地方应该建立社会保险、社会救助、社会福利以及医疗服务等为女性生育提供一定的扶持。1995年发布的《劳动法》第61条和第63条强调劳动女性应享有生育保护、生育保险以及相应的医疗服务的权利。2008年发布的《劳动合同法》第6条则将这一点付诸实践。2010年发布的《社会保险法》确立了我国社会保险中的五险,其中之一就是生育保险,赋予劳动女性享受生育的现金福利以及医疗费用补贴的福利,并且规定生育保险由企业缴费,缴费基数与其他社会保险项目相同,缴费率在大多数地区为0.5%,职工个人不需缴费。

13.5.2 中国生育保险与世界标准的差距

尽管我国目前仍未达到国际劳工组织所规定的要求,但是国际劳工组织一系列关于女性权利的政策对我国乃至全世界的影响不容小觑。我国目前的生育政策与国际劳工组织规定相比,主要缺点在于不包括育婴假政策,同时只覆盖城镇有正式编制的女性职工;另外,我国目前生育保险的基金收入仅来源于社会保险收入,而国际劳工组织规定允许生育保险从财政收入中拨款。

---

① See Del Boca, D., Aaberge, R., Colombino, U., et al., Labour Market Participation of Women and Fertility: The Effect of Social Policies, Boeri, T., Del Boca, D. and Pissarides (eds.): *Labour Market Participation and Fertility of Women: The Effect of Social Policies*, Oxford University Press, 2005, pp. 121-264.

目前,我国与国际劳工组织在生育保险方面的差距主要体现在以下四个方面:①

(1) 我国生育保险的覆盖群体仍未有统一的标准。《劳动法》规定与雇主建立劳动合同关系的雇员均应享受生育保险,而根据《企业职工生育保险试行办法》的规定,被覆盖的群体应该是城镇企业的女性职员,《女职工特殊劳动保护条例》则规定企业、公共机构以及政府单位的雇员应该享有生育保险,因此《女职工特殊劳动保护条例》有着更广泛的覆盖群体。而国际劳工组织相比《女职工特殊劳动保护条例》,还覆盖了非工业以及农业部门,除此之外,还包括农业人口。

(2) 缴费和待遇方面有差距。关于我国生育保险的福利水平,《女职工特殊劳动保护条例》和《企业职工生育保险试行办法》规定,生育保险补贴应该基于所有企业职工上一年的平均工资。而国际劳工组织规定,生育保险补贴应该基于参保者自己前一年的工资所得。

(3) 我国生育保险中男性陪产假较短。我国女性生育前后可享受共 98 天产假,但全国男性产假天数最多的是一个月,最短的是 7 天。这与我国传统的性别刻板印象有关,绝大多数人认为生育是妇女的天职,甚至认为从怀孕到分娩应由女性完成,男性并不参与生育行为,但这并不意味着女性要承担全部的生育责任。生育责任主要是哺育和照顾子女,对于男性和女性所负生育责任的不同界定会使社会政策的制定产生不同的结果。这是社会赋予女性的角色定位和社会期待,并不是女性的义务。男性在生育过程中角色的丧失,一方面会造成女性生育成本的增加,增加女性心理压力以及生育风险,甚至会影响婴儿性格的形成;另一方面加重了男女两性传统分工,使女性承担所有的生育行为。

(4) 与生育相关的医疗费用问题。长期以来,我国生育保险制度中,女职工生育的检查、接生、手术、住院和医药等费用是由生育保险基金支付,但超出规定的医疗服务费和药费由职工个人承担。女职工出院后,因生育引起的疾病的医疗费由生育保险基金支付,对于其他疾病的医疗费,按照医疗保险待遇的规定办理。

2017 年,我国国务院颁布《生育保险和职工基本医疗保险合并实施试点方案》,在 12 个城市试点生育保险与医疗保险合并,以强化基金共济能力,提升管理综合效能,降低管理运行成本。但合并管理并非取消生育保险,生育保险的保障范围,除了待遇上符合规定的医疗费实报实销,还包括生育津贴,在我国占基金支出的 60% 以上。

13.5.3 中国生育保险现状

目前,我国生育保险的特点是覆盖率低,这是由于很多企业并没有遵守缴费义务的动机,这种情况在私营企业中尤为常见。同时,尽管我国一直在大力推行女性权利,但是男女不平等现象依然严重,一项研究证明,在 1995 年到 2000 年之间,国有企业中女

---

① 参见 Liu, T. & L. Sun, Maternity Insurance in China: Global Standards and Local Responses, *Asian Women*, 2015, 31(4), pp.23-51;潘锦棠:《中国生育保险制度的历史与现状》,载《人口研究》2003 年第 2 期,第 29—35 页。

性职工的比例下降了14.77%;相反,在一些非正式部门(民营企业),女性职工的比例则在不断提高。① 这个现象的产生有多种原因,其中一个原因是国有企业对社会保险和其他劳动保护政策遵守得较好,通常严格实施女职工产假制度,考虑到女职工产假对企业会带来损失,因而选择更少雇用女性职工;而当时对女性职工保护不够好的民营企业,则没有这一顾虑。

除此之外,我国生育保险在地方层面还存在较大的差异,因为地方层面的自治性导致我国各个地区往往都是根据自己的规定施行生育保险制度。由于每个地区的经济发展程度不同,比如经济发展较快的东部,生育保险社会统筹覆盖面比较大,参保人数也比较多,而经济发展较为落后的西部地区,覆盖率则远远低于东部地区。同时,各地区的保障程度,包括基金征缴、支付水平、享受条件方面也存在很大差异。

根据《中国社会保险发展报告》的数据,从2011年以来,我国生育保险的参保人数不断增加,但是每年增加人数则逐渐递减,在2016年年末,参与生育保险人数为18443万人,相比上年增加672万人(如图13-3所示)。在五项社会保险中,生育保险和失业保险是覆盖率最低的两项,大约占城镇就业人员总数的45%,主要是民营企业雇员、自我雇佣等灵活就业人员参保率较低。

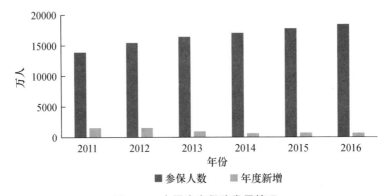

图13-3 中国生育保险发展情况

本章总结

- 生育保险一般包括生育津贴、医疗护理、幼儿补贴、生育休假等几项内容。
- 许多经典的研究发现,生育孩子会显著减少女性的劳动参与。女性工资存在"生育惩罚",即生育导致女性劳动时间减少,工资下降。
- 产假最初的设立目的是给母亲提供一段时间以照顾新生儿,根据WHO的研究,认为"女性应该至少有16个星期的假期来恢复身体健康"。除此之外,产假的设立还能

---

① See Liu, T. & L. Sun, Maternity Insurance in China: Global Standards and Local Responses, *Asian Women*, 2015, 31(4), pp.23-51.

够改善女性在劳动力市场的角色,主要体现在能够消减生育对女性职业生涯连续性的阻断。但产假带来的负面影响也不应忽视。

 讨论题

1. 生育保险提供哪几方面的待遇?
2. 生育保险对女性劳动参与的正向和负向影响分别是什么?
3. 中国生育保险政策与国际劳工组织的差距主要体现在哪些方面?

后 记

2005年开始,我在复旦大学经济学院本科生中开设"人口与社会保障经济学"课程,至今已近十五年。开始是用已有教材和参考书,但发现很难找到一本合适的。国内一些著名学者已经出版了广受欢迎的社会保障方面的教材,我希望在此基础上,能通过经济学视角和分析方法,丰富对问题的理解和政策评估。国外从经济学视角讲解社会保障的教科书大多是在《公共经济学》《宏观经济学》《健康经济学》中用一两个章节简要介绍,且缺乏对中国制度的分析。2007年,我就萌生了写一本将宏观经济学和微观经济学理论与社会保险政策相结合的教材。这一想法得到了很多同行的赞同,在与国外学者交流时,他们也觉得这项工作很有必要。惭愧的是,每年上课仍旧停留于完善课件,一直没有写出完整的章节。

促使我最近两年加快进度的原因主要有两方面:一是我国社会保障学科建设快速发展,我经常和社会保障专业的学者和学生交流,他们对制度背景和问题有很深的理解,希望能在分析框架和方法上有所提升,对在社会保障领域引入经济学分析方法的需求日益增加。同时,在学术研究方面,我也越来越偏向社会保障领域,希望通过研究促进教学。二是最近十年来,我国经济学学者对社会保障问题的兴趣日益增加,与我国社保丰富的改革实践紧密相关。经济学家将社会保障制度和宏观经济增长、家庭储蓄行为、收入分配、劳动力转移等问题相联系,拓展了社会保障研究的视角,但也存在对制度设计本身关注不够的问题。所以,希望有一本教材能够让经济学领域的学生与学者更为有效地了解我国制度安排。当然,鉴于自己的学识有限,唯有以认真的态度对待这项工作,以求不犯基本错误。

这本教材的完成得益于近十五年的授课积累和修课同学的反馈意见,每次授课都是一段教学相长的经历,最要感谢的是历届修课的同学们,同时感谢复旦大学经济学院给了我讲授这门课并不断改善的机会。特别感谢这些年来引领我在这一研究领域耕耘的诸多学者和学术团体,袁志刚教授领导的复旦大学就业与社会保障研究中心是我研究社保的起点,我非常感恩和珍惜这一平台;中国社会保障学会、中国社会科学院世界社会保障研究中心、上海市劳动和社会保障学会、中国女经济学家网络等学术团体中的诸位教授提供了各种交流机会和指导,众多前辈及同行给予了长期鼓励和支持,在此一并致谢!

这本书最终能够如期完成离不开几位得力的助研同学的努力,按照章节顺序,第二章为艾静怡;第三章、第四章、第五章、第六章为唐珏、吕思诺和赵发强;第七章、第八章、

后　记

第九章、第十章为王贞、黄维晨;第十一和第十二章为刘媛媛;第十三章为艾静怡。吕思诺校对了全书中英文参考文献。

北京大学出版社杨丽明编辑对本教材进行了细致的编辑工作,仔细核对了所有统计数据和文献资料,对图表标识精益求精,对文字编辑一丝不苟,在此对她专业而细致的工作表示衷心感谢!

感谢教育部哲学社会科学研究重大课题攻关项目"积极应对人口老龄化战略行动研究"(编号:17JZD028)、复旦大学理论经济学高峰计划对本教材的支持!

水平有限,错漏难免,还请各位读者指正!我也将继续努力耕耘!

封进

2019 年 4 月 21 日

于复旦大学经济学院